高等院校电子商务专业规划教材
国家社会科学基金重大项目(21&ZD118)资助出版

Social Commerce

社会化电子商务

张玉林　张小静　黄琦炜　薛锦　编著

第二版

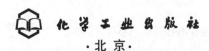

化学工业出版社

·北京·

内容简介

《社会化电子商务》(第二版)从社会化电子商务发展和研究现状出发,以科教兴国战略为指引,较系统地介绍了社会化电子商务的基本概念、研究热点、价值创造、商业模式和平台设计等内容。全书共分为9章,分别为社会化电子商务概论、社会化网络概述、社会化电子商务的价值创造、社会化电子商务的商业模式、社会化电子商务平台的设计、社会化电子商务中的用户行为、社会化电子商务的关键技术、社会化电子商务的安全伦理和健康发展、社会化电子商务典型案例。

《社会化电子商务》(第二版)理论与应用并重,突出理论的系统性和成熟性,强调研究成果的先进性,配有国内外典型案例及一定量的思考练习题,以反映社会化电子商务的特点和发展趋势。本书可作为高等院校信息管理与信息系统、电子商务、工商管理和管理科学与工程等专业高年级本科生和研究生的教材,也可作为相关领域管理人员学习或培训的参考用书。

图书在版编目(CIP)数据

社会化电子商务/张玉林等编著. —2版. —北京:化学工业出版社,2023.8
高等院校电子商务专业规划教材
ISBN 978-7-122-43696-2

Ⅰ.①社⋯ Ⅱ.①张⋯ Ⅲ.①电子商务-高等学校-教材 Ⅳ.①F713.36

中国国家版本馆CIP数据核字(2023)第112183号

责任编辑:王淑燕 宋湘玲　　　　　　　　　装帧设计:张　辉
责任校对:张茜越

出版发行:化学工业出版社(北京市东城区青年湖南街13号 邮政编码100011)
印　　刷:北京云浩印刷有限责任公司
装　　订:三河市振勇印装有限公司
787mm×1092mm 1/16 印张11¾ 字数273千字 2023年9月北京第2版第1次印刷

购书咨询:010-64518888　　　　　　　　　售后服务:010-64518899
网　　址:http://www.cip.com.cn
凡购买本书,如有缺损质量问题,本社销售中心负责调换。

定　价:68.00元　　　　　　　　　　　　　　　版权所有　违者必究

前言

本书第一版发行至今已有四年时间，其间信息技术不断进步，数字经济迅猛发展，社交流量与电子商务交易的融合日益深入，支撑社会化电子商务的区块链、隐私保护、数字孪生等新技术应用稳步推进，社会化电子商务发展迅猛。2021年我国社会化电子商务交易量为2.86万亿元，同比增长38.6%。社会化电子商务交易规模大、增长迅速，已成为网络购物市场的一匹黑马。在此背景下，修订《社会化电子商务》，可谓恰逢其时。2021年12月，《社会化电子商务》（第二版）列入高等学校电子商务类教学与教材发展中心第三批规划教材，我们经过一年多的时间完成了《社会化电子商务》（第二版）的编写工作。

党的二十大报告中指出，教育、科技、人才是全面建设社会主义现代化国家的基础性、战略性支撑。因此，本次修订在沿用第一版的基本框架的基础上，新增了新兴技术，如区块链、隐私保护技术，并且新增了中国社会化电子商务案例，在帮助学生掌握最新科技的基础上，学习本土企业的做法，可以激发学生的民族自豪感和坚定文化自信。主要做了如下内容的修订。

前8章的章首增加了导入案例。第1章从新兴技术广泛应用、政府大力支持方面丰富了社会化电子商务发展背景，对社会关系网络与社会资源概念、社会化电子商务分类及其优势以及对社会化电子商务内涵进行了补充。增加了第2章社会化网络概述，涉及六度分隔理论、社会网络分析理论和社会网络分析工具与案例。第3章增加了社会化电子商务价值创造系统构成以及对价值驱动因素的分析，补充了价值创造主体、融合方式和柔性价值网等视角下价值创造过程的阐述。第4章关于社会化电子商务的商业模式部分，重新按拼购、内容分享、会员制和社区团购等四类主流商业模式类型进行分析介绍。第6章用户参与部分增加了用户角色内容。第7章补充了区块链技术和隐私保护技术，丰富了数据挖掘、云计算和推荐系统等技术的应用。第8章从概念、存在问题等方面对社会化电子商务中涉及的安全、伦理和健康发展的架构进行了调整，补充了安全、伦理和健康发展等构建方面的内容。第9章依照拼购类、内容分享类、会员制类和社区团购类主流商业模式，分别补充了拼多多、京东拼购、抖音电商、小红书、云集、爱库存、美团买菜、十荟团等知名中国社会化电子商务案例。

本书第二版由张玉林教授负责全书的策划、整体结构、质量控制和统编定稿。张玉林负责第1章的1.1节至1.3节、第2章、第3章中的3.1节和3.2节以及第4章的编写；东南大学博士研究生张小静负责第3章的3.3节、第6章的6.1节和6.3节、第8章的8.2节和8.3节以及第9章的9.1节和9.2节的编写；南京工程学院的黄琦炜讲师负责第5章、第5~

8 章导入案例、第 1 章的 1.4 节、第 6 章的 6.2 节的编写；薛锦副教授负责第 7 章、第 8 章的 8.1 节、第 9 章的 9.3 节和 9.4 节以及第 1~4 章导入案例的编写。东南大学的硕士研究生伍文艳和杨千晨等参与了本书部分资料的收集整理工作。

  本书的再版得到了诸多老师、同学、专家和读者，以及化学工业出版社的帮助和支持，受到了国家社会科学基金重大项目（21&ZD118）资助。东南大学经济管理学院的陈静副教授参与了本书内容总体结构的讨论并提出了宝贵意见，在此一并致谢。本书还引用了相关领域一些最新研究成果和参考文献，在此向被参考的文献作者一并表示真诚的谢意。同时也期盼广大读者对本次修订的形式和内容批评指正，以便我们持续改进完善。

编著者

2023 年 5 月于南京

第一版前言

随着互联网技术的发展，Web 2.0 为用户提供了更加快捷、便利和舒适的功能与环境，互联网使用者的数量也是逐年增多并超过总体人数的一半。以网络的形式进行购物、社交等社会活动也成为人们日常生活中必要的一部分，社交网络媒体和电子商务不断融合成为一种新型的商业模式——社会化电子商务（Social Commerce）。

社会化电子商务，又称为社交化电子商务、社会化商务和社交购物。近年来社会化的概念成为人们关注的焦点，社会化电子商务领域的研究越来越受到学者们的关注，社会化电子商务已经成为人们的主要网络活动方式，用户对于情感和社交的需求也越来越显著，电子商务未来的发展过程中社会化网络和社会化的概念是其考虑的重点问题。编写本书的目的是对社会化电子商务进行整体的介绍与分析，帮助读者了解社会化电子商务的全貌。

本书从社会化电子商务发展和研究现状出发，较系统地介绍了社会化电子商务的基本概念、研究热点、价值创造、商业模式和平台设计等内容。全书共分为 8 个章节，分别为引论、社会化电子商务的价值、社会化电子商务的商业模式、社会化电子商务平台的设计、社会化电子商务中的用户行为、社会化电子商务的关键技术、社会化电子商务的信息安全与伦理和社会化电子商务典型案例。本书首先阐述了社会化电子商务产生的背景、内涵和发展历程以及社会化电子商务的研究热点；其次从价值创造的角度分析社会化电子商务的价值，通过与传统的电子商务价值创造和社交网络的价值创造进行比较，从社会资本和价值创造的角度对社会化电子商务的价值进行分析，突出了社会化电子商务价值创造的特征、创造要素和价值创造过程；然后介绍了社会化电子商务的商业模式和关键技术以及社会化电子商务的平台建设，对社会化电子商务中涉及的安全和伦理问题进行分析，同时对社会化电子商务中用户行为进行研究，主要目的是发现与传统电子商务和社交网络中用户行为的异同；最后介绍社会化电子商务应用的典型平台案例。

本书理论与应用并重，突出理论的系统性和成熟性，强调研究成果的先进性，配有国内外典型案例及一定量的思考练习题，以反映社会化电子商务的特点和发展趋势。本书可作为高等院校信息管理与信息系统、电子商务、工商管理和管理科学与工程等专业高年级本科生和研究生的教材，也可作为相关领域管理人员学习或培训的参考用书。

本书由东南大学张玉林教授负责全书的策划、质量控制和统编定稿。张玉林负责第 1 章、第 2 章的 2.1 节和 2.2 节以及第 3 章和第 4 章的编写，东南大学博士生张小静负责第 2 章的 2.3 节和 2.4 节、第 5 章；第 7 章的 7.2 节和 7.3 节以及第 8 章的 8.3 节和 8.4 节的编写，南京邮电大学薛锦副教授负责第 6 章、第 7 章的 7.1 节以及第 8 章的 8.1 节和 8.2 节的编写。张玉林教授的博士生黄琦炜，硕士生朱悦、吕加伦和刘婵等参加了本书的编写工作。本书的编写和出版工作得到了我国电子商务领域多名专家学者如陈进教授、陈德仁教授、汤兵勇教授、劳帼龄教授等的大力支持与鼓励，得到了化学工业出版社编辑的有力配合，在此对他们表示衷心感谢。本书引用了相关领域一些最新研究成果和参考文献，在此一并向被参考的文献作者表示真诚的谢意。

  由于作者的水平有限，书中难免存在不妥之处，还望广大读者不吝批评指正，以期不断改进。

编著者

2018 年 12 月于南京

目录

第1章 社会化电子商务概述

学习目标 ········· 001
导入案例 ········· 001
1.1 社会化电子商务发展背景 ········· 002
    1.1.1 网购市场蓬勃发展 ········· 002
    1.1.2 社交用户规模快速增长 ········· 003
    1.1.3 新兴技术广泛应用 ········· 004
    1.1.4 政府大力支持 ········· 004
1.2 社会化电子商务的内涵 ········· 004
    1.2.1 社会关系网络和社会资源概念 ········· 004
    1.2.2 社会化电子商务概念 ········· 005
    1.2.3 社会化电子商务系统结构 ········· 007
    1.2.4 社会化电子商务分类 ········· 008
    1.2.5 社会化电子商务优势 ········· 009
1.3 社会化电子商务发展现状与发展趋势 ········· 010
    1.3.1 社会化电子商务发展阶段 ········· 010
    1.3.2 社会化电子商务发展现状 ········· 011
    1.3.3 社会化电子商务发展趋势 ········· 012
1.4 社会化电子商务的研究框架和典型研究问题 ········· 012
    1.4.1 社会化电子商务的研究框架 ········· 012
    1.4.2 社会化电子商务的典型研究问题 ········· 014
    1.4.3 社会化电子商务研究的相关理论 ········· 015
本章小结 ········· 017
思考练习题 ········· 017

第2章 社会化网络概述

学习目标 ········· 018
导入案例 ········· 018
2.1 六度分隔理论 ········· 019
    2.1.1 六度分隔理论实验 ········· 019
    2.1.2 六度分隔理论的论证 ········· 020

2.1.3　六度分隔理论的讨论 …………………………………………… 021
2.2　社会网络分析理论 ………………………………………………………… 022
　　2.2.1　社会网络表示方法 …………………………………………………… 022
　　2.2.2　社会网络分析方法 …………………………………………………… 024
2.3　社会网络分析工具与案例 ………………………………………………… 026
　　2.3.1　社会网络分析工具 …………………………………………………… 026
　　2.3.2　股权投资关系网络案例分析 ………………………………………… 027
　　2.3.3　微博用户影响力网络案例分析 ……………………………………… 032
本章小结 …………………………………………………………………………… 047
思考练习题 ………………………………………………………………………… 047

第3章　社会化电子商务的价值创造

学习目标 …………………………………………………………………………… 048
导入案例 …………………………………………………………………………… 048
3.1　社会资本内涵及特点 ……………………………………………………… 050
　　3.1.1　社会资本内涵 ………………………………………………………… 050
　　3.1.2　社会资本特点 ………………………………………………………… 052
　　3.1.3　社会资本形成的影响因素 …………………………………………… 052
3.2　社会化电子商务价值创造系统及价值创造驱动因素 …………………… 053
　　3.2.1　社会化电子商务价值创造系统 ……………………………………… 053
　　3.2.2　社会化电子商务价值创造驱动因素 ………………………………… 054
3.3　社会化电子商务价值创造类型与过程 …………………………………… 056
　　3.3.1　主体视角下的价值创造过程 ………………………………………… 056
　　3.3.2　融合视角下的价值创造过程 ………………………………………… 062
　　3.3.3　柔性价值网视角下的价值创造过程 ………………………………… 064
本章小结 …………………………………………………………………………… 065
思考练习题 ………………………………………………………………………… 065

第4章　社会化电子商务的商业模式

学习目标 …………………………………………………………………………… 066
导入案例 …………………………………………………………………………… 066
4.1　社会化电子商务平台的市场和经济特征 ………………………………… 067
　　4.1.1　社会化电子商务平台的市场特征 …………………………………… 067
　　4.1.2　社会化电子商务平台的经济特征 …………………………………… 068

4.2 社会化电子商务商业模式类型 ·· 069
    4.2.1 拼购类社会化电子商务 ·· 069
    4.2.2 内容分享类社会化电子商务 ···································· 070
    4.2.3 会员制类社会化电子商务 ······································ 071
    4.2.4 社区团购类社会化电子商务 ···································· 072
4.3 社会化电子商务商业模式发展趋势 ·································· 073
本章小结 ··· 074
思考练习题 ··· 074

第5章 社会化电子商务平台的设计

学习目标 ·· 075
导入案例 ·· 075
5.1 社会化电子商务平台设计需求与可行性分析 ······················· 076
    5.1.1 社会化电子商务平台设计需求分析 ···························· 076
    5.1.2 社会化电子商务平台设计可行性分析 ························· 077
5.2 社会化电子商务平台设计原则与方法 ································ 077
    5.2.1 社会化电子商务平台设计原则 ·································· 077
    5.2.2 社会化电子商务平台设计方法 ·································· 078
5.3 社会化电子商务平台总体和功能设计 ································ 083
    5.3.1 社会化电子商务平台总体设计 ·································· 083
    5.3.2 社会化电子商务平台功能设计 ·································· 084
本章小结 ··· 091
思考练习题 ··· 091

第6章 社会化电子商务中的用户行为

学习目标 ·· 092
导入案例 ·· 092
6.1 用户参与 ·· 093
    6.1.1 在线评论 ··· 093
    6.1.2 用户生成内容 ·· 095
    6.1.3 用户角色 ··· 096
6.2 口碑传播 ·· 098
    6.2.1 网络口碑的内涵 ·· 098
    6.2.2 口碑传播特征 ·· 098
    6.2.3 口碑传播的优势 ·· 099

6.3 用户互动 ·· 099
    6.3.1 用户互动的内涵 ··· 099
    6.3.2 用户互动影响因素 ··· 100
    6.3.3 用户互动模式 ··· 101
本章小结 ·· 102
思考练习题 ··· 102

第 7 章　社会化电子商务的关键技术

学习目标 ·· 103
导入案例 ·· 103
7.1 区块链技术 ·· 104
    7.1.1 区块链技术的基本概念 ·· 104
    7.1.2 区块链的核心技术 ··· 105
    7.1.3 区块链技术在社会化电子商务中的应用 ················ 106
7.2 数据挖掘技术 ·· 107
    7.2.1 数据挖掘的基本概念 ··· 107
    7.2.2 数据挖掘的相关方法 ··· 109
7.3 云计算技术 ·· 110
    7.3.1 云计算概念及相关技术 ·· 110
    7.3.2 云计算技术在社会化电子商务中的应用 ················ 111
7.4 推荐系统技术 ·· 113
    7.4.1 推荐系统概念 ··· 113
    7.4.2 典型推荐技术 ··· 115
    7.4.3 推荐系统技术在社会化电子商务中的应用 ············ 118
7.5 隐私保护技术 ·· 118
    7.5.1 隐私保护技术概念 ··· 118
    7.5.2 隐私保护的相关技术 ··· 119
    7.5.3 隐私保护技术在社会化电子商务中的应用 ············ 123
本章小结 ·· 124
思考练习题 ··· 125

第 8 章　社会化电子商务的安全伦理和健康发展

学习目标 ·· 126
导入案例 ·· 126
8.1 社会化电子商务的安全 ··· 127
    8.1.1 社会化电子商务安全的概念及类型 ······················· 127

  8.1.2 社会化电子商务中安全问题 ················· 129
  8.1.3 社会化电子商务安全问题的成因 ············· 131
  8.1.4 社会化电子商务的安全构建 ················· 131
 8.2 社会化电子商务的伦理 ···························· 133
  8.2.1 社会化电子商务伦理的概念及特征 ··········· 133
  8.2.2 社会化电子商务发展的伦理问题 ············· 135
  8.2.3 社会化电子商务的伦理构建 ················· 137
 8.3 社会化电子商务的健康发展 ························ 141
  8.3.1 社会化电子商务平台健康发展中存在的问题 ··· 141
  8.3.2 社会化电子商务平台健康发展问题的成因 ····· 142
  8.3.3 社会化电子商务平台健康发展构建 ··········· 142
 本章小结 ·· 143
 思考练习题 ·· 144

第9章　社会化电子商务典型案例

 学习目标 ·· 145
 9.1 拼购类社会化电子商务 ···························· 145
  9.1.1 拼多多 ································· 145
  9.1.2 京东拼购 ······························· 147
 9.2 内容分享类社会化电子商务平台 ···················· 149
  9.2.1 抖音电商 ······························· 149
  9.2.2 小红书 ································· 152
 9.3 会员制类社会化电子商务平台 ······················ 154
  9.3.1 云集 ··································· 154
  9.3.2 爱库存 ································· 155
 9.4 社区团购类社会化电子商务 ························ 156
  9.4.1 美团买菜 ······························· 156
  9.4.2 十荟团 ································· 158
 本章小结 ·· 159
 思考练习题 ·· 159

参考文献

图目录

图 1-1　2015—2022 年中国网民规模和互联网普及率变化图 …… 002
图 1-2　2015—2021 年网络购物用户规模及渗透率变化图 …… 003
图 1-3　2018—2020 年中国移动网络社会化电子商务用户规模 …… 004
图 1-4　社会化电子商务概念图 …… 007
图 1-5　社会化电子商务系统三类核心主体总体结构 …… 007
图 1-6　2015—2021 年中国社会化电子商务网购规模及增速 …… 012
图 1-7　社会化电子商务研究的框架结构 …… 013
图 1-8　社会化电子商务涉及的商务活动 …… 013
图 1-9　理论基础与用户行为研究的关联图 …… 016
图 1-10　理论基础与平台管理、技术支持、信息服务研究的关联图 …… 017
图 2-1　六度分隔理论示意图 …… 020
图 2-2　"顿巴数"同心圆模型 …… 021
图 2-3　7 个个体之间的友谊网络 …… 023
图 2-4　联合投资关系示意图 …… 027
图 2-5　基于 R 语言的基金网络关系图 …… 027
图 2-6　基于 Pajek 的基金网络关系图 …… 028
图 2-7　20 家创业投资机构的互动关系网络结构图 …… 029
图 2-8　运用 Pajek 计算网络密度 …… 029
图 2-9　运用 Pajek 计算网络直径 …… 030
图 2-10　运用 Pajek 计算网络平均路径 …… 030
图 2-11　运用 Pajek 计算有向图的标准化点入度、点出度和点度中心度 …… 031
图 2-12　运用 Pajek 计算网络的中介中心度和接近中心度 …… 032
图 2-13　爬虫软件工作过程 …… 033
图 2-14　调用 API 工作过程 …… 034
图 2-15　数据采集及分析 …… 034
图 2-16　算法的收敛性 …… 043
图 3-1　拼多多 2016—2019 年毛利率变动情况图 …… 049
图 3-2　社会化电子商务价值创造系统框架模型 …… 053
图 3-3　企业单独创造价值的主体—途径—结果示意图 …… 057

图 3-4	用户与企业共同创造价值的主体—途径—结果示意图	057
图 3-5	顾客参与价值共创机理模型	058
图 3-6	顾客参与小米企业价值创造流程图	059
图 3-7	海尔 Hope 平台用户参与价值创造流程图	060
图 3-8	海尔众创汇定制平台用户参与价值创造流程图	061
图 3-9	用户单独创造价值的主体—途径—结果示意图	061
图 3-10	链接型价值创造过程示意图	063
图 3-11	嵌入型价值创造过程示意图	063
图 4-1	拼购类社会化电子商务运作模式	069
图 4-2	内容分享类社会化电子商务运作模式	070
图 4-3	会员制类社会化电子商务运作模式	071
图 4-4	社区团购类社会化电子商务运作模式	072
图 5-1	融入社会化心理特征的用户体验模型	082
图 5-2	社会化电子商务平台总体架构	083
图 5-3	社会化电子商务用户互动激励机制模型	085
图 5-4	强关系为主的社会化电子商务用户互动激励机制模型	088
图 5-5	弱关系为主的社会化电子商务用户互动激励机制模型	089
图 5-6	消费者购物功能模块	090
图 5-7	消费者社交互动功能模块	091
图 5-8	企业商品管理功能模块	091
图 6-1	社会化电子商务用户互动的需求层次	100
图 6-2	社会化电子商务用户互动模式	102
图 7-1	数据挖掘结构	108
图 7-2	数据挖掘过程	109
图 7-3	推荐的原理	114
图 7-4	基于内容的推荐原理	114
图 7-5	基于用户的协同过滤原理	114
图 7-6	基于对象的协同过滤原理	115

表目录

表 1-1	2021 年全球访问量排名前 10 的网站	003
表 1-2	国外期刊学者关于社会化电子商务的定义	005
表 1-3	国内期刊学者关于社会化电子商务的定义	006
表 1-4	基于电子商务的社会化电子商务	008
表 1-5	基于社交网络的社会化电子商务	009
表 1-6	第三方社会化电子商务	009
表 1-7	社会化电子商务研究的理论基础	016
表 2-1	7 个个体之间友谊无向社交网络的邻接矩阵	024
表 2-2	7 个个体之间友谊有向社交网络的邻接矩阵	024
表 2-3	20 家创业投资机构	028
表 2-4	点入度、点出度、点度中心度排名前 10 的基金	031
表 2-5	中介中心度和接近中心度排名前 10 的基金	032
表 2-6	微博 V 型明星用户邻接矩阵（部分）	035
表 2-7	微博普通用户邻接矩阵（部分）	035
表 2-8	微博 V 型明星用户点度中心度（部分）	036
表 2-9	微博普通用户点度中心度（部分）	037
表 2-10	微博 V 型明星用户接近中心度（部分）	038
表 2-11	微博普通用户接近中心度（部分）	039
表 2-12	微博 V 型明星用户中间中心度（部分）	040
表 2-13	微博普通用户中间中心度（部分）	041
表 2-14	微博现有"娱乐"V 型明星用户排名	044
表 2-15	前十位 V 型明星用户的 PR 值	044
表 2-16	前十位普通用户的 PR 值	045
表 2-17	前十位 V 型明星用户的 UIRank 值	045
表 2-18	前十位普通用户的 UIRank 值	045
表 3-1	拼多多收入结构变动表	048
表 3-2	拼多多成本费用占销售收入比	049
表 3-3	拼多多资产结构	049
表 3-4	拼多多 2016—2019 年现金流量情况	050
表 4-1	内容分享类社会化电子商务分类	070

表 5-1	用户社会化心理特征衍生功能	082
表 6-1	用户生成内容分类	096
表 6-2	用户角色分类	097
表 6-3	传统口碑与网络口碑的区别	098

第1章　社会化电子商务概述

学习目标

- ■了解社会化电子商务发展背景。
- ■掌握社会化电子商务概念。
- ■了解社会化电子商务优势。
- ■了解社会化电子商务发展阶段。
- ■了解社会化电子商务发展趋势。
- ■了解社会化电子商务的典型研究问题。

导入案例

"微博淘宝版"——探路社会化电子商务

2013年4月29日阿里巴巴与新浪宣布，双方将在用户账户互通、数据交换、在线支付与网络营销等领域进行合作，探索基于微博的社交媒体平台与基于阿里巴巴的电子商务平台的社会化电子商务模式。2013年8月1日，新浪微博与阿里巴巴旗下淘宝网发布"微博淘宝版"。

（1）产品详情

"微博淘宝版"有如下几个功能：①双方账户互通，微博用户可以直接登录淘宝网完成购买、支付等环节；②微博对淘宝商品进行卡片（CARD）形式展现，包括价格、店铺信誉、受欢迎程度等信息，也可以在"CARD"上直接进行购买；③淘宝卖家在旺铺后台可以添加"微博"模块，直接进行微博发布与推广，同时，配备了相应的数据中心供卖家进行舆情分析。

（2）用户：提高体验

根据艾瑞咨询网民网络行为连续性研究系统iUserTracker数据，2013年6月，淘宝网与新浪微博的月度覆盖人数中，共同访问人数占不重复总访问人数的39.9%，约为1.3亿人，数量较为可观。新浪微博与淘宝网在账户互通之后，用户和卖家的体验在以下几个方面得到提升：①双方账户互通，用户通过新浪微博跳转到淘宝购物，以及在新浪微博上分享购物信息都极为便捷，降低了用户注册登录的成本；②"CARD"形式的商品展示，提升以往微博上淘宝商品展示的用户体验，方便用户进行直接购买；③淘宝卖家能提高微博营销的效率，更好地利用微博这个社交媒体平台做推广。

（3）阿里巴巴：获得多维度与实时用户数据

阿里巴巴与新浪微博的合作，首先为淘宝网广大的中小卖家提供除淘宝直通车广告之外的营销模式。淘宝网上活跃着800万卖家，其中的绝大部分属于中小卖家。除阿里巴巴广告体系之外，淘宝网上的营销需求还需要其他媒体和平台来进行满足。而新浪微博作为社交媒体平台，已经进驻了30万家以上的企业，新浪微博与淘宝网上中小卖家的营销需求能够很好契合。淘宝网上的中小卖家能够获得直接与消费者沟通交流的平台，对于淘宝网的活跃繁荣有正向刺激作用。

其次，阿里巴巴与新浪微博合作能够获取用户社交层面的数据与信息。淘宝一直在向促进用户形成社区与分享方面努力，"淘江湖"以及淘宝App的"微淘"等产品与功能，都反映了淘宝培养与推动用户分享商品信息的目的。来自用户的社交层面的信息，特别是新浪微博的实时信息，能够帮助阿里巴巴更加精确地进行用户数据挖掘，从而进一步完善阿里巴巴生态圈。

（4）新浪：推动商业进程

新浪微博与淘宝合作，二者之间账户互通，以及淘宝商品的"CARD"展现形式，使得用户能够完成购买行为。小米手机与奔驰Smart在新浪微博上的直接售卖，已经证明用户在新浪微博上能够完成商品从宣传到购买再到分享的完整闭环。2013年7月10日，新浪旗下的新浪支付获得中国人民银行的支付牌照，也为新浪在社会化电子商务方面增加了筹码。

根据艾瑞咨询网民网络行为连续性研究系统iUserTracker数据，2013年6月，新浪微博跳转至淘宝网的流量在其外部流量中占比为1.93%，远低于导航、搜索，但高于其他社交网站。而在淘宝的流量去向中，新浪微博的占比明显。总体来说，新浪微博对淘宝的导流仍然有限，但新浪微博可能成为淘宝用户购物后进行分享的一个重要渠道。新浪微博将在淘宝整个购物流程的前后阶段扮演商品信息获取和用户消费反馈的重要角色，从而为淘宝购物过程增加更为互动性与即时性的体验。

资料来源：根据"阿里巴巴与新浪微博发布'微博淘宝版'，探路'社交+电子商务'模式"（珊瑚圈）等资料改编。

思考题：① 阿里巴巴与新浪合作的"微博淘宝版"是如何开展社会化电子商务的？
② 阿里巴巴与新浪合作的意义是什么？

1.1 社会化电子商务发展背景

随着流量红利不再，人们消费模式的改变，传统电子商务发展逐渐进入瓶颈期，社会化电子商务作为一种新的商业模式受到青睐并迅速发展。

1.1.1 网购市场蓬勃发展

据中国互联网络信息中心（CNNIC）在2022年发布的《第49次中国互联网络发展状况统计报告》，截至2022年12月，我国网民规模增长到10.32亿人（见图1-1）。在巨大的互联

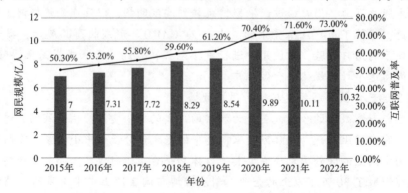

图1-1 2015—2022年中国网民规模和互联网普及率变化图

网用户基数规模的支撑下,我国参与网络购物的用户数量不断攀升,已经形成了庞大的消费者群体。截至 2021 年 12 月,网络购物用户规模达到 8.42 亿人,网购渗透率(购物网民占全部网民比例)达到 81.60%(见图 1-2)。我国网购市场快速增长,已成为零售业的重要支撑子市场,其中的移动网络购物市场呈现爆发性增长态势。蓬勃发展的网购市场,为社会化电子商务迅速发展创造有利环境。

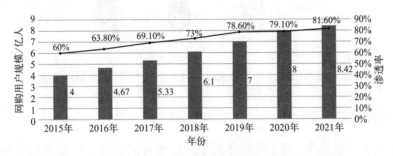

图 1-2　2015—2021 年网络购物用户规模及渗透率变化图

1.1.2　社交用户规模快速增长

基于人与人之间关系的六度分隔假说,以及网络技术、简易信息聚合(Really Simple Syndication, RSS)与标签(tag)等软件技术的发展,以提供社会化网络服务(Social Networking Services),增强现实世界中人与人之间联系的社交网站(Social Network Site)发展迅速。社交网站亦称之为社会化网络/社交化网络/社交平台/社交化媒体/社会化媒体,如美国的脸书(Facebook)、推特(Twitter),国内的微信(WeChat)、新浪博客(blog.sina.com.cn)、网易博客(blog.163.com)、新浪微博(weibo.sina.com)、知乎、抖音、小红书、哔哩哔哩。这类社交网站聚集的大量用户,不断自发产生海量的用户生成内容(User Generated Content, UGC),进行信息交流,实现了将人与人之间一对一的、单向的、线性传播的传统方式,向一对多或多对多、双向的或多向的、网状传播方式转变。这种新方式下,人际信息传播范围和效率都远远超越传统的人际传播。表 1-1 是 2021 年全球访问量排名前 10 的网站。

表 1-1　2021 年全球访问量排名前 10 的网站

排名	网站	访问量	排名	网站	访问量
1	Google.com	908.9 亿	6	Wikipedia.org	58.7 亿
2	Youtube.com	346.4 亿	7	Baidu.com	57.5 亿
3	Facebook.com	223.8 亿	8	Yandex.ru	36.9 亿
4	Twitter.com	67.5 亿	9	Yahoo.com	36.3 亿
5	Instagram.com	62.1 亿	10	Xvideos.com	33.3 亿

从表 1-1 所示的 2021 年全球知名网站的访问流量可以看出,视频共享网站油管(Youtube)、脸书(Facebook)和推特(Twitter)等社交网站/社会化媒体的访问量居于前列。2020 年我国移动社交平台的用户数达到 8.9 亿人,较 2019 年增长 8.0%(见图 1-3)。全球及我国移动社交网络用户越来越多,移动社交网络在人们日常生活中扮演越来越重要的角色。移动社交网络用户规模快速增长,潜在社会化电子商务用户基础日益庞大。

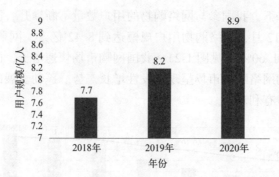

图 1-3　2018—2020 年中国移动网络社会化电子商务用户规模

1.1.3　新兴技术广泛应用

新兴信息技术不断涌现。社会化媒体技术、移动智能设备、可穿戴式设备、3D 和虚拟 Web、物联网、云计算、区块链、隐私保护、数字孪生等信息新技术都展现出令人惊喜的发展潜力，出现了互联网、社交网络、物联网以及移动通信网络的"四网融合"趋势。新兴技术的广泛应用，是社会化电子商务快速发展的基础。

1.1.4　政府大力支持

2015 年 11 月发布的《关于加强网络市场监管的意见》，首次将社会化电子商务纳入监管范围。2016 年 12 月出台的《电子商务"十三五"发展规划》，明确提出要正确倡导社会化电子商务发展，鼓励社交网络发挥内容、创意及用户关系的优势，建立链接电子商务的运行模式，为消费者提供个性化电子商务服务，刺激网络消费持续增长。2018 年 8 月 31 日《中华人民共和国电子商务法》发布。2021 年 10 月出台的《"十四五"电子商务发展规划》，提出重点开展直播电子商务、社会化电子商务等新业态标准研制。各级政府的大力支持，为社会化电子商务的健康发展提供了有力保障。

1.2　社会化电子商务的内涵

本节先介绍社会关系网络、社会资源概念，接着界定社会化电子商务概念，介绍社会化电子商务系统结构，再对社会化电子商务进行分类，阐述社会化电子商务优势。

1.2.1　社会关系网络和社会资源概念

社会关系网络（又称社会化网络、关系网络、社交网络）是个体或组织所拥有的各种社会关系的总和。包括血缘关系、亲缘关系、地缘关系、业缘关系、趣缘关系；强关系、弱关系；正式关系、非正式关系等。

社会资源（又称社会资本）是个体或组织所拥有的关系网络中所嵌入的各种资源，包括各种物质支持和精神支持。例如权力、保障、资金、信息、机会、劳力、决策、情感支持、合作等。它是个体或组织所掌握和控制的除传统的人力资本、土地资本和金融资本之外的所有能够联系到的资源。

社会关系网络本身并不是社会资源或社会资本，社会关系网络只是社会资源的载体，社会关系是调动社会资源的途径和渠道。所拥有的社会关系网络的规模、成分等决定着社会资源的存量。

1.2.2 社会化电子商务概念

社会化电子商务（Social Commerce）（又称社会化电商、社交电子商务、社交电商）概念最早由 Yahoo 公司于 2005 年提出。Yahoo 认为社会化电子商务是能帮助消费者分享购物体验，彼此获得购物建议，寻找到满意商品和服务，并能实现购买交易的线上场所。学术界从 2007 年开始关注社会化电子商务，到目前为止，学术界和业界关于社会化电子商务概念内涵还没有形成一致意见，国内外众多学者及实践者对社会化电子商务的认识不断深化，给出了既相似又有区别的定义和见解。表 1-2 是国外期刊学者关于社会化电子商务定义的代表性说法。

表 1-2 国外期刊学者关于社会化电子商务的定义

主题词	作者	年份	定义/解释
Social shopping（社会化购物）	Jascanu 等	2007	社会化网络和电子商务的结合
	Leitner & Grechenig	2007	描述消费者在平台中进行协作、从信任者处获取建议及寻找最合适的产品并最终购买的一种新兴现象
	Kang & Park	2009	人们在博客或在线社区评论产品的电子商务模式
	Shen & Eder	2009	是 B2C 电子商务的拓展，主要机理是消费者彼此之间互动引导在线购物活动，例如发现产品、累积和分享信息，以及协作制定购物决策
	Cha	2009	是社交化网站提供购物服务，也是电子商务网站提供社会化网络服务功能
	Wang	2009	通过社交媒介连接购物和社交化网络的一种电子商务类型
	Wang	2011	社会化购物表示单一电子商务网络能实现社会化网络功能，或者是电子商务网站同其他社交网站链接形成战略同盟
Social commerce（社会化商务）	Stephen & Toubia	2010	在线社交网络中卖家彼此连接,卖家成为社交网络中的个体
	Afrasiabi Rad & Benyoucef	2010	是基于个人对个人沟通的电子商务 1.0 演化成的更社会化和互动化的电子商务，包括卖家网络和买家网络
	Liang 等	2011	是电子商务中的新兴重要平台，是日益流行的如 Fackbook、LnkedIn 和 Twitter 等社交网站出现的商务活动
	Wang and Zhang	2012	由社会化媒介导向形成，是融合在线和离线环境的商务
	Huang & Benyoucef	2013	是支持消费者的社会化互动和用户内容生成，帮助消费者进行购买决策的应用系统
	Lu 等	2016	是将商业和社交活动结合的电子商务
	Li	2019	是以社交媒体为中介的在线商务模式
	Yao 等	2022	是以社交媒体影响者为核心的由消费者发起的社交商务

2006 年，我国社会化电子商务开始萌芽。从 2006 年发展至今，学者们对社会化电子商务概念内涵也有着不尽相同的见解。有的将其落脚到帮助用户购物，有的从社会化媒体和电子商务功能融合方面对其定义。表 1-3 所示是国内期刊学者关于社会化电子商务的种种描述。

表 1-3　国内期刊学者关于社会化电子商务的定义

主题词	作者	年份	定义
社区化电子商务	秦涤	2007	是社区网站里的商务交易,用户可以获得其他成员的交易经验和意见
	陈文蓉	2008	是一种以虚拟社区为载体,以高互动、高黏性为特征的电子商务
	梁冬卉	2011	是将媒体、电子商务、社区相融合的电子商务平台,能开发优惠及发放代金券让商家吸引用户,能应用数据分析和挖掘技术为商家提供数据分析服务
社会化电子商务	王爱俊	2009	电子商务的一个发展方向是"社会化电子商务",也就是朋友营销
	琚潇	2012	是电子商务的一种特殊形式,是利用人的社会属性,通过互联网来进行沟通交流,分享、传播和推荐商品服务,实现更好的基于互联网的消费
	宗乾进	2013	是社会化媒体情境下,通过整合社交图谱(基于人际关系的互动)和兴趣图谱(基于信息流的互动)对产品和服务进行推广和销售的一种商业模式
	田雨晴	2013	是用户可以在线协作的电子商务平台,用户从可信个体获得建议,找到目标商品和服务并购买
	刘宏	2017	是利用社交媒体的手段作为辅助来进行电子商务活动的一种商务模式
	孙虎	2018	是以社交或在线互动为基础,通过引入第三方线上销售主体,吸引消费者购买,促进商家销售,增强自身盈利水平的衍生电子商务模式
	周涛等	2019	是融合电子商务和社交媒体的平台
	王松等	2020	是社交应用与传统商务的结合
社交电子商务	左文明	2014	是将支持社交互动的社交媒体运用到电子商务,吸引刺激消费者关注、分享、评论产品,以促进产品和服务的购买与使用
	鲁文	2015	是利用社会化媒体支持交易各方交流互动,分享、传播和推荐商品或服务,从而促进商品和服务交易的一种新型电子商务模式
	朱小栋	2016	是利用社交媒体技术进行社交互动、用户自生成内容等来辅助商品的购买和销售行为的新型电子商务

　　从上述罗列的代表性观点可以看出,社会化电子商务通常需要借助微信、微博等社交媒体(社会化媒体)进行传播,利用消费者间的社交互动、消费者自生成内容等手段辅助商品的购买和销售;借助即时通信、论坛等工具,帮助消费者与商家以及消费者间社交互动,帮助消费者完成购买前的店铺选择、商品比较,购物中的交流,商品购买后的消费评价以及购物体验内容的分享宣传与扩散。

　　结合国内外学者对社会化电子商务的表述,我们认为,社会化电子商务是借助社交网络,支持消费者之间、商家之间及商家与消费者之间的直接或间接交互服务的电子商务。

　　社会化电子商务是电子商务与社会化媒体相互融合的产物(见图 1-4),是一种新的商业模式,是利用了关系网络中嵌入社会资源的电子商务。它借助社交网站、内容社区、微博微信、博客论坛等手段来助推商品的购买和销售。社会化电子商务是将社交活动中的关注、分享、沟通、讨论、互动等社交化元素应用于电子商务交易过程的一种新的电子商务模式。传统电子商务要开发社交功能吸引更多消费者,进行靶向营销;社交网络要增加电子商务功能,利用拥有的用户网络,开展商务活动。电子商务是社会化电子商务的基础,社会化电子商务是电子商务发展的重要方向。

　　社交网络(社交网络服务),包括社交软件和社交网站,常见的有微信、博客、微博、论坛、社会化网络、维基百科、播客、点评类社区和内容社区。电子商务是以信息网络技术为手段,以商品交换为中心的商务活动。社会化电子商务中的用户,可以通过先进的信息技

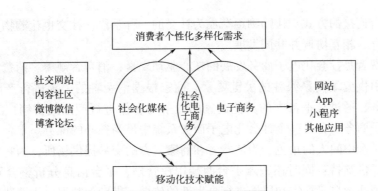

图 1-4　社会化电子商务概念图

术,随时随地进行沟通与信息传递,而且平台利用大数据通过分析社交关系体现的相近购物偏好,帮助用户建立相对一致的商品选购标准,使用户更信任社交关系下的商品推荐,达到高质量的推广目的。

社会化电子商务有社会化电商、社交电子商务、社交电商、社会化购物、社交网购、社区化电子商务等说法,社交网络也有社会化网络、社交媒体、社会化媒体等说法。它们源于不同发展时期、不同场景下学者们的具体表达。本书的后续讨论中,如无特别说明,将不再考虑这些说法中的微小差异,视它们彼此间等同。

1.2.3　社会化电子商务系统结构

社会化电子商务系统,包括社会化电子商务平台(社会化电子商务公司、平台商)、平台上的广大消费者和入驻平台的相关商家等三类核心主体(见图1-5)。社会化电子商务平台连接平台两端用户(需求端的消费者、供应端的商家)。消费者与商家相互吸引,平台自身的发展与需求端的消费者和供应端的商家息息相关。社交网络推动消费行为发生变化,改

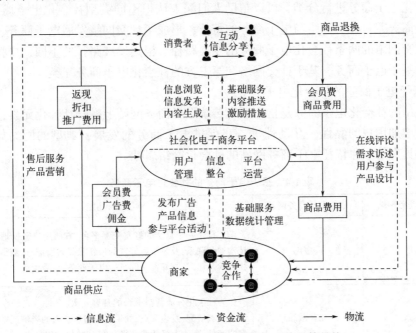

图 1-5　社会化电子商务系统三类核心主体总体结构

变商家与消费者连接的方式，让购物逐渐成为社交的一种手段，社交也让购物更有价值。三类主体相互依存、相互协调并共同发展。

其中，消费者是社会化电子商务发展的核心驱动要素，消费者规模、消费者的参与和活跃度是平台吸引供应端商家入驻的关键要素。商家根据消费者的要求进行产品的研发、生产、销售和服务，通过与平台中的其他商家的竞争与合作进行产品的营销，实现自身的发展。社会化电子商务平台是整个社会化电子商务系统中最为核心的部分。平台在消费者和商家之间扮演了一个中间人的角色，为消费者和商家双方的交易提供场所，为它们进行信息交流和商务交易提供支持；同时还兼顾平台两端用户管理、平台信息分析整合和平台运营维护。平台通过消费者自身标签和属性进行自发性的传播，借助大数据分析消费者的商品浏览记录、购买意愿和购买行为等相关个人属性和信息，从而形成消费者的需求画像，向消费者个性化推荐和展示相关信息，借助社交网络的信任和分享机制促进消费者通过在线交易平台完成支付，促成交易。消费者则能够将优质且喜爱的产品和服务通过向周边朋友和社群分享，借助线上反馈和口碑营销，再次强化社交电商模式，形成社群经济、粉丝经济。

社会化电子商务系统中的海量信息是系统价值创造的重要源泉，也是平台与用户（消费者、商家）以及用户间互动的信号之源和数据整理挖掘的宝藏。在平台系统的支持下，不同主体彼此建立联系，借助平台提供的工具互动生成信息。如消费者间的互动可以产生口碑传播和社区讨论信息分享，消费者与商家的互动会产生在线评论，消费者参与商家的产品设计和研发会带来价值共创，消费者与平台的互动产生用户生成内容，可以形成信息发布。借助云计算和大数据技术，平台能有效地对平台系统中的分布式多类型数据和信息进行挖掘和整合。挖掘、整合得到的信息和知识能支持供应端商家的产品研发、生产与销售，能帮助商家进行个性化的精准推荐营销。

1.2.4 社会化电子商务分类

对社会化电子商务进行分类，可以帮助人们深入认识不同类型社会化电子商务的特点。社会化电子商务兼具社交网络与电子商务的特征，形成了社交网络发展电子商务、传统电子商务发展社交网络的两条社会化电子商务的发展路径。根据发展路径的不同，可将社会化电子商务分为基于电子商务、基于社交网络和第三方的社会化电子商务三类。

（1）基于电子商务的社会化电子商务

这种类型的社会化电子商务是指在原有传统电子商务网站上融合社会化元素，添加社交功能，通过增加用户的黏性、互动性进一步促进电子商务的发展，典型的网站如表1-4所示。它们都具有加强原依托电子商务网站的社会化网络属性。

表1-4 基于电子商务的社会化电子商务

社会化电子商务网站	依托电子商务网站	功能
淘江湖	淘宝网	淘江湖是一个真实的好友交互平台，方便用户轻松地与其好友保持沟通和联系，及时了解好友的最新状况动态信息，获得更可靠的购物经验与建议，与好友一起享受电子商务、享受生活
凡客达人	凡客诚品	作为社区化分成营销平台的凡客达人，允许达人们在各自的空间展示穿衣搭配、发表观点，如果买家通过达人的店铺或空间购买了凡客的产品，则达人可凭此获得凡客10%的销售分成

（2）基于社交网络的社会化电子商务

这种类型的社会化电子商务是指将电子商务和这些社交网络平台对接，利用其强大的用户群体进行营销将具有很大的影响力（见表1-5）。通过社交网络工具，商家将商品等相关信息发布在社交网络上，通过其粉丝分享和推荐来传播这些信息，其他用户可以直接进入商品页面进行购买。

表1-5　基于社交网络的社会化电子商务

社会化电子商务网站	依托社交网络平台	功能
Livescribe	脸书(Facebook)	Facebook粉丝可以与产品进行互动,粉丝们可以分享他们感兴趣的产品,或发送消息,把信息传播给更多的消费者
微跳蚤	新浪微博	这是基于微博的一款二手交易物品的应用服务,帮助微博用户发布、查询、评价二手商品的信息

（3）第三方的社会化电子商务

这种类型的社会化电子商务是指将社交化元素和电子商务并重的一种商务模式。它不仅具备电子商务网站的各种功能，而且具备利用个性化服务吸引有共同爱好的用户形成紧密联系群体的功能。典型的网站如表1-6所示。

表1-6　第三方社会化电子商务

社会化电子商务网站	功能
翻东西	能根据用户的喜好,主动推荐用户喜欢的商品,同时提供可靠的购物建议,帮用户筛选出可信赖的商家。用户还可以获得新鲜的潮流资讯,结识到更多有共同购物爱好的朋友,分享彼此的购物心得和乐趣
美丽说	是一个女性互动购物社区网站,用户可以在社区内寻找达人,找店铺,找团购,分享网购链接,分享自己喜欢的购物相关资讯

1.2.5　社会化电子商务优势

社交网络具有庞大用户群的超高人气和可靠人际关系网络的信任优势，电子商务具有主流的盈利模式、快速增长、广泛使用、强穿透力优势。社会化电子商务是社交网络和电子商务融合的产物，兼具社交网络与电子商务双重优势。本小节从社交网络、电子商务、用户三方面，对比传统电子商务，分析总结社会化电子商务的优势。

（1）社会化电子商务具有社交网络的关系优势

① 可信性。社会化电子商务用户一般是实名制注册，通过自己的现实朋友的介绍而建立自己的朋友圈子。这样的朋友关系能够有效地保障用户之间交流分享信息的真实性，交易的可信性较好。

② 社交性。传统的电子商务主要是商家将产品信息发布给用户，社会化电子商务同时面向消费者与商家，保证消费者之间以及消费者与商家之间的互动交流，方便消费者主动分享关于服务或产品的体验，用户间的社交性好。

③ 公开性。社会化电子商务鼓励消费者对产品的相关信息进行分享、评论，消费者能方便对平台系统的内容进行引用与推荐，而不会受到约束，系统中的信息公开透明。

④ 有效性。社会化电子商务能够帮助消费者将冗余的信息加以过滤，提高信息价值，

信息的有效性好。

（2）社会化电子商务具有合作紧密、易于精准营销的优势

① 商家、消费者间的合作更紧密。社会化电子商务中的消费者之间往往还会形成紧密的交流子群/虚拟社区，这些紧密子群中没有明确和强烈消费需求的消费者，常会由于子群中伙伴的分享推荐，激发出消费欲望，为商家挖掘出新需求，商家与消费者的合作更加紧密。

② 买卖双方的沟通更有效。传统的电子商务通常依赖搜索引擎营销，向所有用户推送广告，方向不明，针对性不强，广告效率不高。社会化电子商务拥有消费者生成内容，分享的信息更加可靠和可信，能降低信息不对称造成的消费盲目性和冲动性，买卖双方的信息交流更为有效。

③ 商家进行市场细分更便利。消费者的交易、兴趣、关系等不同特征形成社交网络中特定的交流群体（虚拟社区、子群）。这样的交流群体方便识别，便于商家进行精准营销。

④ 关系价值挖掘带来丰富盈利模式。社会化电子商务的核心不再只是销售商品，重要的是关注每个消费者，关注社会性的人，重视消费者间社会关系的经营和管理。除传统的电子商务的直接销售商品盈利模式外，社会化电子商务特别重视利用关系网络创造商业价值。如通过指向其他销售网站的链接进行盈利，借助用户生成内容、用户分享、用户打分以及赞助内容的形式进行更具亲和力和针对性的营销，产品推广效果更好、收益更多。

（3）社会化电子商务具有消费者间、商家间及消费者与商家间互动多、互动关系强的优势

① 传统电子商务是商家单向向用户发布产品和服务的相关信息，而社会化电子商务是同时面向商家和消费者两端，可以有效地促进消费者间、商家间及消费者与商家间的交流互动，大家也可以积极主动地分享产品和服务信息，这样一方面能够激励用户反馈信息到商家，商家也可以更加了解用户的需求，另一方面大家可以找到与气质兴趣爱好相投的人，聚集成一个社区。

② 随着社交媒体的发展，人们购物方式、消费方式和沟通交流方式的革新也使得社会化电子商务模式吸引了很多的创业者和投资者，这种新型的电子商务模式综合了社交媒体和电子商务的特性。社交媒体拉近了人与人之间的距离，容易与人产生联系和信任度，更加激发了社会化电子商务中的互动。

1.3 社会化电子商务发展现状与发展趋势

社会化电子商务经过近二十年不断的探索、尝试、发展、纠错，已成为电子商务不可分割的重要部分。

1.3.1 社会化电子商务发展阶段

社会化电子商务从2005年被首次提出至今，经历了萌芽、探索、迅速发展、蜕变和升级等五个阶段。

（1）萌芽阶段（2005—2010年）

随着Web2.0技术的蓬勃发展，社交网络媒体开始出现，自媒体形式和用户分享意识不断增强，社交化元素开始融入互联网的各个行业。不少传统大企业收购具有社交功能的电子

商务企业进军社会化电子商务。2006 年，时代集团收购电子商务搜索引擎 StyleFeeder、时尚集团收购社区购物网 Kaboodle 等。我国出现如贝壳、蚂蚁、怪兽等第一批社会化电子商务平台。

（2）探索阶段（2010—2011 年）

此间出现社会化电子商务的新探索形式。如图片分享网站 Pinterest 采用瀑布流的形式展现图片内容，开创了基于"兴趣图谱"和"社交图谱"新的商业形式。这种瀑布流的形式满足了用户对于视觉感官和发现新事物的需求，让用户乐于使用该网站并进行分享和交流。同期国内效仿瀑布流的形式也出现了一些本土化的社会化电子商务平台，如蘑菇街、美丽说等。

（3）迅速发展阶段（2011—2014 年）

此间国内社会化电子商务进入快速发展阶段，涌现了大量的社会化电子商务平台，如国内模仿图片分享网站 Pinterest 比较大的网站有 30 家左右。社会化的重视程度不断提高，电子商务平台开始加强社会化功能的建设，社交网络媒体网站与电子商务也逐渐相互融合，再加上移动电子商务和微博、微信等移动社交媒体的迅速发展，社会化电子商务开始变得移动化。

（4）蜕变阶段（2015—2016 年）

这段时期社会化电子商务进入调整期，伴随着调整期的震荡和阵痛，已有的社会化电子商务平台开始分化，有些找不到出路选择放弃，有些选择坚持。此阶段社会化电子商务开始重视团队作战，不再是单打独斗，这也是社会化电子商务发展效率和速度远超过传统企业和电子商务的重要优势之一。品牌型社会化电子商务崛起，注重信誉和口碑的社会化电子商务越做越大，成为大的团队长，或自创品牌成为品牌方。

（5）升级阶段（2017 年至今）

此阶段社会化电子商务不断融合、迭代、升级，品牌化、平台化、科技化成为潮流。很多社会化电子商务在借助分销模式获得大量客户、渠道之后，会尝试转型，其中一个主要方向是会员制类社会化电子商务，即取消或弱化分销模式，专注于为会员提供优选的商品及高品质的服务，如云集平台。数字化时代、人工智能时代，社会化电子商务会发生大的升级。与传统电子商务相比，社会化电子商务门槛更低、更灵活、传播更快，而且是去中心化的。未来社会化电子商务必定会和更多新事物、新技术结合，拥有更多可能。社会化电子商务将会借助人工智能实现大的升级和迭代。

1.3.2　社会化电子商务发展现状

① 增长迅速。2021 年中国社会化电子商务网购规模达 28646.3 亿元，同比增长 38.60%（见图 1-6），成为网络购物市场的一匹黑马。随着社交流量与电子商务交易融合程度的不断加深，社会化电子商务交易规模增长迅速，占网络购物市场的比例也在不断增加。

② 创新不断。社会化电子商务开创了丰富的电子商务蓝海商业模式。直播短视频、内容导购、微信生态社交应用等得到了长足发展。

③ 转型融合。社会化电子商务促进传统企业数字化转型，利用互联网创新手段及技术，与原有模式融合，进一步提升企业竞争优势。

④ 疫情突围。2020 年疫情防控期间，商家利用社会化电子商务等手段更好地满足消费者需求，在做好疫情防控形势下推动复商复市，建立市场信心，推动企业可持续发展。

社会化电子商务爆发式增长的同时，也面临着过度依赖上游、分享信息过量等的挑战。

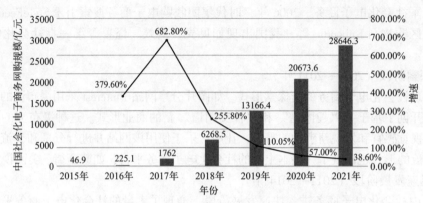

图 1-6 2015—2021 年中国社会化电子商务网购规模及增速

比如，行业内 70%的流量都导向了淘宝，过于强调导流而太依赖产业链上游淘宝，相关联社会化电子商务的发展随时面临垄断上游制约的风险。社会化电子商务比传统电子商务更容易激发用户的购买欲望，社区化交易氛围提高了用户的分享数量，生成了更多用户内容，限于社会化电子商务平台自身识别信息的能力，用户分享信息良莠不齐，面临信息爆炸和大量信息价值低的挑战。

1.3.3 社会化电子商务发展趋势

① 社会化电子商务移动化。网络购物向移动端转化是大势所趋，优质商品、供应链、社交场景向购物场景转换的能力将成为社会化电子商务竞争的关键要素，社会化电子商务将由零售通道向呈现商品、社交、终端、平台及第三方等的多元化消费生态转化。

② 社会化电子商务品牌化。作为平台经济的表现形式，社会化电子商务在品牌培育方面优势明显。产品研发、制造能力和品牌影响力是传统零售商的优势，但社会化电子商务提升传统零售商的品牌和销量，高频、高性价比的产品更适合社会化电子商务业务。

③ 社会化电子商务运营精细化。社会化电子商务的竞争不仅是流量竞争，还是运营向系统化升级进化的竞争。社会化电子商务以数字化系统架构建立基础设施，完成前台、中台及后台的系统化规划，实施再造供应链，重塑产业端，提升电子商务的协同效率。

1.4 社会化电子商务的研究框架和典型研究问题

1.4.1 社会化电子商务的研究框架

社会化电子商务包括商业行为和社交媒体两大基本要素，涉及研究主题、研究方法、基础理论和关键指标等。社会化电子商务研究的框架结构如图 1-7 所示。

(1) 商业行为

传统社交网站拥有大量的用户以及海量的信息，人们通过社交网站分享自己的想法、感兴趣事件的文档和图片等信息，这些行为往往不直接带来商业收益，但是这些用户行为和分享的巨量信息隐藏着巨大的商业价值。社会化电子商务正是利用用户分享的信息及其表现行为，挖掘潜在的商业价值。图 1-8 中所示是社会化电子商务涉及的不同商业活动类型及具体商务活动。

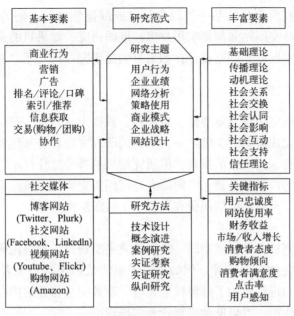

图 1-7 社会化电子商务研究的框架结构

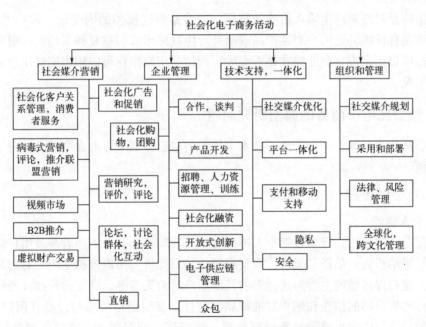

图 1-8 社会化电子商务涉及的商务活动

(2) 社交媒体

社交媒体（又称社交网络媒体，社交平台）是社会化电子商务的主体。社交媒体大致可分为博客网站、社交网站、视频网站和购物网站四类。随着互联网应用的深入和数字孪生技术的广泛应用，现实世界人的行为将大量转移到互联网，用户在社会化电子商务平台进行交友、购物、分享体验等，这些行为可被包括社交媒体在内的互联网平台轻易记录和分析。

(3) 研究主题

研究主题是指研究所涉及的某一类现象领域或问题领域，不同的研究目的其侧重点不同。例如，同是探索社交网站如何影响用户忠诚度的研究，如果目的是研究网站功能对用户忠诚度的影响，研究主题就是网站设计；如果目的是研究口碑对用户忠诚度的影响，研究主题就是用户行为。

(4) 研究方法

研究方法是指在研究中发现新现象、新事物，或提出新理论、新观点，揭示事物内在规律的工具和手段，是完成研究的关键之一。不同的研究方法各有其优劣。例如，案例研究可以对某个特定事件进行深入细致的探索，但研究结果的普适性往往不好；概念研究是指研究确定术语所表示概念的内涵和外延；纵向研究是运用历史资料，按照历史发展的顺序对过去事件进行研究的方法，可以揭露横向研究发现不了的深层次问题。

(5) 基础理论

基础理论是指研究社会经济运动的一般规律或主要规律，为应用研究提供有指导意义的共同理论基础，是研究的有力支撑。例如，为了更清楚地了解消费者行为，预测可能的结果，需要了解社会互动理论；为了解释社会化电子商务中参与方的内在动机和选择行为，理解内外部因素的相互作用，可借助动机理论和信任理论。

(6) 关键指标

关键指标是对结果产生重大影响的指标，通常是研究模型的因变量。常见关键指标中，用户忠诚度指标反映的是用户对某产品或服务产生好感形成的重复购买趋向；财务收益和市场增长指标可以用来观察商业模式是否奏效；网站使用率指标可以用来衡量用户使用情况和技术接受情况。

1.4.2 社会化电子商务的典型研究问题

本小节从用户行为、平台管理、技术支持与信息服务四个方面介绍社会化电子商务的典型研究问题。

1.4.2.1 社会化电子商务用户行为

(1) 个人体验

社会化电子商务用户行为包括个人体验和社交活动行为。个人体验涉及用户体验、依存感、黏性、采纳行为、信任和忠诚、购买意愿、用户评价。用户评价是用户对商品和消费体验的总结，是口碑传播的主要形式，影响其他用户的购买意愿。社交活动如社会化交流，可以增加平台与用户间的信任和用户对推荐品的信任，吸引用户的参与，提升用户的依存感，影响用户的消费、内容生成和自我披露意愿。典型研究问题例如，商家如何通过"好评返现"激发用户的好评，影响用户的购买意愿；针对社会化网络虚拟性的特征增加了用户购买的风险，平台如何增进彼此间的信任和忠诚黏住用户，刺激用户消费。

(2) 社交活动

社交活动包括用户参与、用户交互、口碑传播、用户生成内容、价值共创。用户的持续参与是社会化电子商务发展的重要驱动力量。了解用户在精神层面和物质层面参与的动机，针对用户的动机采取激励措施，可促进用户参与。用户交互通过自我效能、信任及虚拟社区等的中介作用会间接影响用户黏性，高黏度的平台一般能促使用户深度参与，消费者在线预订产品的可能性更大。同时，基于社会网络关系，消费者之间和消费者与平台之间的交互行为能够促进消费者持续使用社会化电子商务。用户推荐对消费者购买意愿具有正向影响，用户的推荐和口碑传播更能增强其他消费者的信任。特别是意见领袖的推荐较之于一般用户的推荐，影响消费者购买意愿更为显著。典型研究问题例如，如何在传统电子商务网站增加社区板块功能，用来提高用户互动的活跃度和增加用户在线交流；如何从用户的朋友网络构建和社交化形成过程中，探讨朋友群体中用户感知风险、感知价值、选择策略等行为的转变和异同。

1.4.2.2 社会化电子商务平台管理

社会化电子商务平台管理包括平台界面管理、商家用户管理、消费者管理和数据管理等，涉及商业模式、盈利模式、营销策略、营销创新、信用评价体系、产业价值链、定价策略和在线信誉等的研究。

例如，可通过建立信用评价指标体系，构建社会化电子商务在线信誉影响模型研究信用评价；可结合社交网络对线下商家、支付平台、物流企业进行产业价值链分析，研究社会化电子商务渠道选择策略；可通过构建社会化电子商务购物过程模型，细化消费者购物管理；可通过分析社会化电子商务平台主要的广告、佣金提取、增值服务和第三方插件应用等盈利模式，创新社会化电子商务盈利模式；可应用双边市场的理论探讨社会化电子商务平台的定价模型；可通过大数据技术分析社会化电子商务平台系统中平台、商家、消费者及其互动产生的海量数据，研究社会化电子商务的数据管理模式。

1.4.2.3 社会化电子商务技术支持

社会化电子商务技术支持研究主要涉及网站设计、社区发现、服务设计、推荐服务和服务质量等。包括深化"用户购物体验需求"导向的设计、研究考虑位置服务的客户端设计、利用网络分析工具分析用户兴趣图谱、发现聚集性强的子社区、应用协同过滤推荐方法探究更精准有效的推荐服务、探讨影响社会化电子商务服务质量的机理，以及应用区块链技术和多方安全技术设计更具特色的个人隐私保护和支付支持保护等。

1.4.2.4 社会化电子商务信息服务

社会化电子商务信息服务的研究涉及商务信息服务、口碑扩散、用户生成、顾客价值等。用户作为社会化电子商务主体，既是传播信息的媒介，又是生产信息的源泉。与传统电子商务的"广播式"传播相比，社会化电子商务强调用户贡献和用户自生内容，并依赖双向沟通的方式进行渗透式人际传播，信息的说服效果更好。用户生成内容包括在线评论的口碑传播、用户参与的价值共创、用户互动的人际沟通以及自媒体形式的角色展演。相关研究包括探讨用户生成内容的动机、研究价值共创过程中用户参与和信息的重要性、探讨社会化电子商务中的在线口碑扩散方式及其生命周期变化、研究平台系统中商务信息互动模式、研究信息传播中的广告宣传及信息创新捆绑传递模式等。

1.4.3 社会化电子商务研究的相关理论

社会化电子商务快速发展，通常是鲜活实践先于理论，研究涉及多学科，学科的交叉性比较强，运用到的理论、方法和技术较多（见表1-7）。

表 1-7 社会化电子商务研究的理论基础

学科		理论	
市场营销学		① 口碑理论 ② 病毒营销理论	③ 市场网络观 ④ 市场细分
消费者行为学		① 网络消费行为理论	② 消费情感理论
传播学		① 意见领袖	② 创新扩散理论
计算机科学		① 数据挖掘理论	② 多方安全计算
经济学		① 双边市场理论 ② 价值链理论	③ 迁移理论 ④ 广义虚拟经济理论
社会学		① 信任理论 ② 社会资本理论	③ 社会资源理论 ④ 社会互动理论
心理学	社会心理学	① 理性行为理论 ② 社会影响理论	③ 六度分隔理论 ④ 社会学习理论
	消费者心理学	① 消费者购买动机 ② 消费者满意理论	③ 购买决策理论 ④ 消费者感知价值理论
其他学科		① 强弱关系理论 ② 网络结构理论	③ 聚类分析理论 ④ 复杂社会网络理论

由表 1-7 可以看出，社会化电子商务研究涉及众多学科，常需要综合运用多种理论进行研究。理论基础与研究主题间关联图如图 1-9 和图 1-10 所示。

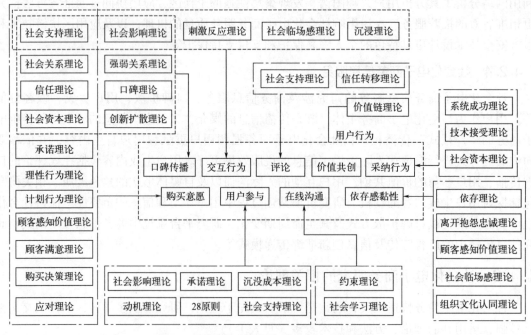

图 1-9 理论基础与用户行为研究的关联图

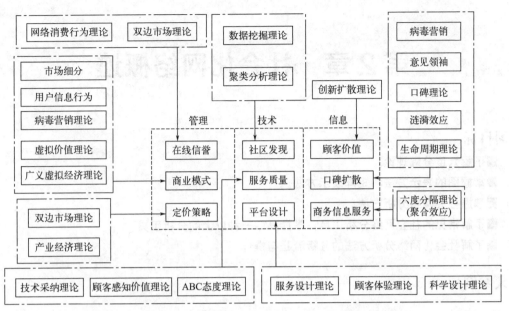

图 1-10 理论基础与平台管理、技术支持、信息服务研究的关联图

本章小结

本章介绍了社会化电子商务的发展背景,界定了社会化电子商务内涵及类型,分析了社会化电子商务系统结构,总结了社会化电子商务的发展趋势。对社会化电子商务的发展阶段进行了阐述。简要概述了社会化电子商务的研究框架、典型研究问题,简要讨论了支持社会化电子商务研究的理论方法。

思考练习题

1. 简述社会化电子商务的发展背景。
2. 结合案例简述社会化电子商务内涵。
3. 社会化电子商务发展分哪些阶段?结合具体案例分析不同阶段社会化电子商务的特色。
4. 社会化电子商务的类型主要有哪几种?分别结合你熟悉的社会化电子商务平台进行介绍。
5. 结合实际案例阐述你认为的社会化电子商务研究中最有趣的2~3个研究问题。
6. 社会化电子商务研究中应用到的理论有哪些?

第2章 社会化网络概述

学习目标

- ■ 了解六度分隔理论。
- ■ 掌握图的表示方法和矩阵表示方法。
- ■ 掌握社会网络分析方法。
- ■ 了解常见的社会网络分析工具，掌握其中一种以上的分析工具。
- ■ 了解社会化网络分析方法的分析流程与操作。

导入案例

"Facebook"——连接世界

脸书（Facebook）成立于2004年，取名源于传统的纸质"花名册"。通常美国的大学和预科学校把这种印有学校社区所有成员的"花名册"发放给新来的学生和教职员工，帮助大家认识学校的其他成员。截至2023年1月，Facebook在全球日活跃量达到29.63亿，在全球最"活跃"社交媒体中排名第一。

Facebook创始人兼行政总裁马克·扎克伯格与首席技术官迈克·斯科洛普夫带领技术工程师团队，将互联网技术与商业运作模式结合起来，凭借超前的意识理念与对"连接世界"的执着追求，创造了Facebook今日的辉煌成就。从最初的国内校园局域网服务平台，到面向全球社会公众的社交网络；从台式电脑互联网占据传播主导，到以智能化移动端传播为中心；从"连接世界的社交媒体"的传播价值定位，到"未来十年"的"卫星与无人机实现全球免费互联网覆盖""提供用户定制化服务的人工智能助理""增强代入感的虚拟现实VR技术丰富交互体验"等传播战略规划，领先一步的意识决策，促进技术研发突破，巩固基础设施投资，保证了Facebook在全球市场上享有竞争优势。

Facebook于2004年初创办开通不到两个星期，就吸引了哈佛大学半数的学生成为注册会员，不到3个月的时间里，该网站覆盖面已经扩展到了斯坦福大学、耶鲁大学等著名学府。当年夏天，马克·扎克伯格就将公司搬出校园，入驻硅谷。2005年之后，公司的用户由大学生、中学生群体向公司白领扩展，最终扩散到普通大众，任何13岁以上的用户都可以在Facebook上注册登记。2009年6月13日，Facebook开发了与智能手机连接的上网功能，用户可以通过手机登录；2010年2月23日，Facebook的News Feeds被授予了系列专利，比如多个使用者同时参加同一活动的功能链接技术等。2010年11月15日，Facebook推出了新的"Facebook Messages"服务，集成了多种短信、邮件功能于一体，而且可以进行隐私设置，被称为"Gmail杀手"；2011年2月，Facebook开发了日历功能；2011年4月以来，Facebook用户可以通过Facebook Chat和短信功能听到彼此的现场声音；2011年7月6日，Facebook与Skype搭档，发起了一对一的可视电话业务。2014年10月23日，Facebook发布了匿名社交应用Rooms。2016年12月16日，Facebook上线谣言审核机制功能，评估信息流当中的信息真实性。2019 年 11 月 12 日，Facebook 在官方博客上宣布正式推出移动支付服务 Facebook Pay。2020 年 4 月 26 日 Facebook 推出 Messenger Rooms 功能，向视频会议平台 Zoom 发起挑战。2022 年 6 月 29 日，Facebook 为其群组（Group）试验一项新的音频功能——类似于 Discord 的语音聊天功能。

Facebook 制订的战略计划中提到通过无人机、人工智能以及虚拟现实三大技术来帮助解决未来数年内肆虐于社交网络的三大"瘟疫"，即限制上网、无法找到相关内容以及与亲朋好友距离过远等。

① Facebook 估计现在全球有 11 亿到 28 亿人还不能通过移动网络联网，约占全球的 16% 到 40%。为了帮助这些人上网，Facebook 希望建造和部署无人机，通过卫星接入互联网。斯科洛普说："我们将占据天空。"

② 随着世界的联系越来越紧密，照片、视频以及网页等更多内容都将会泛滥成灾，严重影响我们的注意力。Facebook 认为人工智能可能帮助人类清理这些噪声。将来你无须再通过庞大的图片库寻找自己站在沙滩上的照片，你可以要求 Facebook 帮你寻找。

③ 作为世界上最大的社交网络，Facebook 认为仅通过文字、照片以及视频分享生活还不够。它希望用户能获得真实感受。如未来人们可以戴上 Oculus VR 头盔，感觉他们就坐在你身边同你一起过生日、看球赛等一些活动。

资料来源：根据 Facebook 是如何垄断社交网络的、Facebook 社交网络"神话"的传播学解读、Facebook 案例等资料改编。

思考题：① Facebook 是如何构建社交网络的？
② 从 Facebook 的成功案例中学到了什么？对于社交网站的构建有何借鉴？

2.1 六度分隔理论

2.1.1 六度分隔理论实验

六度分隔理论最早于 1967 年由哈佛大学心理学教授斯坦利·米尔格拉姆（Stanley Milgram）提出。他指出我们每个人都曾遇到一些和我们距离很远但又拥有一些共同好友的新朋友，米尔格拉姆大胆猜测，是不是我们所处的人数众多的庞大社会可以因为复杂的人际关系被划分为极为简单的小世界，而在这些小世界中，任意两人间的间隔都是极小的。为了验证这一猜想，他设计了著名的连锁信件实验。

他招募了 296 位来自 Kansas 和 Nebraska 的志愿者，请他们分别将一封信转寄给一个住在 Cambridge 的神学院学生的妻子和一个住在 Boston 郊区的股票经纪人。该实验有以下三个要求：一、虽然目标人物的身份是已知的，但是志愿者只能通过相互认识的私人关系进行信件投递；二、如果当前保存信件的人不认识投递目标，他应当将信给自己认识的更有可能认识目标人物的人；三、实验者每进行一次转寄都要将寄信信息反馈给米尔格拉姆，以便其追踪信件路径。最终，在实验中，共有 64 人成功将信件转寄给了目标人物，而为了达到这一目标，他们所经历的平均节点为 5 个，也就是说每封信大概需要传递 6 次就能到达目的地。因此米尔格拉姆得出结论，任意两位陌生人之间的节点数在 2 至 10 之间，而平均节点数为 5，这说明短路径是普遍存在的，我们可以利用这些短路径快速地与陌生人建立联系。

米尔格拉姆的这个连锁信件实验体现了一个似乎很普遍的客观规律即社会化的现代人类

成员之间，都可能通过"六度空间"而联系起来，没有绝对联系的 A 和 B 是不存在的。这就是"六度分隔理论"，又称小世界理论，它奠定了社会网络的基础。六度分隔理论示意图如图 2-1 所示。

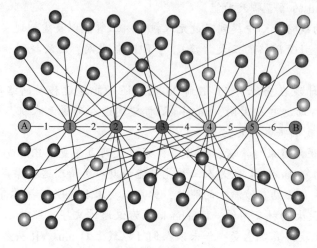

图 2-1 六度分隔理论示意图

随着时代的发展，除了米尔格拉姆，还有很多人也对这一现象进行过相关研究。

2003 年来自哥伦比亚大学等的研究者们又利用 E-mail 系统复刻了米尔格拉姆的寄信实验。他们邀请了超过 24000 名志愿者参与实验。这些志愿者被要求通过依次寄电子邮件给认识的人，最终将邮件寄送给来自 13 个国家的 18 位目标人物，他们包括来自澳大利亚警察局的公务员、挪威的兽医和美国常青藤大学的教授等。最终有 384 人只用 4 个节点人物就完成了任务，而志愿者们所用到的平均节点人物数在 5 至 7 之间。

2008 年英国《卫报》更有报道，Microsoft 的研究人员已经证实了六度分隔理论。他们研究了来自超过 1.8 亿人 300 亿的电子通信记录，这份数据几乎涵盖了在 2006 年 6 月使用 Microsoft Messenger 服务的所有用户。如果两名用户通过该软件相互发送过至少一则消息，则他们被判定为熟人。最终他们得出结论，在任意两个陌生人之间所存在的分隔点最小值的平均值为 6.6，其中 78% 的用户用到了 7 步或少于 7 步的连接，但也有极少数的人被分开了多达 29 个节点。也就是说，在大多数情况下，你都可以通过不超过 7 个人的"熟人网络"与别人建立联系。

2.1.2 六度分隔理论的论证

顿巴数是牛津大学的人类学家罗宾·顿巴（Robin Dunbar）在 20 世纪 90 年代的一项研究成果。根据顿巴教授的研究，人类的社会结构表现为 5 人左右的亲密接触圈；12~15 人的同情圈，即如果这个圈里有人去世，那么有人会很伤心；50 人左右的群落，即经常一起生活、一起行动的人（已有限定在这一人数内的社交网络工具出现）；150 人左右的氏族，即遵从共同仪式的人；500 人左右的部落，即拥有同种语言的人；5000 人左右的群落，即有共同文化的人。如图 2-2 所示，按照"顿巴数"的同心圆模型，当社会结构的人数超过 150 时，相互间的互动和影响就会减少很多，此时只能依靠共同的语言来维系，当人数上升到约 5000 时，维系社会结构就只能依靠共同的文化。人类智力将允许人类拥有稳定社交网络的人数是 148 人，四舍五入大概是 150 人，故该结论又被称为 150 人定律。

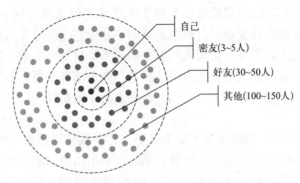

图 2-2 "顿巴数"同心圆模型

根据150人定律,我们可以大胆作出假设。若经过6个节点,我们可建立联系的人数最多可达到150人。当然在实际情况下,我们无法保证路径中每个人认识的150人没有重合部分,也无法保证每个人的社交数量都能达到150人,但即便考虑到种种限制因素,仍然不得不承认,我们通过6个节点后所能认识的人数是极为庞大的。这从某种程度上也为六度分隔理论提供了支持。

随机图模型是由数学家 Paul Erdös 和 Alfréd Rényi 所提出的,故又称为 Erdös-Rényi 模型。根据随机图模型可知,假设共有 N 个人,每个人都和其他 m 个人随机相连,那么其中任意两人间最短的距离有极大可能小于 $2\left[\dfrac{\log(N)}{2\log(m)}\right]+1$ ([ ] 为向下取整)。世界上共有70亿人,每个人平均有150名联系人,那么 $N=7000000000$,$m=150$,代入其中可解得最短距离为5。考虑到现实世界中存在着语言文化隔阂、地理壁垒等因素,网络并不可能实现完全随机,最终结果应该略大于5,但是仍满足六度分隔理论。

2.1.3 六度分隔理论的讨论

随着社会的发展,关于六度分隔理论也开始出现越来越多的质疑声。

① 连锁信件实验的实验对象全部是居住于文明社会中,与其他人建立有稳定联系的人。但如果考虑到世界存在许许多多的孤立小社会,如原始部落或偏远地区的村庄等,这些小社会中即使有超过150人且每个人都有150个朋友,他们的一度空间的确有150人,但二度空间、三度空间仍然会是这150人,无限度空间也还是会是这些人,社会网络根本无法扩展出去,更不用说希望实现六度分隔理论所依靠的那种指数增长。故这个理论实际只在传播学和社交范围内适用,比如 SNS(社交网络服务)、豆瓣、E-mail 用户等。

② 六度分隔理论的本质依赖于人与人之间的第三人传递,然而这种第三人的连接强弱本身是没有被量化的。一方面,我们没有办法定义这个"熟人"的界限在哪里,相识多年可以促膝长谈的老友和只在聚会上见过一面交换了联系方式的人,在这个实验中都一概被当作一个节点处理,但显然经过6位前者建立起的关系链的强度和经历6位后者建立起的关系链的强度是不同的。另一方面,在庞大的社会网络中的节点是有强弱之分的。某些名人的关联数可以达到普通人的几倍之多,这些人可以被称为强节点。对于他们而言,要建立起与陌生人的连接步骤会大大减少,而对于许多不善交际的普通人来说,要建立起与相同目标的联系显然需要更多的节点加入,所以我们最终得到的6人的概念只是基于平均值,并不能代表每个人的社交水平。比如连锁信实验中大部分的传递都是由那些极少数的明星人物完成的。

在另一个5%的飞行员实验中，实验者还发现2/3成功的传递是由同一些"明星"来完成的。因此不难发现，在建立社交链的过程中最难的不是建立起普通人与名人的联系，而是建立起普通人与普通人之间的联系。普通人与名人的联系是自下而上的，越上层所经历的节点强度越高。但是要建立起普通人与普通人间的联系，如果选择全部在下层的路径，则节点强度弱，不易实现连接，如果选择自下而上然后再自上而下的路径，又会不可避免地增加节点个数。

③ 我们对六度分隔理论的假设基于最小路径，它假设传递链条中所有的实验者都完全有能力发掘链条终端的两个人传递的有效性，而这个最小路径的成功率是很低的。比如米尔格拉姆的连锁信实验，在296位志愿者中只有64位最终成功。因为最小路径多是唯一的，尽管我们在进行理论假设时可以进行准确的判定，确认最小路径所需经历的节点是哪些，然而在实际操作中，判断谁是最有可能认识目标人物的这一步骤需要由人们自行判定，这也就意味着在这条经历6个节点的路径中只要有一人判断错误，就会导致路径变长。所以我们可以说在理想情况下，六度分隔理论有数学计算的可能性，却不能说在社会网络中存在普遍的六人分隔理论。

④ 六人分隔理论提出于五十多年前，而现在随着社会的发展和网络的普及，我们的通信方式大大改变，与陌生人建立起联系可能早已不再需要6步之多。也就是说，我们的世界已经变小了。有社会学家研究了所有Facebook用户之间的联系，发现每两人之间最多只间隔四个人。可经由网络社交建立起的节点和我们所说的节点还是同一种意义吗，这也值得我们进一步思考。比如，如果不依靠社交软件我们想要与马云建立起联系，需要经过逐层向上的节点，但通过微博等软件，我们甚至可以直接通过私信与他联系，当然这种联系可能是单向的，但我们仍不可否定社交软件大大缩短了人与人之间的联系。或者我们也可以理解为，通过六度分隔理论建立起的联系媒介成本较高，传递效率更高，另外，通过社交网络建立起的联系媒介成本较低，传递效率也相应较低，同时实现低媒介成本和高传递效率仍然是不可能实现的目标。

基于以上分析我们可以对六度分隔理论得出以下结论：首先，尽管六度分隔理论并不能适用于全球，但在某个特定世界中人与人间的距离的确可以很小；其次，由于种种实际情况的限制，六度分隔理论是一种现象而非定理，它拥有数学上的可证明性，却不在现实中具有普适性，但这不妨碍我们对其加以运用。我们完全可以通过六度分隔理论努力拓展自己的社交圈，与更多的人建立起联系，同时它在计算机互联网、万维网、食物链网络、电力网络、好莱坞的演员关系网、科学家合作网络等都有类似的表现。小世界效应如此普遍性，具有非常重要的现实意义，特别是对于交通运输、信息传输等选择沿着最短路径距离长度，则可以获得最快的传递速度。

2.2 社会网络分析理论

2.2.1 社会网络表示方法

2.2.1.1 图表法

在社会关系图和图表中，行为人是由点（也称为节点或顶点）来代表的，常常用标识名、字母或数字来表示。两点之间划出的线（也称为弧或边），表示一种关系或连接。线的缺失，意味着两个行为人之间不存在直接关系。如果两点之间有线联系，那么这两点就是邻接的。假如一条线没有箭头，那么就表示这种关系是非定向性的。假如关系是从一个行为人指向另一个行为人，那结果就是一个定向图表或有向图。

形式上，一个有向图是点的有限集合，也是有序配对（a，b）的集合，其中点 a 是线的起点，点 b 是线的终点。单向箭头表示一种定向关系，方向由箭尾的行为人指向箭头的行为人（如提供建议）。双向箭头线条表示两种定向关系，从每一个点到另一个点，表达的是一种互惠关系或相互关系（如每个行为人都选择对方作为自己的"亲密朋友"）。一些社会关系图也通过线条粗细的变化，或者不同种类破折号的使用，以便更形象地表达双方关系的力度、密度或者频率。

为了形象阐述一个社会网络结构的图表表示法，我们在图 2-3(a) 中引入一个模拟的友谊无向网络，该无向网络由 7 个个体组成，7 个点分别表示 7 个个体，边表示个体与个体之间存在朋友关系。

同样以这 7 个个体网络为例，若以单箭头表示认识，即从小明指向小强则代表小明认识小强，若以双箭头的形式出现则表示彼此相互认识，如小明和小刚之间是相互指向则代表小明和小刚是相互认识的。由此可以画出一个模拟的人际关系有向网络，如图 2-3(b) 所示。

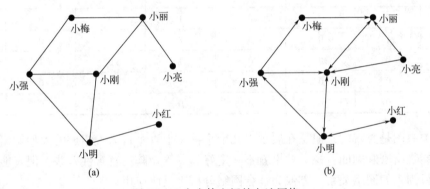

图 2-3　7 个个体之间的友谊网络

2.2.1.2　矩阵法

矩阵法（又称邻接矩阵法）是表示社会网络的另一种方法。此时，行动者在行和列的边缘中分别出现一次且出现的顺序相同。在有向网络中，关系的发送者放在行中，而接收者放在列中。矩阵中的各个元素表示相应的行和列上（i，j）的各对节点之间关系的值。一些矩阵的特点需要进一步解释：第一，在许多情况下，矩阵对角线上的值不表示任何意义——它们的值默认用缺失（null）或者 0 来表示。因为对于大多数关系类型来说，行动者和自己连接是没有意义的。但也有例外，比如个人可能提名自己为专家，或者引用自己的文章。第二，在非对角线上，也并不是任何值都可以被允许，例如在二值网络中，只会出现 0 和 1，而在多值网络中则几乎可以使用任何值。第三，如果网络的数据是无向的（如友谊网络），那么在指定的网络中，上三角矩阵中元素的值（即对角线以上的部分）等于下三角矩阵中的对应元素（$X_{i,j}=X_{j,i}$）。但是在有向图中事实并非如此，如模拟的社交网络（$X_{i,j} \neq X_{j,i}$）。

图表是解释网络连线和节点位置的有效工具，但它不能用于计算机模拟以及处理。相反，虽然邻接矩阵不是一种实现网络可视化的理想工具，但是它有助于网络的计算机处理。

我们将图 2-3(a) 所示的友谊的无向网络用矩阵的形式展示出来，如表 2-1 所示。将图 2-3(b) 的有向网络也用矩阵形式展示出来，如表 2-2 所示。

表 2-1　7 个个体之间友谊无向社交网络的邻接矩阵

个体	小明	小红	小强	小刚	小丽	小亮	小梅
小明	0	1	1	1	0	0	0
小红	1	0	0	0	0	0	0
小强	1	0	0	1	0	0	1
小刚	1	0	1	0	1	0	0
小丽	0	0	0	1	0	1	1
小亮	0	0	0	0	1	0	0
小梅	0	0	1	0	1	0	0

表 2-2　7 个个体之间友谊有向社交网络的邻接矩阵

个体	小明	小红	小强	小刚	小丽	小亮	小梅
小明	0	1	1	1	0	0	0
小红	1	0	0	0	0	0	0
小强	0	0	0	1	0	0	1
小刚	1	0	0	0	0	0	0
小丽	0	0	0	1	0	1	0
小亮	0	0	0	1	1	0	0
小梅	0	0	0	0	1	0	0

社会关系图是直观的，但是在展示由几十个甚至上百个行为人组成的大型网络时，直观图一般可能是密密麻麻的，视觉效果就不一定好。尽管矩阵法直观性差些，但它能比较好地表示更多行为人的网络关系，方便为社会网络分析工具所应用。

2.2.2　社会网络分析方法

社会网络分析方法是研究社会结构和社会关系的一种分析方法。社会网络分析方法能够帮助揭示网络用户基于关系的社会结构，挖掘意见领袖，找出更好促进信息传播的方式。

社会网络分析主要包括社会网络规模、网络整体结构分析、网络位置中心性分析等。网络整体结构分析主要包括网络密度、可达性测量等，网络位置中心性分析主要包括点度中心度、中介中心度和接近中心度的分析等。

（1）社会网络规模

社会网络规模是指网络中所有行动者的数目 n，通常情况下社会网络规模越大，该网络复杂程度越高，分派程度越普遍，一般情况下，我们现在研究的社会网络分析中网络的规模 $n \leqslant 1000$，社会网络分析往往是对相对封闭的网络进行研究，而这种网络的规模一般不是很大。图 2-3 中的社会网络规模为 7。

（2）网络密度

网络密度反映的是该网络的紧密程度，网络密度越大说明该网络中各个行动者之间的关系越紧密、越复杂；网络密度越大说明该网络对其中行动者的行为、态度等产生影响的可能性就越大。联系紧密的社会网络不仅能为其中的所有行动者便利地提供各种社会资源,同时也成为限制其发展的重要因素。

网络密度的测量是采用网络中实际存在的连接数与最大可能存在的连接数之比。若一个无向图中包含 m 条边、n 个点,则最大可能存在的连接数是 $n(n-1)$。此时它的网络密度为:

$$D = \frac{2m}{n(n-1)} \tag{2-1}$$

对于无向图,上式将图中每一个既有的连线计算了两遍,因此分子的值被高估了。但由于相同的原因,分母中最大可能连接数也被高估了,所以就不会产生什么问题。通过使用该公式,我们很容易计算出图2-3(a)中的网络密度:0.38(16/42=0.38)。

该公式同样适用于有向图。若一个有向图中包含 m 条弧、n 个节点,其网络密度为:

$$D = \frac{m}{n(n-1)} \tag{2-2}$$

容易计算出,图2-3(b)的网络密度=13/42=0.31。

(3) 可达性测量

可达性测量主要通过对直径和网络平均路径长度两个指标进行衡量。直径 d 是指网络中任意两个节点之间距离的最大值。直径短,意味着信息可以通过较少步骤或节点传播到整个网络。直径的表达式为:

$$d = \max_{i,j} d_{ij} \tag{2-3}$$

其中,d_{ij} 是两个节点 i 和 j 之间的距离。

网络平均路径长度 L 是指两个节点之间距离的平均值。较短的平均路径表明信息传播迅速、互动性强,信息通过少量节点就可以实现大范围影响,表达式为:

$$L = \frac{1}{\frac{1}{2}n(n-1)} \sum_{i \geq j} d_{ij} \tag{2-4}$$

以图2-3(a)为例,$d = \max_{i,j} d_{ij} = 4(i,j=1,2,\cdots,7)$,$L = \frac{1}{\frac{1}{2} \times 7 \times 6} \sum_{i \geq j} d_{ij} = \frac{40}{21} = 1.90$,表明该社交网络直径和平均路径长度较短,因此是一个互动性很强的网络。

(4) 网络位置中心性

网络位置中心性是节点层次的测度。网络位置中心性的测度指标有很多,常用的是点度中心度、中介中心度和接近中心度。

① 点度中心度。点度中心度是行动者或者节点拥有的关系数量。

无向图中某节点的点度中心度就是该节点所拥有的关系数的总和,或在矩阵法中是所有行中"1"的总和:

$$C_D(N_i) = \sum_{j=1}^{g} x_{i,j}, \quad i \neq j \tag{2-5}$$

图2-3(a)和表2-1中,小刚、小强、小明和小丽都有3个朋友,它们的点中心度均为3,也是网络的最中心参与者。

在有向网络图中,度数中心度可分为入度和出度。在邻接矩阵中出度中心度反映的是该节点对网络中其他节点的吸引力即表2-2中每个节点行下"1"的总和。入度中心度反映的是该节点对其他节点的影响即表2-2中每个节点列下"1"的总和。由此可以计算出,在有向图 2-3（b）中节点"小刚"的入度中心度为 $d_{in}=4$，出度中心度为 $d_{out}=2$。

② 中介中心度。中介中心度是指该点处于多少对点的捷径（最短的途径）上，反映的是行动者对网络资源的控制能力，度数越高其控制能力就越强，在网络中的地位就越重要。为了量化行为人 i 的中介中心度，弗里曼提出下列处理步骤，如式（2-6）所示。

$$C_B(N_i) = \sum_{j<k} \frac{g_{ik}(N_i)}{g_{ik}} \tag{2-6}$$

g_{ik} 是点 j 和 k 最短路径的路径数量，$g_{ik}(N_i)$ 是点 j 和 k 之间所有经过点 i 的最短路径的数量，然后将 $g_{ik}(N_i)$ 除以 g_{ik}，便得到连接点 j 和 k 的所有经过点 i 的最短路径的比例。网络中所有其他点之间经过点 i 的最短路径的数量总和便是节点 i 的中介中心度。

可以算出，图 2-3（a）中"小明"的中介中心度为 0.33，图 2-3（b）中"小明"的中介中心度为 0.57。

③ 接近中心度。接近中心度（又称邻接中心度）体现的是一个点与其他点的近邻程度，实质是描述该点与网络中其余点距离远近的指标。该点与其余点的距离都很接近，则该点处于该网络的中心地位，接近中心度越小，该点在网络中越处于中心，地位、权力、威望以及影响力都越高；接近中心度越大，该点在网络中越处于边缘地位。它通过计算网络中节点 i 和所有其他节点的最短路径长度总和的倒数得到，见式（2-7）。

$$C_C(N_i) = \frac{1}{\sum_{j=1}^{g} d(N_i, N_j)}, \quad i \neq j \tag{2-7}$$

$$C'_C(N_i) = (g-1)[C_C(N_i)] = \frac{g-1}{\sum_{j=1}^{g} d(N_i, N_j)} \tag{2-8}$$

式（2-7）用于无向图的计算，有向图的接近中心度计算需要做些变化。有向图时，每一节点同时具有入度接近中心度和出度接近中心度。可以对有向图使用式（2-8）来分别计算入度接近中心度和出度接近中心度。

可以算出，图 2-3（a）中"小明"的接近中心度为 0.60。图 2-3（b）中"小明"的入度接近中心度为 0.55，出度接近中心度为 0.60。

2.3 社会网络分析工具与案例

2.3.1 社会网络分析工具

社会网络分析研究中对计算的依赖催生了大量可用于进行网络分析的软件包，即社会网络分析工具。社会网络分析工具用于帮助从各种类型的输入数据（包括社会网络的数学模型）挖掘网络节点之间的关系。常见的网络分析工具有 Pajek（蜘蛛）和 UCINET 等。

① Pajek 是大型复杂网络分析工具，可用于分析各种复杂非线性网络，可视化分析带有上千乃至数百万个结点大型网络，方便计算网络的中心性、识别结构洞、块模型等。Pajek 提供了一个具有时间标记的网络工具数据文件，可以将多个网络在同一时间进行分析，可以对行动者在某一时刻的网络位置进行记录以及调用，可以生成一系列的交织网络，可以用来分析网络并检查网络的演变。

② UCINET 是由加州大学欧文（Irvine）分校的一群网络分析者编写的广为流行的处理社

会网络数据和其他相似性数据的社会网络分析集成软件。UCINET 能够处理的原始数据为矩阵格式。UCINET 的功能包括探测凝聚子群和区域、中心性分析、个人网络分析和结构洞分析。

2.3.2 股权投资关系网络案例分析

本小节应用社会网络分析工具 Pajek 来对基金互动关系的股权投资网络案例进行分析,其目的一是熟悉社会网络分析的步骤和流程,二是探究私募股权基金用户互动关系案例的社会网络性质。

(1) 数据收集与处理

为了获得足够多的数据,案例数据来源于 IT 桔子网的创业投资事件,数据时间从 1994—2020 年,收集了 73322 起投资事件,选取 13662 起联合投资事件,共涉及 819 个创业投资机构。数据收集和处理的方式如下:

① 采用 Python 爬取原始数据,内容包括时间、公司名称、融资轮数、行业、融资金额、投资方、公司估值等信息。

② 通过 Python 将数据中投资方为两者及以上的投资事件提取出来,完成数据的预处理。

采用有向网络结构图,以基金为网络中的节点,以他们之间联合投资的关系为弧,联合投资次数为权值,构建基金投资的网络生态图。

图 2-4 联合投资关系示意图

在联合投资关系中箭头指出节点为领投的基金,指入节点为跟投的基金,图 2-4 所示为 A 领投、B 跟投。

(2) 基金关系网络结构

数据的统计分析可以初步确定 PE(私募股权)投资偏好,本次数据包含了不同 PE 投资事件的投资时间、投资性质、投资阶段和行业领域等,所以总的来说还是具有一定的代表性。

利用初步处理后的数据直接生成基金网络关系图,运用 R 语言和 Pajek 将基金网络关系可视化,生成的基金网络关系图分别如图 2-5 和图 2-6 所示。

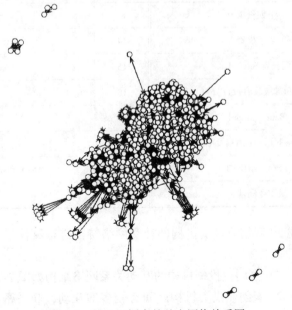

图 2-5 基于 R 语言的基金网络关系图

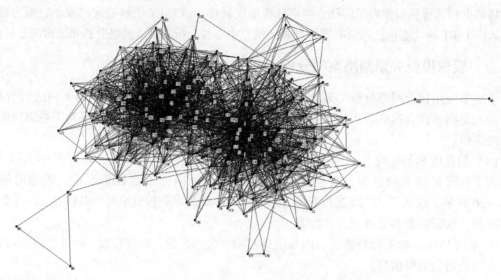

图 2-6　基于 Pajek 的基金网络关系图

由图 2-5 和图 2-6 可以初步看出关系图由一个最大的连通子图和零星的几个基金的合作关系子图组成，私募股权基金的关系较为紧密，并且有些节点的关联较多，影响较大。

（3）基金关系网络缩微分析

为了更好地直观展示网络，将数据缩小至 20 个节点，即选取其中较为活跃的 20 家创业投资机构（见表 2-3）来进行具体讨论。

表 2-3　20 家创业投资机构

编号	创业投资机构	编号	创业投资机构
1	方广资本	11	Temasek 淡马锡
2	宽带资本 CBC	12	晨兴资本
3	华创资本	13	松禾资本
4	华平投资	14	GGV 纪源资本
5	银湖投资 Silver Lake	15	源渡创投
6	GIC 新加坡政府投资公司	16	云启资本
7	Baillie Gifford	17	高榕资本
8	Ventech China 银泰资本	18	弘晖资本
9	红杉资本中国	19	德鼎创新基金（德丰杰龙脉）
10	凯雷亚洲基金	20	启明创投

运用 Pajek 对上述 20 家创业投资机构的社交网络特征进行具体过程的展示并对呈现的结果进行分析。

① 网络整体结构。20 家创业投资机构的互动关系网络结构如图 2-7 所示。

由图 2-7 可知，这 20 家创业投资机构之间有较多的互动，联系密切，其中红杉资本中国、宽带资本 CBC 和 Temasek 淡马锡与其他创业机构之间的关联数量较多。

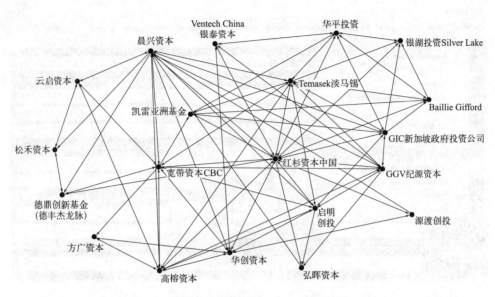

图 2-7 20 家创业投资机构的互动关系网络结构图

② 网络密度。网络密度测度的具体操作如图 2-8 所示。

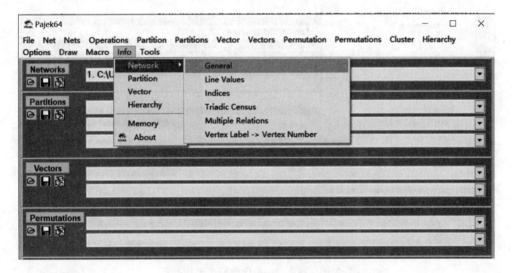

图 2-8 运用 Pajek 计算网络密度

计算得到的网络密度为 0.36，这表明该网络密度较大、互动较多。

③ 可达性测量。网络直径计算的具体操作如图 2-9 所示，网络平均路径计算的具体操作如图 2-10 所示。

计算得到的网络直径为 3，平均路径长度为 1.74。这说明本网络中任意一个节点最长需要通过 3 个节点就可以与网络中任意一个节点产生联系，每个节点平均通过 1.74 个节点即可与其他节点建立联系。

④ 中心性分析。

a. 点度中心度。点度中心度是指与节点直接相连的其他点的个数；点出度是指基金作为

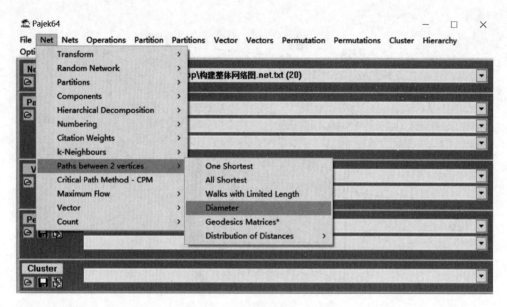

图 2-9　运用 Pajek 计算网络直径

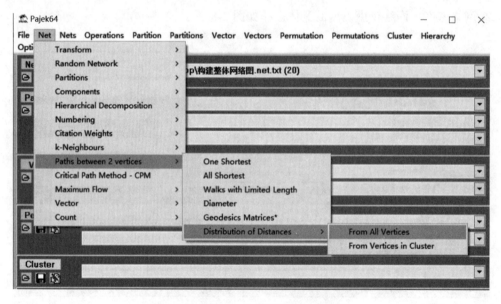

图 2-10　运用 Pajek 计算网络平均路径

领投者参与的联合投资的数量；点入度指的是基金作为跟投者被邀请参与的联合投资的数量。出度中心性考察的是基金邀请其他机构参与联合投资的能力，入度中心性考察的是基金被邀请到其他创业资本交易的频率。计算点入度、点出度和点度中心度的操作如图 2-11 所示。

由此得到 20 家创业投资机构中点入度、点出度和点度中心度排名前 10 的基金（见表 2-4）。

从表 2-4 可以看出，出度中心度最大的是"晨兴资本"，说明了该机构邀请其他机构参与联合投资的能力强，具有权威性，被众多机构追随。同时，"红杉资本中国""晨兴资本""宽带资本 CBC"这三个机构的点入度、点出度和点度中心度由大到小均排名前四，说明这三个机构的联合投资最为活跃。

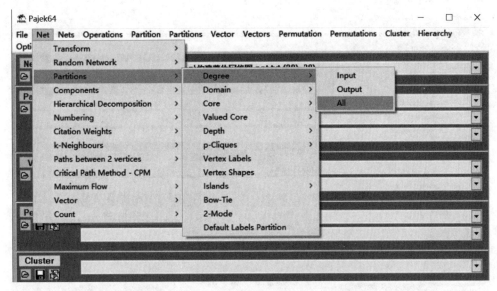

图 2-11　运用 Pajek 计算有向图的标准化点入度、点出度和点度中心度

表 2-4　点入度、点出度、点度中心度排名前 10 的基金

基金名称	点入度	基金名称	点出度	基金名称	点度中心度
红杉资本中国	0.842	晨兴资本	0.947	红杉资本中国	0.868
宽带资本 CBC	0.579	红杉资本中国	0.895	晨兴资本	0.763
晨兴资本	0.579	Temasek 淡马锡	0.895	Temasek 淡马锡	0.711
启明创投	0.579	宽带资本 CBC	0.684	宽带资本 CBC	0.632
华创资本	0.526	GIC 新加坡政府投资公司	0.632	GGV 纪源资本	0.553
Temasek 淡马锡	0.526	GGV 纪源资本	0.632	启明创投	0.526
高榕资本	0.526	高榕资本	0.474	GIC 新加坡政府投资公司	0.500
GGV 纪源资本	0.474	启明创投	0.474	高榕资本	0.500
GIC 新加坡政府投资公司	0.368	华平投资	0.421	华创资本	0.447
凯雷亚洲基金	0.368	华创资本	0.368	华平投资	0.316

b. 中介中心度和接近中心度。对该社交网络的中介中心度和接近中心度进行分析，具体操作如图 2-12 所示。

基于图 2-12 的步骤可以得到中介中心度和接近中心度排名前 10 的基金（见表 2-5）。

从表 2-5 可以看出节点"红杉资本中国"的中介中心度最高，其次为"晨兴资本""宽带资本 CBC"等节点，说明其他节点在建立联系时对上述的这些节点的依赖程度最高，从而说明这些节点在该网络中处于重要位置，在一定程度上会控制整个网络的交流和联系，且中介中心度最强的前三对应的点度中心度也很高，与点度中心度分析的结果基本吻合。接近中心度最高的节点也是"红杉资本中国"，其次是"晨兴资本""宽带资本 CBC"等节点。"红杉资本中国"基本不受其他节点的控制，处于全网的核心地位。

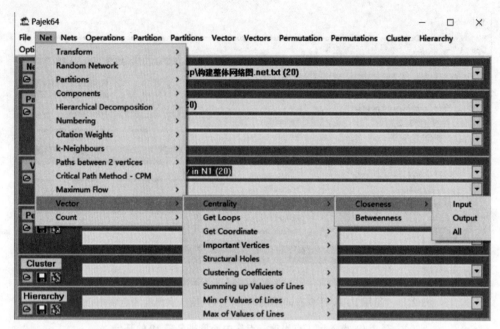

图 2-12 运用 Pajek 计算网络的中介中心度和接近中心度

表 2-5 中介中心度和接近中心度排名前 10 的基金

基金名称	中介中心度	基金名称	接近中心度
红杉资本中国	0.204	红杉资本中国	0.864
晨兴资本	0.132	晨兴资本	0.760
宽带资本 CBC	0.101	宽带资本 CBC	0.704
Temasek 淡马锡	0.065	Temasek 淡马锡	0.704
华创资本	0.042	GGV 纪源资本	0.655
高榕资本	0.040	高榕资本	0.655
德鼎创新基金(德丰杰龙脉)	0.034	启明创投	0.655
云启资本	0.025	华创资本	0.633
GIC 新加坡政府投资公司	0.016	GIC 新加坡政府投资公司	0.633
GGV 纪源资本	0.013	凯雷亚洲基金	0.576

以上三个中心度指标的测度结果基本上是一致的,可以得到"红杉资本中国""晨兴资本""宽带资本 CBC"不仅联合投资最为活跃,其在网络中的控制能力也很强。处于网络中心位置的有中国两个本土创业投资机构,这一方面说明了近年来中国创业投资机构逐渐发展壮大,另一方面外国投资机构在中国资本市场上的活跃也说明了中国创业投资业具有良好的发展前景。

2.3.3 微博用户影响力网络案例分析

本小节结合新浪微博中的某类 V 型明星用户和普通用户相互关系数据,应用 UCINET 分析工具,分析相应关系网络的性质。本小节还涉及如何获取数据,尤其是如何采用网络爬取获得数据的一般方法与过程。注意到微博用户间关注等连接关系与Web网络中网页之间的跳转关系相似。因此,可以采用Google提出的PageRank算法,并在PageRank算法的基础上添加博文质量系数、用户活跃度和用户传播能力指标,创建符合微博特性的新算法来衡量微博两类用户的影响力情况。

(1) 数据的获取

目前获取新浪微博数据的方法主要有两种:一种是通过爬虫软件对目标网页进行爬取,获得所需数据;另一种是利用微博开放平台提供的API,通过授权获得某种权限进一步得到数据。

使用爬虫软件获取数据是指爬虫直接访问Web页面,自动提取网页中的相关数据信息,获得HTML格式的文本数据,然后通过正则表达式等方法进行信息提取,最终得到所需数据。其工作过程简要如下:以指定的URL为起点,访问该URL指向的页面,存储页面中的有用数据及所包含的URL集合,将新的URL集合添加到待抓取队列中,接着从待抓取队列中选择一个新的URL,重复刚才的过程,直到达到某种标准抓取过程停止,如图2-13所示。在这个过程中值得注意的是,抓取过的页面是被放在已抓取队列中,以防与待抓取页面混淆。这种方法的优势在于可以根据使用者的要求来抓取足够的数据,避免了因某些网站提供服务不足而造成的数据缺失;而其明显的劣势在于获得数据

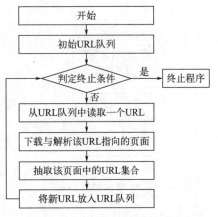

图2-13 爬虫软件工作过程

数量很多且种类繁杂,导致用户需要花费大量的时间过滤掉不需要的信息。应用爬虫软件获取所需要的数据,花费时间较长,效率较低。

网络运营商在推出自己的产品后,会随之向公众开放其产品的API。用户根据其所能获得的权限调用API来得到官方允许公开的数据,并从中筛选得到目标数据。与使用爬虫软件相比,调用API的方法优势在于操作比较简单,返回的数据比较少,数据搜集速度较快且容易处理;劣势在于用户的权限有限,调用API的次数要受到网站所设置上限的限制,且网站开放的端口是固定的,通过这些端口只能获得网站允许公开的数据,这些数据不一定能满足用户的全部需要。

新浪微博API所提供的端口比较全面,研究中所需要的用户信息、微博信息、关系信息等都可以调用相应的端口获得,并且调用API所获得的数据比通过爬虫软件获得的数据更容易筛选和处理,因此适宜通过调用新浪微博的API来获取数据。API获取数据过程中,采取雪球采样的方法执行广度优先搜索(BFS)算法,即选取某个特定的微博用户,得到他的用户信息、微博信息及关注列表和粉丝列表,将其粉丝列表中的用户加入队列中,执行上面相同的方式进行爬取,再将其粉丝的粉丝列表中的用户加入队列中,这样逐层爬取,直到用户数量达到预定的目标后停止。

调用新浪微博API之前要使用OAuth来进行用户验证。API的调用次数是有限制的,超过限制,服务器就会返回异常信息并中断调用过程,因此在调用API的过程中要注意控制

调用的频率。调用 API 工作过程如图 2-14 所示。

数据获取的过程主要可以概括为以下四个模块：API 调用模块、XML 解析模块、任务管理模块以及数据存储模块。用户调用 API 接口，返回的数据是 XML 格式的字符，将这些字符传递给 XML 解析模块；XML 解析模块将接受的字符进行解析整理，放入数据存储模块中进行存储，同时将用户 ID 存入任务管理模块，以便程序继续进行爬取。任务管理模块的功能是对用户 ID 进行管理，筛选出需要访问的用户 ID，然后将需要访问的 ID 放入队列中供 API 调用模块进行调用。数据存储模块主要是将获取的数据存储起来并输入到数据库中进行保存。

数据获取后，还要进行数据分析。这里我们使用 UCINET 进行数据分析。完整的调用 API 采集数据及应用 UCINET 分析过程如图 2-15 所示。

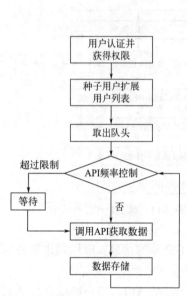

图 2-14　调用 API 工作过程

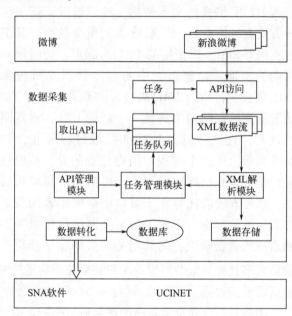

图 2-15　数据采集及分析

本部分具体讨论的是新浪微博"娱乐"标签下 100 名 V 型明星用户和 100 名普通用户的相关信息。V 型明星用户的信息通过新浪微博"名人堂"获得。搜索新浪微博"名人堂"的新浪认证用户（即被新浪"加 V"认证），于 2015 年 1 月 14 日从"娱乐"标签下的用户中选取影响力排行前 100 名的用户；普通用户的信息通过如图 2-15 所示调用 API 获得。

（2）数据处理和分析

首先通过 API 获取数据，采取雪球采样的方法执行广度优先搜索（BFS）算法，即选取某个特定的微博用户，得到他的用户信息、微博信息及关注列表和粉丝列表，将其粉丝列表中的用户加入队列中，进行爬取，再将其粉丝的粉丝列表中的用户加入队列中，这样逐层爬取，直到用户数量达到预定的目标后停止。数据获取后，使用 UCINET 软件工具进行数据分析。

本案例需要"娱乐"标签下 100 名 V 型明星用户和 100 名普通用户的相关信息。V 型明星用户的信息通过新浪微博"名人堂"获得。搜索新浪微博"名人堂"的新浪认证用户（即被新浪"加 V"认证），于 2015 年 1 月 14 日从"娱乐"标签下的用户中选取影响力排行前 100 名的用户，普通用户的信息通过 API 获得。将所获取的数据进行处理，得到这些数据的 Excel 格式的邻接矩阵，邻接矩阵中的数值为 0 和 1。比如，用户 i 关注了用户 j，那么用户 i 指向用户 j 的边在邻接矩阵中所赋的值 $X_{ij}=1$，反之则为 0。在邻接矩阵中，行代表某一个用户 i 对其他所有用户的关注情况，列代表其他所有用户对某一个用户 i 的关注情况。所得到的邻接矩阵如表 2-6 和表 2-7 所示。出于用户隐私性的考虑，两类用户的微博 ID 分别用 M 和 P 开头的编号代替。

表 2-6 微博 V 型明星用户邻接矩阵（部分）

编号	M01	M02	M03	M04	M05	M06	M07	M08	M09	M10
M01	0	1	1	1	1	0	0	0	0	1
M02	1	0	1	1	1	0	0	0	0	0
M03	1	1	0	1	1	0	0	0	1	0
M04	1	1	1	0	1	1	0	0	0	0
M05	1	1	1	1	0	0	0	0	0	0
M06	0	0	0	1	0	0	1	0	0	1
M07	0	1	0	0	0	1	0	0	1	0
M08	0	0	0	0	0	0	1	0	0	0
M09	0	0	1	0	0	0	0	1	0	0
M10	0	0	0	0	0	0	0	0	0	0

表 2-7 微博普通用户邻接矩阵（部分）

编号	P006	P007	P008	P009	P011	P012	P014	P015	P016	P019
P006	0	0	0	0	0	0	0	0	0	0
P007	0	0	0	0	0	0	0	0	0	0
P008	0	0	0	1	0	0	1	0	0	0
P009	0	0	1	0	0	0	0	0	0	0
P011	0	0	0	0	0	0	0	0	0	0
P012	0	0	0	0	0	0	0	0	0	0
P014	0	0	0	0	0	0	0	0	0	0
P015	0	0	0	0	0	0	0	0	0	0
P016	0	0	0	0	0	0	0	0	0	0
P019	0	0	0	0	0	0	0	0	0	0

从表 2-6 和表 2-7 可以很明显地看出，微博 V 型明星用户之间的关注及被关注关系比普通用户之间联系更紧密、互动更频繁。这主要是因为 V 型明星作为公众人物，且同属于娱乐圈，容易互相结识，从而更容易发生联系；而普通用户由于数量众多，虽然共同属于"娱乐"标签下，但互相结识的机会有限。

下面讨论网络密度、点度中心度、接近中心度、中间中心度和凝聚子群等参数情况，这些参数的具体计算应用了网络分析工具 UCINET。

① 网络密度。

a. V 型明星用户的网络密度。将表 2-6 的邻接矩阵输入 UCINET 软件中，经过计算，微博 V 型明星用户的网络密度值为 0.2100，相对较小，总体上看明星间的关系并不密切。虽然，娱乐明星平时需要跟其他一些关系不错的明星有互动；特别在即将发布新的作品时，经常与其他明星互动以提升作品的话题性与知名度。但是,深入分析会发现,这些明星的微博多数时候是自我宣传,以提高自己的曝光率为主要目的,彼此间的互动并不频繁,联系并不紧密,交流相对稀缺。

b. 普通用户的网络密度。同样输入表 2-7,计算得到普通用户网络的网络密度值为 0.0218。普通用户网络密度值约为明星用户的网络密度值的 1/10,属于特别小的范畴。这是因为与同属于娱乐圈,又都是公众人物,时常会有交集的明星相比,普通用户间的互动更加不频繁。而且从社群图看来,明星用户的社群图是一个整体,这是因为明星用户之间或许因为有过合作或许因为捆绑宣传或许因为本身就是朋友这样那样的原因而形成了交叉的链接关系,从而形成了整体的社群图;而普通用户的社群图可以看出明显分为了几块,虽然同属于"娱乐"的标签下,但普通用户的关注可能有不同的侧重,有的喜欢中国大陆明星娱乐,有的喜欢韩流娱乐等。而由于这样不同的关注侧重,使得有同一侧重的用户很容易有所交流与互动,而不同侧重点的用户则没有联系。

② 点度中心度。点度中心度可衡量网络图中单个节点的重要程度,根据被关注还是关注,又可细分为点入度和点出度两类,点入度表示用户被其他用户关注的程度,点出度表示用户主动关注别人的程度。

a. V 型明星用户的点度中心度。V 型明星用户的点度中心度结果如表 2-8 所示。其中的标准化点出度、标准化点入度表示整个网络中的点在关注和被关注方面的集中趋势。

表 2-8 微博 V 型明星用户点度中心度(部分)

序号	编号	点出度 OutDegree	点入度 InDegree	标准化点出度 NrmOutDegree	标准化点入度 NrmInDegree
1	M01	27.000	37.000	27.273	37.374
2	M02	23.000	37.000	23.232	37.374
3	M03	25.000	27.000	25.253	27.273
4	M04	36.000	40.000	36.364	40.404
5	M05	30.000	25.000	30.303	25.253
6	M06	21.000	25.000	21.212	25.253
7	M07	33.000	25.000	33.333	25.253
8	M08	11.000	29.000	11.111	29.293
9	M09	24.000	25.000	24.242	25.253
10	M10	0.000	16.000	0.000	16.162
11	M11	40.000	35.000	40.404	35.354
12	M12	3.000	11.000	3.030	11.111
13	M13	47.000	20.000	47.475	20.202
14	M14	37.000	30.000	37.374	30.303
15	M15	52.000	48.000	52.525	48.485
16	M16	12.000	14.000	12.121	14.141
17	M17	11.000	9.000	11.111	9.091
18	M18	8.000	11.000	8.081	11.111
19	M19	22.000	24.000	22.222	24.242
20	M20	20.000	22.000	20.202	22.222

第2章 社会化网络概述

从表 2-8 以及未完全列出的部分可以看出，点入度较高的几位是 M15、M04、M01、M02（分别为 48.000、40.000、37.000、37.000）。这一方面说明，这几位用户被关注的程度较高，在网络中具有核心地位，其所发布的信息会出现在其他用户的主页上，从而更能够被接收并进一步传播；从另一方面来说，如果想要快速、有效地传递某个信息，可以委托以上几位代为发布，效果明显会好。以 M15 为例，其本人的知名度比较高并出演多部热播电视剧、电影等，因此受到的关注较多，再加上其微博发布数量多、范围广，内容不仅涉及本人的工作与生活，还涉及许多的社会热点问题，所以受到广泛关注，微博粉丝众多，其微博信息扩散速度相当快。

b. 普通用户的点度中心度。普通用户的点度中心度结果如表 2-9 所示。

表 2-9 微博普通用户点度中心度（部分）

序号	编号	点出度 OutDegree	点入度 InDegree	标准化点出度 NrmOutDegree	标准化点入度 NrmInDegree
1	P006	1.000	1.000	1.010	1.010
2	P007	42.000	26.000	42.424	26.263
3	P008	3.000	1.000	3.030	1.010
4	P009	2.000	1.000	2.020	1.010
5	P011	0.000	0.000	0.000	0.000
6	P012	5.000	5.000	5.051	5.051
7	P014	0.000	1.000	0.000	1.010
8	P015	1.000	1.000	1.010	1.010
9	P016	0.000	1.000	0.000	1.010
10	P019	2.000	2.000	2.020	2.020
11	P020	1.000	1.000	1.010	1.010
12	P021	0.000	2.000	0.000	2.020
13	P023	0.000	2.000	0.000	2.020
14	P024	13.000	6.000	13.131	6.061
15	P025	1.000	0.000	1.010	0.000
16	P026	1.000	0.000	1.010	0.000
17	P028	5.000	3.000	5.051	3.030
18	P029	0.000	1.000	0.000	1.010
19	P030	0.000	4.000	0.000	4.040
20	P031	0.000	1.000	0.000	1.010

对比可知，普通用户的点入度和点出度都明显低于明星用户，这也从侧面印证了普通用户的网络密度值远低于明星用户的事实。点入度较高的是编号为 P007、P024、P012 和 P030 的用户（分别为 26.000、6.000、5.000、4.000）。其中编号 P007 的点入度比较突出，编号 P007 处于网络社群图的中心位置，受到许多用户的关注，可作为普通用户中消息发布传播的来源。

除点度中心度之外，衡量网络中心的参数是网络中心势。明星用户的标准化网络中心势（点出度）[Network Centralization（OutDegree）]为 44.087%，标准化网络中心势（点入度）

[Network Centralization（InDegree）]为51.229%。普通用户的标准化网络中心势（点出度）[Network Centralization（OutDegree）]为40.649%，标准化网络中心势（点入度）[Network Centralization（InDegree）]为24.324%。一般而言，中心势的值越大，越接近于1，网络聚拢趋势越明显。明星用户的网络中心势（点出度）值较普通用户的网络中心势（点入度）小，这表明从整个网络的角度看，被他人关注的趋势更明显。而正相反，普通用户网络中，主动关注他人的趋势更明显。

③ 接近中心度。接近中心度衡量的是单个节点在传播信息的时候不依赖他人的程度，也就是独立传播信息的能力，体现的是其中单个用户传递信息的独立程度。接近中心度的值越小，用户越不接近其他人，其行为越独立，越不受他人影响，他的传播信息依赖性越弱，独立性越强。如果一个节点跟其他节点的距离都很短，则这个节点是网络的中心点。

a. V型明星用户的接近中心度。V型明星用户的接近中心度结果如表2-10所示。

表2-10 微博V型明星用户接近中心度（部分）

序号	编号	内远离性	外远离性	内接近性	外接近性	信息发布难易程度
1	M64	375.000	9900.000	26.400	1.000	64
2	M34	379.000	9900.000	26.121	1.000	34
3	M10	390.000	9900.000	25.385	1.000	10
4	M61	422.000	134.000	23.460	73.881	61
5	M60	433.000	170.000	22.864	58.235	60
6	M15	447.000	147.000	22.148	67.347	15
7	M83	448.000	148.000	22.098	66.892	83
8	M28	452.000	171.000	21.903	57.895	28
9	M04	454.000	163.000	21.806	60.736	4
10	M89	454.000	167.000	21.806	59.281	89
11	M38	455.000	161.000	21.758	61.491	38
12	M01	457.000	172.000	21.663	57.558	1
13	M25	457.000	156.000	21.663	63.462	25
14	M02	457.000	180.000	21.663	55.000	2
15	M56	459.000	151.000	21.569	65.563	56
16	M11	460.000	159.000	21.522	62.264	11
17	M08	465.000	205.000	21.290	48.293	8
18	M32	466.000	164.000	21.245	60.366	32
19	M50	466.000	175.000	21.245	56.571	50
20	M03	467.000	175.000	21.199	56.571	3

表2-10接近中心度的结果是按照指标值的大小从小到大排列的，由于篇幅有限，而且我们主要的关注点在排名靠前的用户，所以仅选取前20名用户列表研究。在表中越靠前的用户，指标值越小，接近中心度越高，越处于核心地位。

表2-10中独立地发布信息的顺序从易到难分别为64、34、10、61、60、15、83、28、4(89)、38、1(25、2)、56、11、8、32(50)、3。

例如发布信息中排名第二的 M34，其发布信息传递到其他点比较容易，因为他离其他点的距离之和只有 379.000，而他从别人处获取信息就困难得多，因为距离之和为 9900.000。这是因为，M34 在娱乐圈处于领头人的地位，粉丝众多，很多明星即使没跟其接触过，还是会对其进行关注；反之，M34 不太会关注一些不同表演领域或是没有接触过的人。

b. 普通用户的接近中心度。普通用户的接近中心度结果如表 2-11 所示。

表 2-11 微博普通用户接近中心度（部分）

序号	编号	内远离性	外远离性	内接近性	外接近性	信息发布难易程度
1	P104	4906.000	9900.000	2.018	1.000	61
2	P103	5115.000	9900.000	1.935	1.000	60
3	P092	5140.000	9900.000	1.926	1.000	49
4	P077	5144.000	9900.000	1.925	1.000	42
5	P094	5147.000	9900.000	1.923	1.000	51
6	P102	5147.000	9900.000	1.923	1.000	59
7	P085	5147.000	9900.000	1.923	1.000	44
8	P095	5147.000	9900.000	1.923	1.000	52
9	P105	5147.000	9900.000	1.923	1.000	62
10	P097	5147.000	9900.000	1.923	1.000	54
11	P064	5147.000	9900.000	1.923	1.000	33
12	P071	5147.000	9900.000	1.923	1.000	38
13	P086	5147.000	9900.000	1.923	1.000	45
14	P090	5147.000	9900.000	1.923	1.000	47
15	P098	5147.000	9900.000	1.923	1.000	55
16	P066	5147.000	9900.000	1.923	1.000	34
17	P091	5147.000	9900.000	1.923	1.000	48
18	P031	5174.000	9900.000	1.913	1.000	20
19	P073	5185.000	9900.000	1.909	1.000	39
20	P023	5197.000	9900.000	1.905	1.000	13

与表 2-10 相比，表 2-11 中普通用户的接近中心度数值普遍较大，其发布信息传递到其他节点和从他人获取信息的能力都较弱，独立传播信息的能力很弱。

表 2-11 中独立地发布信息的顺序从易到难分别为 61、60、49、42、51（59、44、52、62、54、33、38、45、47、55、34、48）、20、39、13。而获取信息的难易程度相同，表中均为 9900.000。普通用户的粉丝数及影响力都有限，即使想传播某些消息，也只能在小范围内传播，传播范围窄，所以接近中心度的值很大，在网络中传播信息的独立性很弱，需要依赖影响力较大的用户进行传播；同样地，获取信息也要辗转通过不停搜索来达成目标，难度同样较大。例如发布信息中排名第一的编号 P104 用户，因为他离其他点的距离之和为 4906.000，所以与表中其他用户相比，其发布信息传递到其他点较容易，但是与 V 型明星用户相比，则明显困难得多；而他从别人处获取信息就困难得多，与表中其他用户相同，距离之和为 9900.000。

④ 中间中心度。中间中心度是指如果一个用户处于许多交往网络的路径上，可以认为此人居于重要的地位，因为他具有控制其他两人之间交往的能力。中间中心度衡量的是单个节点在网络中控制资源信息的能力大小，体现的就是单个用户控制网络资源信息的能力大小。如果信息在两个节点之间传播需要通过第三个节点，则第三个节点在一定程度上对信息的传递就有了控制作用。中间中心度用来说明信息的传播依赖于某个节点的程度。一个节点处在其他节点的连通线路上，即其他节点的连接需要通过这个节点来完成，则说明这个节点很重要。通过某节点的线路越多，这个节点的中间中心度就越高。中间中心度的值越大，中间中心度就越高，其他节点想要传递信息对其依赖性就越大，在网络中的地位就越重要，越能够控制信息传递。

a. V 型明星用户的中间中心度。V 型明星用户的中间中心度结果如表 2-12 所示。

表 2-12 微博 V 型明星用户中间中心度（部分）

序号	编号	中间中心度	相对中间中心度	中间枢纽作用
1	M61	1062.692	10.953	61
2	M15	499.635	5.150	15
3	M60	422.318	4.353	60
4	M28	397.988	4.102	28
5	M83	388.556	4.005	83
6	M11	251.537	2.593	11
7	M56	209.213	2.156	56
8	M38	208.474	2.149	38
9	M46	207.825	2.142	46
10	M04	196.696	2.027	4
11	M89	196.606	2.026	89
12	M44	175.485	1.809	44
13	M32	168.318	1.735	32
14	M14	167.682	1.728	14
15	M25	166.831	1.720	25
16	M76	134.094	1.382	76
17	M13	133.791	1.379	13
18	M74	133.496	1.376	74
19	M91	112.586	1.160	91
20	M09	111.237	1.147	9

表 2-12 中的结果是按中间中心度的值由大到小排列的，由于篇幅有限，且部分用户足够用来分析中间中心度的问题，所以仅选取前 20 名用户列在表格里进行研究。即越靠前的节点，中间中心度越高。

表 2-12 中按照中间枢纽的作用从大到小分别为 61、15、60、28、83、11、56、38、46、4、89、44、32、14、25、76、13、74、91、9。其他用户在传递信息的过程中很大程度上需要依赖中间中心度数值排名靠前的用户作为中间的枢纽，这些用户在网络中处于核心地位，

对资源信息的控制能力较强。

例如枢纽作用排名第三的 M60，表中的成员基本可以分为歌手与演员两类，M60 作为资历深厚的主持人，主持娱乐节目多年，所以跟两种类型的明星都有接触，在信息传递过程中自然处于核心地位，其他明星可以通过他进行信息的传递与交流。

b. 普通用户的中间中心度。普通用户的中间中心度结果如表 2-13 所示。

表 2-13 微博普通用户中间中心度（部分）

序号	编号	中间中心度（Betweenness）	相对中间中心度（nBetweenness）	中间枢纽作用
1	P007	2421.335	24.957	2
2	P074	642.017	6.617	40
3	P137	596.269	6.146	75
4	P116	588.740	6.068	65
5	P024	549.464	5.663	14
6	P195	535.207	5.516	91
7	P012	339.268	3.497	6
8	P100	302.824	3.121	57
9	P028	235.790	2.430	17
10	P127	234.352	2.416	71
11	P123	202.907	2.091	68
12	P204	201.889	2.081	95
13	P089	183.382	1.890	46
14	P019	146.882	1.514	10
15	P131	113.500	1.170	73
16	P099	108.029	1.113	56
17	P130	97.758	1.008	72
18	P061	92.968	0.958	32
19	P159	92.968	0.958	79
20	P153	89.442	0.922	77

表 2-13 也是只列出了前 20 名的用户情况。表 2-13 中按照中间枢纽的作用从大到小分别为 2、40、75、65、14、91、6、57、17、71、68、95、46、10、73、56、72、32（79）、77。

例如枢纽作用排名第一的编号 P007 用户，从表 2-13 可以看出，编号 P007 的用户在普通用户网络中处于绝对的权威地位，它的中间中心度数值是第二名的数倍，在信息传播过程中处于核心地位，对信息传递有绝对控制作用。与明星用户相比，编号 P007 的中间中心度数值更大。这是由于明星用户的信息传递和获取方面的渠道都很多，不会很过分地依赖某个用户来传播信息；而普通用户在信息传递和获取方面的渠道都有限，某些不被大众所熟知的消息只能依赖一些稍微消息灵通的用户来传递，这也是表中编号 P007 的用户中间中心度数值如此高的原因。

除中间中心度之外，衡量网络中心的方法是中间中心势。明星用户网络的标准化中心势指数（Network Centralization Index）为10.18%。越趋近于1，中间中心势越大，此网络中间中心势很低，也就是说网络中节点对信息的流通基本上不具有控制能力，大部分的节点都不需要依靠其他节点，就能够自主地进行信息传递交流。而普通用户网络的标准化中心势指数（Network Centralization Index）为24.39%。虽然此网络中间中心势也很低，但与明星用户网络相比，普通用户网络的中间中心势可以认为是很高的。这就说明普通用户在信息流通过程中，对其他节点的依赖程度要比明星用户大，独立自主进行信息交流的能力比明星用户弱。

⑤ 凝聚子群。凝聚子群是满足如下条件的一个行动者子集合，即在此集合中的行动者之间具有相对较强的、直接的、紧密的、经常的或积极的关系。在本小节中分别对应的是微博V型明星用户和普通用户所组成的子集合。凝聚子群的组成是因为成员之间有着紧密接触，从而自然而然地形成类似于小团体的子群。网络中存在多个这样的子群，凝聚子群分析的目的是分析子群中成员的关系、子群的组成以及子群间关系的特点。本书进行凝聚子群分析所采用的方法是块模型方法。块模型方法对用户所在位置进行分区，从而形成互不重叠的子群。

a. V型明星用户的凝聚子群。凝聚子群的形成可以分为三个阶段。第一阶段形成了8个不同的群体，群体的成员之间存在某种共通性作为开始接触的契机，并在接触交流的过程中形成自己的小团体。具体来说，M01所在的团体里多为出道多年，累积了很多人气与实力的演员；M15所在的团体多为"80后"青年演员，粉丝多，人气高；M89所在的团体成员参加娱乐类节目比较多，曝光率高且稳定；M32所在的团体多为歌手；M34所在的团体多为行业的翘楚等。第二阶段群体间再次进行了合并，形成了4个群体。如M32所在团体与M76所在的团体因为成员多是歌手，从而合并为一个群体。第三个阶段在第二个阶段的基础上进一步合并，凝聚成一个群体。从这个阶段逐渐凝聚，最终结果是形成了整个网络。

b. 普通用户的凝聚子群。凝聚子群的形成同样分为三个阶段。第一阶段形成了5个不同的群体，普通用户的群体形成很简单，基本是有所联系的用户组成了一个群体。由于用户们对娱乐风格的喜好不同，导致他们的关注点有所侧重，相同关注点的用户之间容易产生联系。几个群体可区分为喜欢中国大陆娱乐的成员、喜欢日韩娱乐的成员、喜欢港台娱乐的成员、喜欢欧美娱乐的成员等。第二个阶段群体间再次进行合并，形成了3个群体。第三个阶段在第二个阶段的基础上进一步合并，然后经过逐渐合并形成网络。

(3) 数据分析

① 博文质量系数。博文质量系数是指用户的平均每条微博被转发、评论以及点赞的次数。用户可以根据对某条微博的感兴趣程度，发生转发等行为。转发等行为发生得越多，说明这条微博的质量越高，用户的影响力也就越大。博文质量系数参考文献中的指标，表达式为

$$q_i = \frac{R_i + C_i + Z_i}{N_i} \tag{2-9}$$

式中，q_i表示用户i的博文质量系数；R_i表示此用户微博的被转发次数；C_i表示被评论次数；Z_i表示被点赞次数；N_i表示此用户所发微博的总数。

② 用户活跃度。用户活跃度是指用户一段时间内平均每天发微博的数量。本书中这段时间为一个月，即指用户在一个月内平均每天发微博的数量。用户的发微博情况又可以分为

发布原创微博以及转发微博两种。用户活跃度参考文献中的表示，表达式为

$$a_i = \frac{n_i}{T_i} \qquad (2\text{-}10)$$

式中，a_i 表示用户 i 的活跃度；n_i 表示用户在一个月内总的发布微博数量；$T_i = 30$。

③ 用户传播能力。由博文质量系数以及用户活跃度这两个指标，定义了一个新的指标——用户传播能力，用户传播能力为博文质量系数与用户活跃度这两个指标的乘积。用户传播能力参考文献中的评价指标，表达式为

$$s_i = q_i a_i \qquad (2\text{-}11)$$

由于 PageRank 算法中页面的 PR 值是均匀地传递到链出的页面，没有考虑到页面本身的重要性，所以在对 PageRank 算法进行改进的时候，将上面得到的新指标用户传播能力 s_i 作为分配 PR 值的标准，用户传播能力与分配的 PR 值呈现正相关的关系，用户传播能力强的，分配的 PR 值就高；用户传播能力弱的，分配的 PR 值就低。最终得到的改进后的 UIRank 算法如下

$$\text{UIRank}(u) = d + (1 + d) \sum_{v \subseteq f(u)} S(v,u) \text{UIRank}(v) \qquad (2\text{-}12)$$

$S(v, u)$ 表示的是用户 v 分配给用户 u 的 UIRank 值的所占比例，为用户 u 的传播能力占用户 v 的所有好友的传播能力之和的比值，表达式为

$$S(v,u) = \frac{S_u}{\sum_{i=1}^{N} S_i} \qquad (2\text{-}13)$$

式中，N 为用户 v 的好友总数。假设初始情况下所有人的 UIRank 值为 1，经过多次迭代后，UIRank 值会收敛，最终得到用户的 UIRank 值。

算法计算使用 MATLAB 实现，算法经过数次迭代后最终收敛，从而得到用户的影响力数值。算法的收敛性如图 2-16 所示。

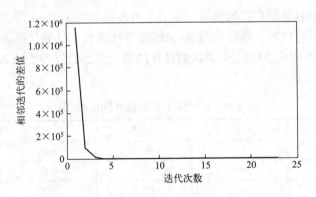

图 2-16 算法的收敛性

有过一定微博使用经验的人都知道，微博提供的众多功能中包括一项"名人堂"。"名人堂"罗列了所有 V 型明星用户，按照不同的标准如依据领域、身份等将 V 型明星用户进行排名。在搜索了"娱乐"标签下的用户排名后，列出了前十位用户，如表 2-14 所示。由于微博只提供了 V 型明星用户的排名情况，没有提供普通用户的相关信息，所以此处仅以 V 型明星用户代表来说明。

表2-14 微博现有"娱乐"V型明星用户排名

序号	编号	关注数	粉丝数
1	M01	395	7792万
2	M02	498	7694万
3	M03	417	6774万
4	M04	227	6234万
5	M05	193	5676万
6	M06	155	5638万
7	M07	53	5116万
8	M08	405	4717万
9	M09	160	4564万
10	M10	35	3727万

由表2-14可以看出，微博"名人堂"的排名机制是以粉丝数量为依据的，表中排名第一的即为"娱乐"标签下粉丝数最多的V型明星用户。这种排名机制对于微博运营商来说操作起来较简单，仅凭借一项指标即可将庞大的用户进行一定的序列排列，方便微博使用者查找明星用户或者关注明星用户。但是这种排名机制也有明显的弊端。仅依靠粉丝数量来判断微博明星用户的影响力，有可能将粉丝中"僵尸粉"较多的用户或者虽然粉丝众多但是活跃度不够的用户排名靠前，这样所得到的顺序则不能作为判断影响力的标准。如表2-14中的第10位M10，虽然在粉丝数量上排名第10位，但其关注数量明显偏少，发布微博数量偏少，发布的微博很有可能被粉丝忽视；而且与其他用户基本没有互动，其他用户则不会转发他的相关微博来增加微博的扩散范围，所以从现实生活中来说，M10在微博中的影响力远不如排名靠后的一些明星用户，由此也可看出，微博的排名机制仅依靠粉丝数量来判断用户影响力是不科学的。

为了解决微博排名机制存在的弊端，本书采用改进后的UIRank算法对用户影响力进行了计算分析，为了进行比较，同时使用PageRank算法进行了计算。PageRank算法的计算结果如表2-15、表2-16所示。UIRank算法的计算结果如表2-17、表2-18所示。所示结果均为排名前十的用户。

表2-15 前十位V型明星用户的PR值

序号	编号	关注数	粉丝数	微博数	PR值
1	M02	395	7792万	7694	20.7342
2	M01	498	7694万	4663	17.3921
3	M04	417	6774万	3830	17.0165
4	M61	635	3607万	7392	16.5872
5	M60	585	3350万	6569	16.0943
6	M07	405	4717万	3662	15.8651
7	M15	588	3685万	2774	15.6543
8	M03	227	6234万	6161	15.4390
9	M13	663	3655万	2997	15.2743
10	M83	641	3572万	2017	14.9821

表 2-16 前十位普通用户的 PR 值

序号	编号	关注数	粉丝数	微博数	PR 值
1	P007	351	1796	1450	8.3427
2	P127	388	652	2309	7.8821
3	P097	182	786	1056	7.3754
4	P095	252	904	5758	7.0579
5	P104	165	667	901	6.9532
6	P137	87	379	3821	6.8436
7	P116	222	345	3564	6.5372
8	P024	1181	352	806	6.4470
9	P195	322	430	930	6.0379
10	P028	513	320	410	5.5730

表 2-17 前十位 V 型明星用户的 UIRank 值

序号	编号	关注数	粉丝数	微博数	UIRank 值
1	M61	635	3607 万	7392	22.5468
2	M60	585	3350 万	6569	19.7112
3	M15	588	3685 万	2774	17.3365
4	M83	641	3572 万	2017	15.2811
5	M28	287	2956 万	3795	15.0048
6	M04	417	6774 万	3830	14.8651
7	M89	239	1935 万	3654	14.6378
8	M38	529	3213 万	2273	14.2931
9	M02	395	7792 万	7694	13.2568
10	M01	498	7694 万	4663	13.0123

表 2-18 前十位普通用户的 UIRank 值

序号	编号	关注数	粉丝数	微博数	UIRank 值
1	P007	351	1796	1450	9.5821
2	P104	165	667	901	8.7421
3	P137	87	379	3821	8.3594
4	P103	216	333	4820	7.7632
5	P127	388	652	2309	7.5241
6	P074	301	463	2061	7.0694
7	P116	222	345	3564	6.7703
8	P024	1181	352	806	6.5034
9	P092	420	806	2165	6.1579
10	P077	315	705	1062	5.3115

由表 2-15 和表 2-16 可知，V 型明星用户的 PR 值明显高于普通用户，这是因为在现实生活中，V 型明星用户作为公众人物，一直处在被注意、被关注的状态，其一言一行都有可能造成影响。而普通用户作为众多用户中的一部分，其影响力和影响范围当然比不上公众人物。另外，表中还体现出 PageRank 算法得出的结果与微博原有排名机制的区别。PageRank 算法不仅考虑到粉丝数量，还同时考虑到关注数量以及发布微博的数量。例如表 2-15 中包含的 M61、M60 等均没有在表 2-14 中出现，单论粉丝数量的话其也许少于表 2-14 中的部分用户，但是如果综合考虑到用户的关注数量以及发布微博的数量，在多重因素的平衡下，可以得出这类用户的影响力还是很高的。从现实生活中来看，显然，发布微博的数量越多，出现在粉丝的主页上时，越不容易被忽略，越容易被看到，也就更容易被传播出去，而扩大影响；同理，关注数量越多，越容易从他人处获取信息从而通过转发微博等方式将信息传播出去，所以，综合考虑这几方面因素是合理的。然而，从表 2-15 中结果来看，虽然考虑到多方面的影响，PageRank 算法从整体看来还是赋予粉丝数量这个指标以很大的比重，并且没有考虑到用户本身的一些活跃性，或者用户虽然发布了微博，但所发布的内容有没有被大众关注、有没有吸引大众目光等一些情况也考虑不多。本章对 PageRank 算法进行改进，也在于改善这方面的不足。

由表 2-17 和表 2-18 可知，改进后的 UIRank 算法所得到的结果与原来的 PageRank 算法计算出的结果还是有较大的差别。如表 2-17 中前几位的 M61、M60、M15 等，这几位明星都具有一定的共性：第一，发布的微博数量较多，且发布微博频率较为频繁，容易在粉丝的主页上留下存在感，诱发粉丝转发；第二，粉丝年龄段相似，均为年轻一代（10 岁到 30 岁之间）的用户，在社交网络上表现得极为活跃，一旦他们的偶像发布了微博，便会进行转发、评论，甚至转发多次。由于微博有提供"热门微博"功能，所以在一段时间内被转发、评论较多的微博会被列入榜单，从而使得更多的人看到并接着转发等，进一步扩大影响力；第三，明星本身在微博上表现得也较为活跃，与其他用户互动频繁，社交圈广泛。频繁的互动使得明星用户之间不断地产生转发微博等行为，因为互动的双方均属于公众人物，所以这些转发行为导致的影响力的扩散是成倍发生的。以上三点因素最终导致出现表 2-17 中的结果。另外，表 2-18 的结果显示普通用户的影响力远小于明星用户，且表 2-18 的结果也是由以上几个因素导致的，即排名靠前的用户均为在网络中表现活跃的用户，且其粉丝也相对忠诚、无条件转发他们所发布的微博，这部分用户均属在社交网络中交友广泛并经常与他人互动的类型。

综合以上的研究，我们可以获得以下结论。

第一，V 型明星用户和普通用户在网络上表现出的行为特征同时具有共性和差异性。共性表现为：无论是 V 型明星用户网络还是普通用户网络，用户之间的互动都并不频繁，交流比较稀缺；两类网络中均存在核心用户作为领袖人物存在。差异性表现为：首先，虽然 V 型明星用户之间的互动联系在现实生活中看起来也并不密集，但还是远远超过普通用户之间的联系频率；其次，从用户之间的联系来看，V 型明星用户之间的联系互有交叉，不同领域的娱乐明星之间可能因为合作等原因发生关联，整个 V 型明星用户网络呈现出整体性；而普通用户因为关注的侧重点不同，基本只与具有相同兴趣的小范围内用户发生关联，整个普通用户网络呈现出明显的模块区域性。普通用户获取信息的渠道不足，信息传递并不流畅，即使存在所谓的核心人物，其造成的影响力也只是在小范围内。由此可见，网络运营商在优化微博功能的时候，可以选择从扩充普通用户获取信息的渠道入手，促进信息传播过程。

第二，由微博用户影响力评价算法 UIRank 算法以及原有的 PageRank 算法对用户的影响力计算结果可知，两种方法均优于微博现有的用户排名机制。UIRank 算法由于考虑的因素更全面，更适合对微博用户的影响力进行评价。PageRank 算法不具有这种特殊针对性。微博运营商在发布推广信息的时候，可以参考用户影响力情况，选择影响力大的用户发布或转发此条信息，可以在花费最少资金和时间的情况下，得到最大程度的宣传效果。

本章小结

本章简要介绍了六度分隔理论；总结归纳了描述社会网络的图标法和矩阵法两种方法，阐述了社会网络分析涉及的常用描述参数；介绍了社会网络常用两种分析工具，结合具体案例展示了社会网络分析工具 Pajek 和 UCINET 使用方法。

思考练习题

1. 简述六度分隔理论的实验和论证。
2. 简述图表法并结合实际列举该方法的适用场景。
3. 简述矩阵法并结合实际列举该方法的适用场景。
4. 简述社会网络分析法并列举该方法有哪些重要的计算公式。
5. 简述社会网络分析的具体分析工具。
6. 总结 Pajek 社会网络分析工具的具体流程。

第3章　社会化电子商务的价值创造

学习目标

- ■掌握社会资本内涵与特点。
- ■了解社会资本形成的影响因素。
- ■掌握社会化电子商务价值创造。
- ■了解社会化电子商务价值创造的驱动要素。
- ■掌握社会化电子商务价值创造的类型。
- ■了解社会化电子商务价值创造过程。

导入案例

拼多多——价值共创新发展

拼多多成立于2015年，2018年7月在美国纳斯达克证券交易所正式上市。截至2020年底，拼多多年活跃买家数达7.884亿，成为中国用户规模最大的电子商务平台。

拼多多作为"社交+电子商务"的典型代表，其商业模式的创新促进了价值创造的新发展。拼多多通过广告投入，吸引大量用户进行免费注册，这些用户包含消费者以及商户。拼多多吸引品牌方在拼多多线上销售平台进行产品投放。借助"社区交流""平台补贴"等手段对商品展开优惠活动，消费者用户通过在平台上购买产品实现流量转化，平台在商家和消费者双方交易完成后抽取一定比例的佣金。此外，平台在消费者与品牌方进行交易的过程中为消费者的消费记录与消费习惯分析提供数据，通过精准的用户推荐增加成功交易的概率。综上所述，拼多多平台与品牌方以及消费者之间形成了正向的价值链循环。

通过收入结构变动表可以看出（见表3-1）拼多多在建立初期以商品销售收入为主，2017年收入重心移至在线营销服务收入，占比高达88%~100%，社交电子商务"社群"的特征得以显现，其收入来源呈现单一化的特点。高占比的在线营销服务收入，反映了拼多多通过与用户互动来与其建立情感连接。

表3-1　拼多多收入结构变动表

年份	2016年	2017年	2018年	2019年
在线营销服务收入占比	9.56%	99.81%	100%	88.96%
商品销售收入占比	90.44%	0.91%	0%	11.04%

通过拼多多的利润表（见表3-2）发现其在2018年度亏损最多。其净利润降低主要由于营销费用的大幅增加，这一部分主要集中于线上以及线下的广告投放、补贴促销活动以及品牌推广活动等内容。纵观所有年度，研发费用的投入也呈上升趋势，这一趋势也显现出拼多多身为"社交+电子商务"的开拓者，在研发方面保持投入以此维护价值转换过程的正常运行。

表 3-2 拼多多成本费用占销售收入比

年份	2016 年	2017 年	2018 年	2019 年
营业收入/元	5.049 亿	17.44 亿	131.2 亿	301.4 亿
营业成本/元	5.779 亿	7.228 亿	29.05 亿	63.39 亿
研发费用/营业收入	5.827%	7.408%	8.506%	12.840%
营销费用/营业收入	33.472%	77.122%	102.440%	90.146%
净利润/元	-2.920 亿	-5.251 亿	-102.2 亿	-69.68 亿

通过拼多多利润表对其毛利率变动进行分析（见图 3-1），可以发现拼多多的毛利率每年在显著地增加。其营业收入主要来自线上营销费用，与此同时营业成本占收入的比率也逐年减小，正是由于拼多多开拓的社交电子商务模式，直接导致拼多多的收入以及成本费用构成的变化，这也印证了其创新的商业模式对毛利率呈现积极的影响。

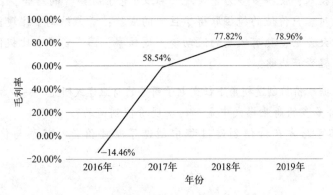

图 3-1 拼多多 2016—2019 年毛利率变动情况图

通过对拼多多的资产负债表中的资产结构进行分析（见表 3-3），可以看出拼多多资产的流动性和快速变现能力较为乐观。与传统企业不同，拼多多的资产负债表显示既没有存货也没有应收账款，另外，从拼多多的非流动资产来看，其物业、厂房及设备的资产占比较小，这表明公司的经营风险及其退出壁垒较低，是以流动资产为主的轻资产运营电子商务。

表 3-3 拼多多资产结构

年份	2016 年	2017 年	2018 年	2019 年
现金及现金等价物/元	13.20 亿	30.58 亿	141.6 亿	57.68 亿
限制性现金/元	—	93.71 亿	163.8 亿	275.8 亿
其他（流动）/元	1028 万	8817 万	2.476 亿	10.51 亿
短期投资/元	2.900 亿	5000 万	76.31 亿	352.9 亿
净利润物业、厂房及设备/元	224.8 万	927.9 万	2908 万	4127 万
无形资产/元	—	—	25.79 亿	19.94 亿
流动资产周转率	0.28	0.13	0.32	0.41
总资产周转率	0.29	0.13	0.30	0.40

2016—2019 年期间，拼多多的经营活动净现金流持续为正（见表 3-4），其主要原因是期间对入驻商户收取的费用增加。拼多多在购买固定资产支出方面逐年增加，尤其在无形资

产方面，2019年的支出大大超过其产生的经营现金流，这表明其在短期投资和研发方面投入较大。

表 3-4 拼多多 2016—2019 年现金流量情况

年份	2016年	2017年	2018年	2019年
经营活动产生的现金流量净额/元	8.798亿	96.86亿	77.68亿	148.2亿
投资活动产生的现金流量净额/元	-3.073亿	7165万	-75.49亿	-283.2亿
其中：购买固定资产/元	-230.1万	-892.1万	-2733万	-2744万
购建无形资产及其他资产/元	-3.200亿	-13.93万	-77.01亿	-526.7亿
筹资活动产生的现金流量净额/元	4.865万	13.99万	173.4万	158.5万

从拼多多的收入构成以及成本费用构成表中可以发现，高额的在线营销服务收入占比以及研发费用的长期投入，使拼多多为了实现"社交+电子商务"的结合，在平台运营战略以及市场开发战略上对客户价值的挖掘取得了巨大的成就；资产结构中体现出了互联网经济与传统商业经济的巨大差别，具有较高的流动资产周转率，固定资产占比极低，显示出拼多多在运营上还采取了轻资产战略。

资料来源：根据"价值创造视角下社交电子商务的商业模式研究——以拼多多为例"改编。

思考题：① 拼多多的商业模式中是如何实现价值创造的？
② 各参与方在价值创造过程中创造了哪些价值？其参与价值创造的因素是什么？

3.1 社会资本内涵及特点

从社会学的角度看，社会化电子商务快速发展的根本原因在于挖掘了蕴含于社会关系网络中的社会资本的巨大价值。

3.1.1 社会资本内涵

美国社会学家格兰诺维特（Granovetter）是研究社会网络、不平等与经济社会学的全球著名学者，最早提出个人社会资本概念，即个人拥有的表现为社会结构资源的资本财产。20世纪60年代晚期，还是哈佛大学研究生的他通过寻访麻省牛顿镇的居民如何找工作来探索社会网络，他非常惊讶地发现，人们找工作时那些联系紧密（强连接）的朋友反倒没有那些联系不紧密（弱连接）的朋友更能够发挥作用，即一个人的工作和事业关系最密切的社会关系并不是"强连接"，而是"弱连接"。众多社会学家认为，久不见面的人可能掌握了很多我们并不了解的情况，对应的"微弱关系"能方便信息在不同的圈子中流传。"弱连接"虽然不如"强连接"那样坚固，却有着极快的、可能具有低成本和高效能的传播效率。弱连接在我们与外界交流时发挥了关键的作用，需要重视和充分发挥弱连接的作用。社会网络中的强关系、弱关系均是我们的社会资本。美国社会学家林南（Nan Lin）也认为，在分层社会结构中，人们拥有的弱关系比强关系能带来更多的社会资源；个体社会网络的异质性越大，网络成员的地位越高，个体与成员的关系越弱，拥有的社会资源就越丰富。

美国社会学家詹姆斯·科尔曼（James Coleman）认为，每个自然人从一出生就拥有三种资本,即由遗传天赋形成的人力资本,由物质性先天条件如土地、货币等构成的物质资本,由自然人所处的社会环境所构成的社会资本。法国社会学家皮埃尔·布尔迪厄(Piere Bourdieu),是当代最具影响力的社会学者之一,在其关系主义方法论的基础上提出的场域理论影响深远。他认为场域是由不同的社会要素连接而成的一张社会关系网络,人们的行动均被行动所发生的场域所影响,社会不同要素通过占有关系网中的不同位置而在场域中存在并发挥作用。每一个场域中都有统治者和被统治者,场域内不同要素是竞争的,场域充满力量。人们拥有的资本有经济资本、社会资本和文化资本三种形式,经济资本包括詹姆斯提及的人力资本和物质资本,三种形式资本在场域中可以相互转化。资本和权力在场域中也可以相互转化。场域内竞争在所难免,对于行为人来说,获得更多的资源和更大的权力,能在场域中获得更高的地位甚至是统治地位。社会关系网络创造了一种解决社会问题的有价值的资源,并向成员提供集体所有的资本。

美国社会学家罗纳德·博特(Ronald Burt)提出社会网络结构洞(Structure Hole)理论,强调开发关系网络中稠密地带之间的结构洞的重要性,通过联结不同的、一定程度上相互隔断的关系网络可为主体提供新的资源。他认为社会资本是朋友、同事和更普遍的联系,通过这些关系能得到使用其他形式资本的机会。哈皮特和戈沙尔从结构、关系和认知三个维度分析社会资本。结构维度又称为结构性嵌入,是指行动者之间联系的整体模式。结构维度强调社会关系网络非人格化的一面,重点分析网络联系和网络结构的特点,如网络联系存在与否、联系的强度、网络的密度、中心与边缘、连接性等。关系维度又称为关系性嵌入,是指通过创造关系或由关系手段获得的资产,包括信任与可信度、规范与惩罚、义务和期望以及可辨识的身份。关系维度强调社会关系网络人格化的一面,即与社会联系的行动者有关的具体的、进行中的人际关系,是行动者在互动过程中建立的具体关系。认知维度是指提供不同主体间共同理解表达、解释与意义系统的那些资源,表现为如语言、符号和文化习惯,在组织内的还包括默会知识等。

国内学者边燕杰等认为,社会资本的存在形式是社会行动者之间的关系网络,是这种关系网络所蕴含的、在社会行动者之间可转移的资源,任何社会行动者都不能单方面拥有这种资源,需要借助关系网络才能发展、积累和运用这种资源。社会资本体现在关系、结构和资源三方面。关系方面,社会资本即社会网络关系,社会网络关系越多,拥有的社会资本量越大。结构方面,社会资本即社会网络结构,高密度的社会网络会约束个人遵从团体规范,低密度的社会网络这种约束弱些;个人占据社会网络结构洞位置,会有信息和控制的优势,会有利于其在竞争环境中的生存与发展。资源方面,社会资本是一种社会网络资源,个人在社会网络中的位置决定所能动员和使用的社会网络中的嵌入资源。人们社会资本涉及个体或团体之间关联的社会网络、互惠性规范和由此产生的信任、权威、行动的共识以及社会道德,源于个体或团体之间的关联——社会网络、互惠性规范和由此产生的信任。

综合起来,我们认为社会资本(Social Capital)是个体或组织在社会结构中所处的位置带来的资源,是指个人或组织在网络结构中所处位置的价值,是为实现一定目标,能够调动和利用的嵌入于其所拥有的社会关系网络中的各种社会资源,包括权力、资金、保障、信息、机会、劳力、决策、合作等。

社会资本蕴含于社会团体、社会网络之中,不能为个体直接占有和使用,个体需要通过成为网络成员、建立网络纽带,才能接近和使用这类资本。相较于人力资本和物质资本,社会资本是一种无形资源,它以社会关系中的信任、规范和网络为载体,既具有社会关系中的制度、规范和网络化等组织结构特征，还包括个体所拥有的信任、威望、社会声誉等人格网络特征。社会资本存在于人际关系无形联系的社会结构之中，这种无形联系通过人与人之间的合作进而提高社会的效率和社会整合度，给相关个人或组织带来收益。

3.1.2 社会资本特点

社会资本可以为个人所用，但这种资本并不完全受个人支配，是具有公共物品性质的私人资产。社会资本除具有与人力资本、物质资本相似的通过积累形成、规模效应、需要不断更新及生产性等共同特征外，还有如下四个方面的独有特征。

（1）社会资本具有公共物品性质

社会资本与人力资本、物质资本的根本差别在于，它不只是一种私人资产，它更具有集体而不是个人的特性。社会资本不像人力资本那样具有流动性，也不像货币、土地等物质资本那样容易转移。社会资本源于社会结构和社会关系，更具有社会性，收益具有更大的扩散性。

（2）社会资本具有不可转让性

社会资本的所有者可能是个人，也可能是组织，甚至有可能是整个社会。但无论属于谁，社会资本具有不可转让性或者说不可让渡性。社会资本类似于公共物品有使用权而没有交易权。社会资本拥有者，可以利用社会资本，凭借社会资本谋利，但不可以让渡它。个人拥有的社会资本都是独特的，社会资本与拥有者共存。

（3）社会资本具有可再生性

不同于物质资本，社会资本不会由于被利用而减少，反而会由于不使用而枯竭，甚至它本身的存在依存于使用。社会资本具有可再生性，是非短缺的，不断消费和使用会增加其价值。社会资本越利用，价值越大。

（4）社会资本具有生产不可模仿性及易失去性

社会资本更多表现为历史制度的沉淀，如人们共同遵守的行为准则、规范、情感等，反映社会大众或绝大多数人认可的价值观体系和文化资源的积淀。它是社会大众或绝大多数人认可的价值观体系和文化资源，是一种"以人为本"的人文环境。社会资本的积累较慢，很难通过外部干预和主观努力而形成，但它可以很快地失去，如社会网络中个体的某次失误都有极大可能浪费集体长期形成的信任和社会联系资源。社会资本是促进经济增长、社会公平和国家福利的重要前提条件。

3.1.3 社会资本形成的影响因素

成员的信息技术应用能力、社会互动与参与能力以及社会意识形态，是影响社会资本形成的重要因素。

（1）信息技术应用能力

获取社会化电子商务中的社会资本需要社会成员加入社会化电子商务平台，形成自己的社会化网络。这需要社会成员有接入互联网的设备，要具备一定的信息技术应用的操作能力和操作技巧。

（2）社会互动与参与能力

社会资本在许多情况下是在不经意间创造和积累起来的，是在社会成员广泛的交往中自发产生的，它不是由特定的私人部门或特定的政府部门所提供。社会化网络有多大的聚众规模,取决于网络社会成员间的互动能力,需要社会成员认识到网络社区生活和思维方式的重要性,尤其需要他们参与的时间与频率。网络社会成员的社会互动与参与是社会资本产生的基础,也是社会资本形成的社会机制。

(3) 社会意识形态

社会资本依赖的社会信任是人类长期互动过程的产物,取决于社会文化历史传统。社会资本时常是由等级权威所产生的,这些权威制定规范,并要求人们毫无理由地服从。社会意识形态是文化传统的重要组成部分,也是影响社会资本形成和消亡的重要因素。社会意识形态形成社会资本的途径是把某种要求强加给社会意识形态的信仰者,使他们按照某种既定的利益或某些人的利益行动,而不考虑其自身利益。

此外,现实中具有巨大社会影响力的人士上网,很容易成为相应社会网络的翘楚。如影视明星才女"老徐"(徐静蕾),其博客人气轻松过千万,拥有社会资本明显优势。

3.2 社会化电子商务价值创造系统及价值创造驱动因素

3.2.1 社会化电子商务价值创造系统

社会化电子商务价值创造系统是以社会化电子商务平台为基础,借助社会化手段,将社会化电子商务平台企业、产品消费者、产品提供商家、物流企业、支付平台等相关主体链接起来,以满足相关参与方的社会交往及交易需求的相互协作系统(见图3-2)。

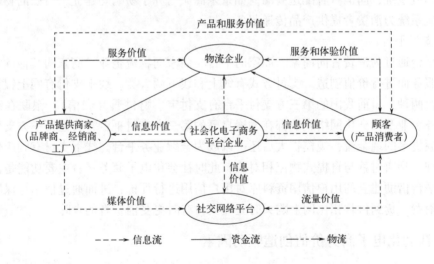

图3-2 社会化电子商务价值创造系统框架模型

(1) 社会化电子商务平台企业

社会化电子商务平台企业(电子商务商平台)是社会化电子商务系统的核心企业,它连接两边用户,一边是提供产品的众多服务商,一边连接着广大的产品消费者,为两边用户提供撮合交易的价值创造服务。我国社会化电子商务知名平台企业有微信、新浪微博、网易博客等。

(2) 产品消费者

产品消费者(消费者)是社会化电子商务价值创造系统的中心,消费者对产品/服务满意了，社会化电子商务价值创造系统的价值才能得以实现。消费者与其他消费者互动，借助消费者们自生成内容进行消费决策，筛选出满意的产品/服务，给生产商家的新产品设计和生产提出建议。社会化电子商务平台（企业）还可以基于消费自生成内容，进行聚类分析得到消费者所属社区或子社区，进而进行针对性营销。通过这些用户自生成内容，用户之间进行思维碰撞以及经验体验交流，共同创造价值。系统中消费者的规模、消费者的参与和活跃度是社会化电子商务平台吸引商家加入的关键要素。

（3）产品提供商家

产品提供商家（商家）是社会化电子商务价值创造系统中产品的生产者或提供者，它们通过产品创新，生产出满足消费者个性化要求的产品，并进行产品价值创造。随着线上线下融合（Online to Offline，O2O）商业模式的不断发展成熟和信息技术的不断完善，越来越多的商家进入社会化电子商务领域，如餐饮业、旅游业和休闲娱乐等服务行业大量商家加入社会化电子商务，电子商务品类不断丰富和完善，社会化电子商务覆盖面日益扩大。

（4）物流企业

社会化电子商务中通常有自提式物流、第三方物流及社会化电子商务平台企业自营式物流三种物流服务，物流企业承担将消费者借助社会化电子商务平台从商家购置的产品传递给消费者的价值增值服务。自提式物流是消费者先在线购买，后到线下自提点提取产品完成消费，是适应服务线上化发展而出现的。对于商家与消费者不易直接接触的情况，通常可以借助第三方物流公司来实现商品从商家到消费者间的传递。自营式物流是社会化电子商务平台自己建立物流系统，向消费者配送商品。如京东商城与苏宁易购均建立了自己的物流，利用自营的物流系统为消费者提供产品传递服务。

（5）支付平台

支付平台通过为消费者向商家、商家向平台、商家向物流企业、商家向其他商家等提供资金支付服务而进行价值创造。支付方式有线上和线下两大类。线上支付有网上银行与第三方支付平台两种。目前我国的第三方支付平台有支付宝、财付通（微信）、银联在线等。很多电子商务企业及社会化网络企业都在发展自己的第三方支付平台，自建第三方支付平台能使自己掌握更多的现金流，规模扩大后还可以成为金融业务平台。线下支付有到店付款和货到付款两种。到店付款与自提式物流相对应，此时社会化电子商务平台主要功能是信息提供和收集，平台借助建立的用户信用资料库对用户信用进行评价，进而通过信用担保网上预约到店线下消费。货到付款相比网上购买时立即支付有时更受消费者的青睐。

3.2.2 社会化电子商务价值创造驱动因素

结合上一小节中的消费者、商家和平台等平台系统的核心主体，分析它们参与价值创造的驱动因素。

（1）消费者参与价值创造驱动因素

① 社会化电子商务平台质量。是指平台对于满足消费者应用需求的能力，具体而言包括易用性、内容性、安全性和互动性。平台的易用性能够便于消费者参与价值创造；而富有吸引力的内容能够引起消费者的兴趣，增强消费者参与价值创造的意愿；安全性能够保证消费者在一个安全放心的环境下进行价值创造，降低消费者的风险感知；良好的互动性增加了平台的活跃度，能够激发消费者参与价值创造的兴趣。提高社会化电子商务平台的质量，如平台的快捷方便性、界面设计的人性化、提供其他相关平台网站链接服务以及优化内容结构

第3章 社会化电子商务的价值创造

等能够有效地激发消费者参与价值创造。

② 激励机制。社会化电子商务平台系统中,消费者之间是通过发布推荐分享内容和浏览信息来达到满足自己和他人的目的。激励机制的设置能够有效地刺激消费者参与价值创造,比如返现、优惠券、折扣或佣金形式的奖励可以激励消费者分享购物体验和商品信息到社交网络中;消费者等级升级、经验值和权益的增加能够刺激消费者进行产品使用经验的分享和评价。规范的激励机制和分享推荐规则、内容规范是消费者参与价值创造的有效驱动因素。

③ 互惠性。是指消费者希望在自己需要帮助与支持时能从他处获得帮助,那么消费者也会愿意帮助和支持他人。

④ 利他主义。是指在特定时间、空间条件下,个体牺牲自己的适应性以提高另一个个体适应性的表现,即为了他人利益而牺牲自己利益。在社会化电子商务平台,如果消费者拥有利他主义心态,那么消费者将非常乐意向他人分享自己的购物经历,以帮助他们进行商品选择,这会丰富平台商品信息,会吸引更多的消费者加入平台。

⑤ 声誉。通过价值创造活动能够显示自己的专业能力、知识以及见解,从而增强消费者的个人声誉或赢得其他消费者的尊重。

(2) 商家参与价值创造驱动因素

① 增加商家利润。商家追求利润,与用户之间的交互能够更好地获取用户需求,改善产品设计和质量优化,增加交易量。社会化电子商务的发展,"全民营销"时代的到来,用户不仅作为消费者的角色购买产品,还能通过社交网络促进产品的宣传和口碑传播。强关系的口碑传播,由于熟人关系间的信任,能增强其他潜在消费者对产品的信任度,也使商家更好地进行产品的精准营销;直播带货和网红推荐也会增加商家产品的销量,帮助商家获得更多收益。

② 减少库存积压。用户参与产品设计,从用户体验的角度出发能够更加精准地了解用户的需求,同时能够将用户的知识转化成生产力,减少产品设计方面的投资成本。根据需求大规模定制能够降低库存成本,还能避免库存积压引发的资金链紧张等一系列问题。

③ 树立品牌形象。借用户在平台虚拟社区中关于产品的评价和讨论,商家能够了解用户对品牌的反馈意见,及时对负面评价进行服务补救,提高消费者的满意度。平台虚拟社区中,商家举办活动,能够在交互的过程中传播品牌文化,与用户间的交互能够增强消费者的品牌意识,增加用户对品牌的忠诚度。

④ 提高核心能力,增强竞争力。缺乏核心竞争力的企业难以持续创造价值,难以在激烈的竞争中存活。在与消费者交互、与平台交互以及企业间的竞争与合作过程中,社会化电子系统中的商家能不断总结经验,寻找自身更好定位,实现核心能力的提升与价值创造的可持续性形成良性循环,增强竞争力,以在更新换代快速发展的时代中求得生存和发展。

⑤ 履行企业社会责任。在创造利润、对股东和员工承担法律责任的同时,商家还要承担对消费者、社区和环境的责任。社会化电子商务中的商家应履行相应的社会责任,如收益的一部分支持公益事业,体现企业社会责任担当,也能让企业为更多用户认可。

(3) 社会化电子商务平台参与价值创造驱动因素

① 增加平台利润。社会化电子商务平台追求更多利润,利润来源于产品销售的服务费用、广告费用、佣金提成、增值服务费用,来源于代办"货到付款"业务费用以及物流服务费用等。

② 吸引两边的用户加入平台，增加用户黏性。通过与商家端用户和消费者端用户的交互，为两边用户提供优质服务，平台能吸引更多的商家和消费者加入平台。平台两边用户数量的增多，能提升两边用户交易的撮合效率，增加平台的交易量，为平台创造更多的收益。平台上更多用户生成内容，更便利用户在平台找到适合的商品，增强用户体验，也会强化两边用户对平台的黏性，促进平台持续发展。

③ 增强平台运营能力。社会化电子商务平台拥有的丰富用户体验感知和海量数据资源，能够为社会化电子商务平台改善软件应用系统页面设计、增强应用系统的易用性和便捷性，为优化供需推荐算法、提高平台两边用户匹配度提供坚强支持，促进平台运营能力提升。

④ 履行平台的企业社会责任。随着社会化电子商务平台的成长，平台的业务领域不断拓展，提供服务功能更加广泛。作为社会化电子商务系统核心的平台自身，对于两边用户和其他利益相关者的健康发展影响明显。平台承担更多的社会责任是平台参与价值创造重要驱动因素。

3.3 社会化电子商务价值创造类型与过程

3.3.1 主体视角下的价值创造过程

依据价值创造主体的不同，也可将社会化电子商务价值创造分为企业单独创造价值、用户和企业共同创造价值和用户单独创造价值三种方式，每种方式包括参与主体、创造途径及结果三个方面。

3.3.1.1 企业单独创造价值

社会化电子商务系统中的参与主体包括核心企业、合作企业和竞争企业三类。企业根据自己的利益需求，运用资源进行产品生产，通过市场进行产品或服务的交换，满足消费者需求，完成价值实现（见图3-3）。

核心企业与合作企业之间的互动包括合作、交换和资源共享；与竞争企业的互动不仅存在竞争而且也在一定情境下存在合作。创造结果是产品的创新和技术的升级。核心企业与合作企业可以达到互利共赢；与竞争企业的竞争与合作可能会出现一家企业完全占领市场而另一家企业退出市场，也可能是多家企业竞争并存或互利共赢。

3.3.1.2 用户和企业共同创造价值

（1）用户与企业共同创造价值的机理

Prahalad 和 Ramaswamy 认为产品或服务的价值不仅仅由企业产生，而是由企业和用户共同创造，价值共创事关企业未来发展。

用户与企业之间的价值共创包括合作、交换、服务和用户生成内容，也包括企业产品售后出现不良反馈时对用户的服务补救。创造结果是，对于企业而言可以带来产品创新和技术升级以及产品的扩大销售，并且能够通过与用户良好的互动树立良好的企业形象；在此过程中能够更加精准地满足用户需求，用户满意度不断提升。用户和企业共同创造价值的主体—途径—结果示意图如图3-4所示。

用户与企业共同创造价值是指消费者参与到产品的研发、设计和生产的过程中，并寻求

第3章 社会化电子商务的价值创造

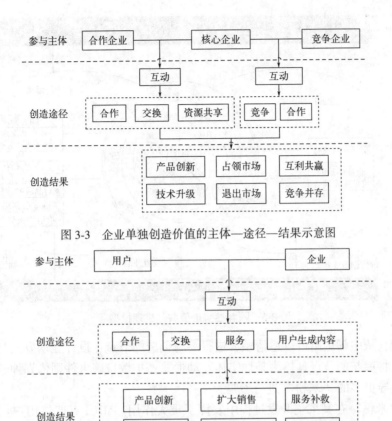

图 3-3　企业单独创造价值的主体—途径—结果示意图

图 3-4　用户与企业共同创造价值的主体—途径—结果示意图

把他们的影响运用在商业系统的各个环节，消费者逐渐开始参与到价值定义和创造的过程中，并与企业进行互动共同创造价值。在消费者和企业共同创造价值的方式下，企业提出价值主张，并与消费者合作、互动，而消费者作为操作性资源（例如知识和技能）的拥有者参与到价值的创造过程中，企业与消费者共同创造价值，生产和消费的过程不再分离。

从价值创造阶段来讲，将顾客的价值创造阶段分为价值促进阶段和价值共创阶段。在价值促进阶段提出了企业内部因素、顾客内部因素以及外部环境是驱动顾客参与的因素。在价值共创阶段运用 DART 模型来分析具体的共创行为。从价值创造逻辑角度来讲，分为企业投入、顾客投入和价值创造支撑系统三部分。顾客参与价值共创机理模型如图 3-5 所示。

（2）用户与企业共同创造价值的类型

① 企业发起价值共创。

小米公司成立于 2010 年，是一家专注于智能产品自主研发的移动互联网公司。小米手机、MIUI 和智能家电是小米公司的三大核心产品，每个核心产品都拥有相应的社区，在社区里消费者可以进行交流或者反馈意见等。《参与感：小米口碑营销内部手册》一书揭示了小米成功的关键，即构建用户参与感。如何进行构建？作者将其总结为三个战略和三个战术，即"参与感三三法则"。其中三个战略指做爆品、做粉丝、做自媒体。做爆品对应产品战略；做粉丝对应用户战略，参与感能扩散的背后是"信任背书"；做自媒体对应内容战略。三个战术指开放参与节点、设计互动方式、扩散口碑事件。开放参与节点指开放产品的

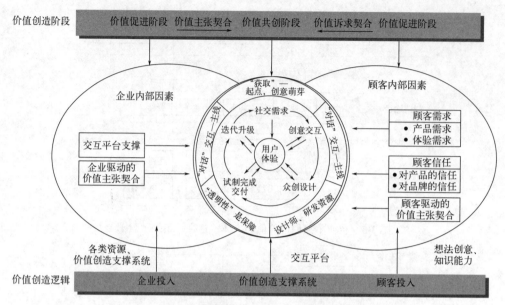

图 3-5 顾客参与价值共创机理模型

生产研发过程，从中筛选出可以邀请顾客进行参与创造的节点；设计互动方式与开放的参与节点相呼应，将参与的节点具体为某种实体互动形式；扩散口碑事件则依靠种子用户的口碑进行发酵，引导更多的"米粉"进行参与。

小米的"米粉"在其系统开发过程中发挥了重大作用。MIUI 有四层用户：核心层是内部 100 多个工程师；第二层是有高知识水平和技能的 1000 个荣誉内测组成员；第三层则是 10 万名开发版用户；最外层是稳定版用户。MIUI 荣誉开发组是通过用户申请和管理员审批的方式产生，论坛创建最早、资格最老的资深核心用户组，其职责是参与和见证 MIUI 的开发和测试工作；荣誉开发组有权利第一时间拿到和开发组同步的内测版本，参与最新版本的测试和问题反馈工作，给全站发烧友提供更稳定、给力的 MIUI。内测粉丝组是为了发烧友能够在第一时间体验最新的 MIUI ROM，MIUI 社区设立了内测粉丝组。发烧友可以根据当前使用机型申请内测，若符合条件，则会被系统自动通过审核。成功加入内测粉丝组后，即可获得每周四次的 MIUI 内测 OTA 升级包内测特权，同时需要参与内测版本的测试和问题反馈工作。他们都在以自己的方式积极参与到 MIUI 的迭代完善中来。

以 MIUI 的开发为例，从"参与感三三法则"来阐述"米粉"如何参与 MIUI 的开发：首先由小米的内部工程师进行产品的编程，然后产品的剩余部分向"米粉"开放，从而了解"米粉"的需求；双方充分对接需求之后进入下一个阶段，设计互动的方式，小米会在论坛和社区针对不同的板块定期更新，为"米粉"互相交流创造良好的条件。比如固定的"橙色星期五"模块。在每周五小米都会把想法和功能发布在论坛供用户检验，这些想法或者功能有可能就是用户亲自设计的，或者每一个被修复的 bug 就是这些用户发现的，然后开发团队根据反馈的意见不断改进，这会让每一个深入参与其中的用户都非常兴奋；在扩散口碑事件阶段小米为最早参与测试的 100 个用户拍摄了微电影《100 个梦想的赞助商》，成为参与感传播的放大器。以 MIUI 系统开发为例，图 3-6 为顾客参与小米企业价值创造的流程。

A 是一家以精油为主导的化妆品公司，在高端精油及植物护肤品领域里，无论销售额还是消费者口碑，都是当之无愧的领导品牌。良好的业绩与顾客的品牌忠诚和产品的质量有着

第3章 社会化电子商务的价值创造

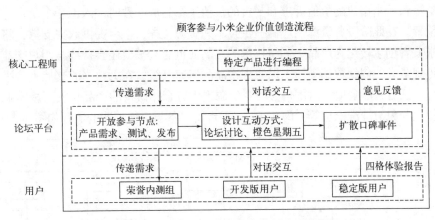

图3-6 顾客参与小米企业价值创造流程图

密切的关系，其旗下的精油气垫CC霜就是一款由用户主导开发的美容产品，通过上千人参与研发，历经8次配方调整，通过顾客参与产品的测试和顾客的真实试用反馈，A研制出一款适合亚洲女性肌肤使用的精油气垫CC霜，并且得到顾客的青睐和一致好评，此次邀请顾客进行的新产品开发非常成功。A邀请顾客参与新产品开发的主要场所为线下实体店、淘宝客户端以及微博等，相比较于海尔和小米来说，其缺乏专业的与用户交互的平台，用户传递需求或者意见反馈只能通过上述方式。另外，顾客参与A价值创造的形式也较为简单，多为参与企业发起的价值共创行为。例如这款精油气垫CC霜的参与模式，就是先由A确定参与的主题是关于气垫的升级，然后通过线下实体店和淘宝客户端等让用户对产品进行测试和反馈，并不断进行迭代和升级产品，最终研发出来一款适合亚洲女性皮肤的精油气垫CC霜。

② 用户发起价值共创。

海尔集团成立于1984年，是全球家电知名品牌，目前海尔已经从传统制造家电产品的企业转型为面向全社会孵化创客的平台。

在"互联网+"的背景下，张瑞敏认为制造业未来的发展方向应该由规模经济转向体验经济，海尔从战略、组织、互联工厂这三方面诠释了这一转型过程。其中战略指"人单合一"，"人"是指员工，"单"不是狭义的订单，而是包括用户需求、用户体验，把员工和用户的体验联结在一起；为符合"人单合一"的战略，把整个科层制组织取消，变成一个创业平台；最后的互联工厂是创业的落脚点。新转型之后的海尔以用户需求为驱动，为用户的最佳体验不断去迭代，不断去改进。另外，海尔强大的交互平台也是帮助海尔实现转型的关键支撑，其交互平台包括社交媒体、官网、论坛、Hope平台、众创汇定制平台、海创汇等。本书收集的二手资料主要来源于Hope平台和众创汇定制平台。

Hope平台是开放式创新平台和资源配置平台。在Hope平台中参与价值创造的主体包括用户、资源供应商和平台，三者共同创建了一个全新的创新生态圈。其中用户主要包括专业用户、普通用户、极客、创客和小微主；设计公司、技术公司、研究机构和大学等是平台的资源提供商。各方基于不同市场目标构成利益共同体，优化组合成一个个创新团队，风险共担，超利共享。海尔Hope平台主要包括两大业务板块即解决创意来源的问题和创意转化的资源配置。在解决创意来源问题阶段，用户首先提出创意或者需求，然后平台通过专业的洞察、交互、设计等方式，促进创新方案的输出，完成用户的验证，确保输出的创新方案能够满足用户的需求；当用户的价值诉求和平台的价值主张达成一致时进入下一个阶段，即创意转化的资源配置。在此阶段各资源供应商提供技术和资源支撑，平台提供数据支撑，将上一阶段的用户需求或者创意转化为产品。创新技术的产品面世后，平台还会持续与用户交流反馈，使创新团队得到最大的创新数据支持，以实现产品的迅速升级。在大数据的支持下，平台上成功达成技术合作已有200余项，由用户参与和资源提供方合作研发的产品包括天樽空调、空气魔方、海尔星盒和免清洗洗衣机等。海尔Hope平台用户参与价值创造的流程如图3-7所示。

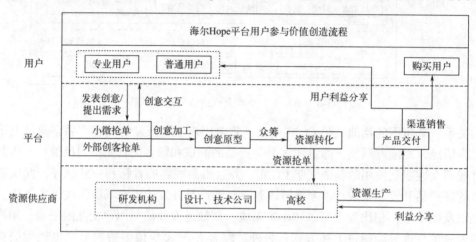

图3-7 海尔Hope平台用户参与价值创造流程图

海尔众创汇定制平台是家电行业首个实现交互定制的平台，消费者可以在海尔官网上实现个性化定制。在众创汇定制平台中参与价值创造的主体包括用户、平台和设计师团队。该平台上的设计师团队和Hope平台中的资源供应商略有区别，Hope平台中的资源供应商来自平台的外部，如各研发机构和高校等，而众创汇定制平台上的设计师大部分则属于海尔内部员工和拥有高专业水平的用户，在众创汇定制平台上，用户发挥创造的空间更多。海尔众创汇定制平台主推的定制模式有三种：模块定制、专属定制、众创定制。模块定制中用户可以根据自己的喜好，从海尔众创汇定制平台提供已有的各模块中进行自由设计和组装，满足了不同消费者人群的差异化选择；专属定制则属于较高端的定制，其与模块定制的区别在于，用户可以在众创汇定制平台提出自己的个性化需求，然后交由海尔众创汇定制平台进行设计生产，最后产出顾客专属的产品；而众创定制首先由感兴趣的顾客提交需求或想法，然后通过设计师认领，帮顾客设计完善产品创意，并且将作品发起众投，在平台与顾客交互，接受投票，根据投票数量决定是否将该产品创意付诸生产制造。海尔众创汇定制平台旨在通过构建并联交互平台和生态圈，提供互联网时代的美好生活解决方案，并最终实现用户的全流程最佳交互、交易和交付体验。通过选择不同的定制方式，用户可以在众创汇定制平台提出自己的个性化需求，然后交由海尔众创汇定制平台进行设计生产，最后产出顾客专属的产品。目前通过海尔众创汇定制平台，由用户参与完成设计的新产品包括迷你干衣机、母乳冷冻柜、小冰吧冰箱等，并且这些新产品都已投入市场并受到好评。海尔众创汇定制平台用户参与价值创造的流程如图3-8所示。

3.3.1.3 用户单独创造价值

（1）单个用户价值创造

用户（消费者）根据自己的价值主张，将企业所提供的产品或服务等资源与其他可供

第3章 社会化电子商务的价值创造

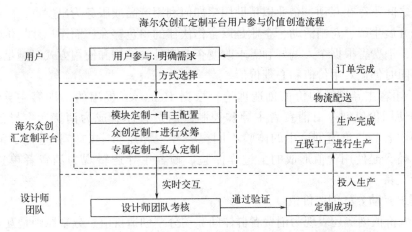

图 3-8　海尔众创汇定制平台用户参与价值创造流程图

利用的资源和技能相结合,在消费活动和日常生活实践中创造价值。随着用户生产内容、消费社群、创意性抵制等现象的增多,用户在价值创造过程中的地位和作用逐渐上升,并向中心和主导地位转移。用户逐渐成为价值主要创造者,且价值创造场所发生于用户日常消费实践,企业往往难以直接参与。消费者通过对产品的认知、加工、改造、创造、操作等创造价值,这是消费者认知、思考和情感相结合结果。消费者单独创造的价值从内容看,以体验价值为主。每个消费者对价值的感知受时间情景、自身特征等因素的影响,因此,消费者单独创造的价值具有动态性、时间性、情境性等特征。消费者单独创造价值,本质上是消费者在使用和消费产品或服务过程中的价值再创造,是基于使用价值的衍生价值创造,并不涉及企业生产和价值创造问题。

参与主体包括核心用户、其他用户和消费对象。用户单独创造价值的途径包括用户之间的互动及用户与消费对象之间的互动。用户之间的互动包括合作、交换、竞争等形式,其中合作和交换是主要形式。用户与消费对象之间的互动包括认知互动和行为互动。用户单独创造价值的结果包括用户体验、用户忠诚、用户身份构建和消费对象内容构建等四个方面。用户体验和用户身份构建是用户单独创造价值的主要结果。用户单独创造价值的主体—途径—结果示意图如图 3-9 所示。

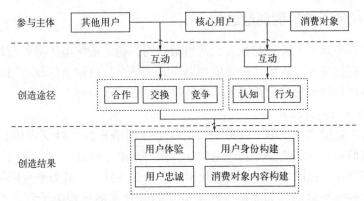

图 3-9　用户单独创造价值的主体—途径—结果示意图

社会化电子商务中用户单独创造价值具备以下特征。
① 用户单独创造价值,用户与企业之间不存在互动。在用户单独创造价值的方式中,

企业和用户之间不存在互动，企业以帮助用户如何利用产品或服务为出发点，围绕用户的日常生活实践开展生产、营销活动，企业是以合作伙伴的角色存在，而用户才是价值的真正创造者。例如，消费者根据个人偏好和需求改变企业产品的结构和使用方式以满足其个性化消费需求，并同时创造效用价值和心理价值。

② 基于顾客主导逻辑的价值创造理论。根据 Heinonen 提出的"顾客主导逻辑"，日常生活中的使用价值创造由消费者主导和控制，消费者体验成为消费者主导的价值创造过程的核心内容。与价值创造中的体验不同，顾客主导逻辑下的体验超越了消费者与企业互动的范畴，是使用价值形成的全过程体验。顾客主导逻辑观为消费者单独创造价值提供了理论支持。

（2）用户互动分享创造价值

消费领域价值创造还表现为消费者群体间互动分享创造价值。分享原则是互联网的基本原则，在大众分类网站，用户可以任意阅读他人保存的网络链接，用户也大多都遵从"创作共享"的版权协议，同意他人在保持作品原状的前提下免费使用其作品。互联网平台上，消费者开始成为商品和服务信息的发布者、分享的提供者，市场信息的畅通使得消费者能够在作购买决策时从多个角度衡量购买产品的价值。消费者积极分享信息并创造价值主要的动机并不在经济方面的考量，更多是追求参与和乐趣、学习与交流、互惠互利、被认同感等，且随着经济的发展，消费者整体素质和能力都在提高，闲暇时间也相对较多，越来越多的消费者拥有了创造价值所需的知识、技能和条件。

百度文库、百度知道、优酷网等是比较典型的消费者（用户）创造价值平台，企业最多只是提供了一个开放性的平台及虚拟社区，消费者在这个平台和社区中可以交流消费主张、分享消费体验、提出消费想法、寻求消费帮助，所有的信息可以全部来自消费群体自身，价值创造也都直接来源于消费者的贡献，并完全发生在消费领域。平台上那些无数自愿分享的消费者尽管制作了视频和文档，为优酷和百度文库提供了资源，却基本没有盈利或基本不以盈利为目的。优酷、百度文库、百度知道带给消费者的满足是"更多的信息获取、更多的视频分享与更多的文档下载"，消费者在虚拟社区社群中的分享增强了企业留住消费者的能力，当用户量到了一定规模，就会吸引广告商通过植入广告的方式实现平台的盈利，实现了消费者和企业的双赢。

3.3.2 融合视角下的价值创造过程

社会化电子商务是电子商务与社会化网络融合的产物，依据电子商务与社会化网络链接的不同，可分为链接型和嵌入型两种价值创造模式。结合价值创造的驱动因素、投入和产出三方面，分别对两种类型价值创造模式的价值创造过程进行分析。

（1）链接型价值创造模式

链接型价值创造模式中，电子商务平台与社会化网络平台（社交媒体）的关系是独立存在的个体，它们通过商品链接方式产生联系，用户是电子商务与社会化网络的媒介。有电子商务平台链接到社会化网络平台、社会化网络平台链接到电子商务平台两类。电子商务平台链接到社会化网络平台的，如面向全网全品类的综合优惠导购电子商务平台——粉象生活，以产品技术为核心竞争力，基于大数据和人工智能（AI）算法，通过社交推荐和算法推荐，将卖家的货推荐到消费者面前，持续优化网购消费体验，实现消费者、第三方平台以及卖家的三方链接。粉象生活通过链接到微信等社会化电子商务平台方便消费者互动，能将各地的源头产地产品、工厂直销产品与消费者进行链接。粉象生活接入淘宝、天猫、京东、拼多多、唯品会、亚马逊、考拉海购等国内外知名电子商务平台。社会化网络平台链接到电子商务平台,这类链接比较多,如社会化网络平台抖音直播间链接到电子商务淘宝平台,将抖音直播吸引到的粉丝分流到电子商务平台。

上述两类链接,能帮助用户方便进入电子商务平台进行商品浏览和消费,或进入社会化网络平台进行社会关系活动,两类平台彼此互惠共同发展。链接型价值创造过程示意图如图3-10所示。

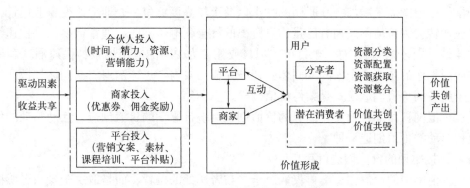

图 3-10　链接型价值创造过程示意图

（2）嵌入型价值创造模式

嵌入型价值创造模式中,电子商务和社会化网络融合为一个整体的社会化电子商务平台。该类型的社会化电子商务又可分为两类。一类是社会化网络嵌入电子商务,即在原有电子商务平台上运用社交作为辅助工具。比如在电子商务平台上构建社区（淘宝社区）,第三方的社交共享零售（蘑菇街、小红书等）。另一类是电子商务嵌入社会化网络平台,即在原社会化网络平台上开发电子商务功能,在新的平台上完成商品的搜索和支付。如社会化网络平台微信的电子商务小程序,依托社会化网络平台的抖音购物商城、微博购物商城。嵌入型价值创造过程示意图如图3-11所示。

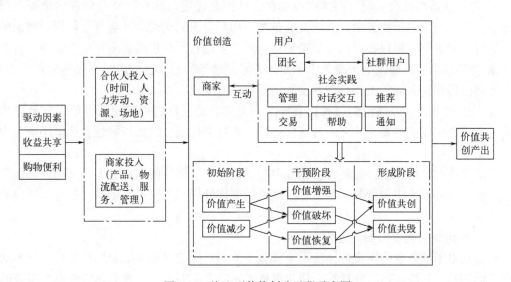

图 3-11　嵌入型价值创造过程示意图

3.3.3 柔性价值网视角下的价值创造过程

企业能否领先的核心能力之一是协同供应以快速响应市场和用户，这与企业的价值链模式密切相关。在互联网技术及应用的深刻影响下，价值链模式已从早期有效的、线性、固化的传统供应链价值协同模式，向柔性的协同价值共同体不断演化的价值网协同模式转变。价值网是由客户、供应商、合作企业和它们之间的信息流构成的动态网络。价值网的概念是由美世咨询公司的著名顾问、经济学家阿德里安·斯莱沃斯基（Adrian Slywotzky）首先提出，他认为由于用户的需求增加、互联网的冲击以及市场高度竞争，企业应改变事业设计，将传统的供应链转变为价值网。拥有巨量信息资源的社会化电子商务，通常需要的是快速组成临时性"柔性共同体"，即针对一个订单、项目或任务为中心的应用场景，快速涌现和聚合一批能够协同工作的企业或个人的共同体，任务完成后参与者迅速消退，共同体解散。这种社会化电子商务的价值创造模式是柔性价值网模式。

柔性价值网视角下，社会化商务的价值创造有链接驱动的价值创造、互动驱动的价值创造和重构驱动的价值创造三种。

（1）链接驱动的价值创造过程

柔性价值网中的价值创造不再仅取决于参与者所处的位置，而是取决于参与者所拥有的社会化网络中的链接属性。链接数越多，活跃的链接越多，价值创造的接口也越多，创造的价值也更大。拥有更多活跃的显性链接与隐性链接，是参与各方的努力方向。

众多企业和个人在微信平台开通微信公众号，与特定群体进行有文字、图片、语音及视频的全方位沟通与互动，实现价值创造。在此过程中，社会化电子商务系统的活跃粉丝数是决定价值创造效果与效率的关键。链接驱动的价值创造，需要首先形成对人群的影响力，然后通过有规律的信息推送、接收与反馈行为，维持稳定的活跃链接，实现价值创造。

（2）互动驱动的价值创造过程

社会化电子商务中的相关主体基于群体规范与社会认同、情感承诺和社会资本等方面的原因展开互动，进行价值创造。

① 群体规范与社会认同。群体规范和社会认同是促进人际互动意向形成的重要心理中介变量。在社会化电子商务中，人际沟通是基于虚拟身份的沟通。社会身份认同对网民的参与行为有正向影响，用户在虚拟世界扮演角色所产生的自我身份验证同样也会影响其行为。

② 情感承诺。社会化电子商务中用户的人际互动行为与情感承诺间有强烈的相关关系，人际互动的持续意向通常由用户满意度和情感承诺共同决定。

③ 社会资本。关系规范约束的社会资本的互惠规范、自愿捐助和社会信任显著影响社会化电子商务中成员感知到的网络社区信息价值和社会价值，进而影响社会化电子商务中的人际互动。

互动驱动的价值创造，需要价值创造参与者彼此之间平等的地位与人际互动，进而利用社会化电子商务系统中大量参与主体积聚而成的群体智能，进行价值创造，提升品牌价值与用户体验。

（3）重构驱动的价值创造过程

社会化电子商务中的用户群体的形成依赖于他们共同的兴趣，随着用户消费趋势的动态变化，他们共同兴趣点在不断迁移，用户群体关系随之不断重构。社会化电子商务系统的平台商和产品供应商等相关主体，要利用不断重构的用户群体性质，实现与消费者价值的共创。如用户群体重构过程中不断涌现的个性化需求信息，可以帮助企业进行柔性生产。大数据、云计算和 AI 技术能有力支持企业设计和分析的分散化，帮助企业进行柔性化的生产与服务。

社会化电子商务的基本结构类似于苹果应用商店的"共享平台+多元应用"的双层结构。这种双层结构不仅能降低企业计算资源等物理设施的分享成本，还能降低数据分享的成本。这种双重结构还会进一步促进用户群体关系重构。社会化电子商务系统中的商家之间、商家与消费者之间组合灵活，社会化电子商务系统组织呈现为产销合一、网状交融的格局，由此进一步促进社会化电子商务系统的开放化、社区化。重构驱动的价值创造，还促进了柔性生产技术的不断发展和运用。

本章小结

本章分析了社会资本的内涵和特点，得出成员的信息技术应用能力、社会互动与参与能力以及社会意识形态是影响社会资本形成的重要因素。分析了社会化电子商务价值创造系统及其价值创造驱动因素，主要探讨了消费者与价值创造的驱动因素、商家参与价值创造的驱动因素、社会化电子商务平台参与价值创造的驱动因素。讨论了社会化电子商务价值创造的类型和过程，探讨了主体视角下的价值创造过程，通过小米公司和海尔集团等案例来展开说明，另外还介绍了融合视角下的价值创造过程和柔性价值网视角下的价值创造过程。

思考练习题

1. 简述社会资本内涵，并分析其形成的影响因素。
2. 简述社会资本特征。
3. 简述社会化电子商务价值创造系统。
4. 社会化电子商务价值创造的驱动因素有哪些？
5. 结合社会化电子商务具体案例分析其价值创造。
6. 怎样理解不同类型社会化电子商务的价值创造？

第4章 社会化电子商务的商业模式

学习目标

- ■ 了解社会化电子商务平台的市场特征和经济特征。
- ■ 掌握拼购类社会化电子商务商业模式的概念和特点。
- ■ 掌握内容分享类社会化电子商务商业模式的概念和特点。
- ■ 掌握会员制类社会化电子商务商业模式的概念和特点。
- ■ 掌握社区团购类社会化电子商务商业模式的概念和特点。
- ■ 了解社会化电子商务商业模式的发展趋势。

导入案例

Threadless——"社交+电子商务"的转型之旅

Threadless（无线T恤）是美国芝加哥的一家T恤公司，成立于2000年。Threadless是一家半服装生产商半社交网站，网站是为一群T恤爱好者提供服务，网站上设计者们可以上传自己设计的T恤图案，然后由网友们投票，得票最高的作品会被公司采用并制作成商品进行销售，价格从18到24美元不等。网站的访问者可以浏览到多达94000个由社区成员完成的作品，社区成员每周大约会发布800个新的设计到网页，也可以对其他成员的作品进行评论。提交的作品可以在0~5的范围内评分，每周网站会收到大概7万条的评分结果。基于这种反馈和评论，Threadless每周会将4个作品投入生产，Threadless每个星期会给得分最高的设计者进行奖励包括奖杯和2000美元的奖金。但对于设计者而言更为重要的激励是能够有机会展示自己的作品，并且会在每一件T恤上印上设计者的名字。Threadless在访问者评分时以问答的形式收取意见，如果该作品被投入生产是否会购买此产品，Threadless从收集的结果来确定产量，以免投产过量而造成产品的积压。该模式下各参与方均可从中获利，设计者可以得到物质和精神层面的双重激励；消费者可以获得更多的产品的选择和自己喜欢的设计制成的产品；企业也通过该方式增加利润，并且能够从需求的角度降低产品滞销的概率。

Threadless通过用户进行产品设计、确定产量，企业要做的仅仅是需要对网站进行维护，这种市场风险低、运营成本低的运作模式能够给企业带来较高的盈利。根据麻省理工学院的Frank Piller的估计，Threadless每月可卖出6万件T恤，如果假设平均每件T恤的价格为20美元，按照35%的毛利率进行计算，公司每年在扣除各种销售与管理的费用后可以获得500万美元的利润。

Threadless与其他公司的不同之处在于如下三方面。

（1）可塑性

Threadless的第一次竞争来源于网络论坛，在这种论坛上大家都可以自由地将自己的设计作品进行展示。"之后我们认识到，人们希望对这些设计进行投票，而不是把设计贴出来由我们挑选胜利者",尼可尔说,所以他开发了一个在线评分系统。几年后,他注意到设计者为了在实际比赛开始之前得到来自其他成员的反馈,会在 Threadless 的论坛中贴出他们的设计。"所以我们在网站上建立了一个设计者可以得到投票前反馈的评论站点",他说。在更多情况下,是 Threadless 社区给公司带来新功能的最佳想法。

(2) 重视有价值的批评意见

谁不渴望得到客户的喜爱呢?问题是你从愤怒的客户身上学到的永远比你认为你不会有错的客户身上学到的要多得多。Threadless 又开始在 Gilt 网站上进行销售,该网站点击率非常高,因为它和品牌设计师双方约定进行打折销售。"我们在 Gilt 网站上对一种高品质的超级衬衫进行独家销售",尼可尔说。好的结果是货品销售一空,但同时坏消息是消费者们感到愤怒,原因在于她们无法在全球发货而且 Threadless 只提供男性衬衫。因此 Threadless 吸取了负面的反馈,在网站上另外销售女性衬衫,并且在国际市场通过样本销售提供高端衬衫。

(3) 在线或离线保持新鲜

你永远不能对你的客户想当然,或者是靠吃老本度日。尼可尔和他的首席创意官杰弗里在不断地寻求能够激励客户参与到产品设计中的新方法,包括线上和线下两种渠道。比如,当 Twitter 开始兴起时,Threadless 引入了 Twitter,其允许 Twitter 用户提交的 T 恤上打印竞赛信息,为了保持 Threadless 在非数字世界消费者脑海中的第一位置,Threadless 团队开着一辆 25 英尺的蒸汽拖车上路。"我们要去参加一个移动艺术展,"尼可尔说,"我们要去现场,并且展示来自所有参与 Threadless 的艺术家的成果,我们还将设计涂鸦的墙壁。"

资料来源:根据"Threadless 公司的成功"资料改编。

思考题:① Threadless 的商业模式的特征和优势有哪些?
② 在商业模式创新中应该注意哪些方面?

4.1 社会化电子商务平台的市场和经济特征

4.1.1 社会化电子商务平台的市场特征

(1) 社会化电子商务平台具有双边市场结构

社会化电子商务平台向有明显差异性的买卖双方同时提供服务,其中接入平台的买方(即消费者)在社会化电子商务平台上浏览、创建、分享、评论商品信息,同在平台上的消费者之间存在社会化关系,消费者之间可以互相关注并基于商品信息(或基于社会关系)进行互动。接入平台的卖方(即提供商品的商家)向社会化电子商务平台提供商品,并按成功交易商品的收入比例付给平台佣金。消费者和商家构成了社会化电子商务平台所面对的双边市场,平台企业需要尽可能地提高买卖双方的匹配度以获取最大化买卖双方的交易额,从而实现利润最大化。

从双边市场的类型看,社会化电子商务平台既属于交易中介,又属于媒体平台,利用用户生成内容和用户间的互动提高用户黏性和与商品的匹配概率,同时为商家提供更具黏性的消费者流量和更高的转化率,从而实现消费者和商家的双赢。

---

❶ 1 英尺=0.3048 米。

社会化电子商务平台初期主要通过社会化营销、用户的口口相传和平台生产的优质内容吸引消费者的加入；用户规模稳定后，通过对意见领袖的维护保持平台内容的优质性，利用用户规模的自反馈吸引消费者。对商家主要是通过稳定的消费者流量和较高的交易转化率进行吸引。

（2）社会化电子商务平台具有交叉网络外部性和自网络外部性

社会化电子商务平台不仅具有一般双边市场共有的两边用户间的交叉网络外部性，还具有同边用户尤其是消费者端消费者间的自网络外部性。

① 交叉网络外部性。平台方利用兴趣图谱或社交图谱将消费者聚合起来，通过消费者的自网络外部性形成了稳定的且高质量（高转化率）的消费者流量，更大的消费者规模意味着更大的消费者流量和潜在交易额，对商家的吸引力越大。这是消费者对商家产生的交叉网络外部性。同样商家端的商家越多，可供消费者浏览和分享的潜在商品信息越多，消费者的选择越丰富，对消费者的吸引力越大。这是商家对消费者产生的交叉网络外部性。

② 自网络外部性。对于消费者而言，效用主要来自商品信息，对商品信息的评价、筛选、使用心得（或观后感、读后感）以及成功交易带来的效用。平台上的消费者越多，平台上分享的商品信息可能就越多，消费者的互动也更多，从而优质商品被筛选的效率越高。同时消费者发现更偏好商品的概率越大，效用也越大。此为消费者端的自网络外部性，类似商家端也有集聚效果的自网络外部性。

（3）社会化电子商务平台的价格结构具有不对称性

在商家数量相对过剩急需消费者流量时，消费者对商家的网络效应要远大于商家对消费者的网络效应。社会化电子商务平台启动时消费者往往较少，平台对消费者免费甚至给予补贴，而对商家收取佣金，这几乎是这类平台普遍的做法。在需求相对更为稀缺的今天，社会化电子商务平台对商家价格水平（即佣金率）的变化一般对商家参与度影响不大。而对喜欢免费的我国消费者而言，若对买家价格提升会导致接入平台的消费者数量明显下降，这会带来买卖双方的交易明显减少，导致平台运营的困难甚至失败。社会化电子商务平台通常对商家收费，对消费者少收费、免费甚至补贴。即平台对其两边用户的价格结构是非中性的，具有不对称性特征。

4.1.2　社会化电子商务平台的经济特征

基于关系网络的社会化电子商务平台，与商务属性的协同性更强，在用户黏性、交易转化率等经济特征方面具有显著优势。

（1）用户黏性随用户规模增强

基于熟人关系的社会化电子商务平台系统中更大的用户规模意味着有更多的人可以建立连接、分享生活和娱乐的近况，尤其是基于兴趣的社会化电子商务平台系统中消费者规模的增长会使更多的商品被分享、评论、转发、推荐，这些都能提升用户效用，吸引更多用户在平台系统中的长期高频互动。基于关系网络的社会化电子商务平台的用户自网络外部性，刺激用户规模不断扩大，用户黏性随用户规模增长而不断增强。用户黏性随用户规模提升是社会化电子商务平台的重要经济特征，与传统电子商务平台有着显著差别。

（2）交易转化率随用户规模提升

交易转化率是指商品交易的次数与消费者访问网站的次数之比，它代表着消费者与商品的匹配概率，或者说商品符合消费者偏好的程度。如女装在淘宝平台上的转化率平均约为

2%，而蘑菇街上的商品（主要为女装）转化率超过了4%。

基于关系网络的社会化电子商务平台上商品的交易转化率将随用户规模增长而提升的原因主要包括三点：①消费者规模增加时，会有更多的人对商品进行分享、评论和传播，商品被曝光的次数将更多，被筛选的效率也更高。②消费者规模增加时，每个消费者会关注到更多与自己偏好相似的人，这些人的增加将使得消费者观察到的商品逐渐趋近于自己的真实偏好，从而提高与商品的匹配概率。③消费者规模增加时，社会化电子商务网络中用户的互动更丰富和深入，这些也会增加消费者购物的意愿。交易转化率随消费者规模增长而提高也是社会化电子商务平台的重要经济特征。用户黏性随用户规模增强，交易转化率随用户规模提高，还能增强社会化电子商务平台系统中商家的忠诚度。

4.2 社会化电子商务商业模式类型

社会化电子商务平台实践已经迭代出拼购类、内容分享类、会员制类和社区团购类等四种主流商业模式类型。

4.2.1 拼购类社会化电子商务

（1）拼购类社会化电子商务的内涵和运作模式

拼购类社会化电子商务是通过特色、低价的商品，吸引两人及以上用户以社交分享的方式拼团通过平台向商家进行优惠购买，帮助拼团用户和平台获得更多剩余。它是通过价格优惠的方式引导消费者进行自主传播购买的分享型电子商务模式，能达到较单人购买更低的价格购买商品。我国的拼多多、惊喜等是这类平台的典型代表。

在我国，拼团的发起人和参与者通常通过微信分享并完成交易，通过低价激发消费者分享积极性，让消费者自行传播。拼购类社会化电子商务平台只需花费一次引流成本吸引主动用户开团。为尽快达成订单，主动用户会将其分享到自己的社交圈直至订单达成。拼团信息在用户社交圈传播的过程中，其他人也可能重新开团，传播次数和订单数量可实现指数级增长。拼购类社会化电子商务运作模式如图4-1所示。

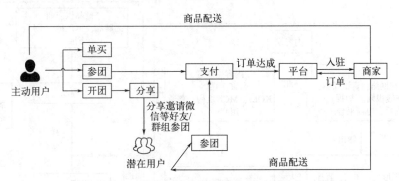

图4-1 拼购类社会化电子商务运作模式

（2）拼购类社会化电子商务商业模式特点

拼购类社会化电子商务的市场定位为通常以价格敏感型消费者为主，以拼团引导用户分享的营销方式，降低获客成本，通过丰富游戏类玩法提升用户黏性；商品定位为弱化搜索、反向推荐、直连工厂打造低价爆款。拼购平台的利润主要是来自自营商品利润+第三方商家广告费+交易佣金。

这种商业模式具有如下特点：①通过低价诱惑、利用社交流量传播，拉新、用户留存效率高。②直接面向终端消费者，有效控制成本，生产厂商实现薄利多销。③平台对供应链、商品质量、物流、售后等环节控制力弱。

4.2.2 内容分享类社会化电子商务

（1）内容分享类社会化电子商务的内涵和运作模式

内容分享类社会化电子商务是指商家在商品内容创作后，通过文字、论坛、短视频、直播等社会化媒体传播形式，通过分享消费购物经历、商品特征特色等，吸引新增客户，以触发消费者体验和购买为目标的电子商务模式。典型代表如我国的小红书、宝宝树等。

从驱动的视角还可以将内容分享类社会化电子商务分为商品驱动型、内容驱动型、商品+内容驱动型三种类型，如表4-1所示。其中的MCN（Multi-Channel Network）源自国外互联网视频领域，本意是多频道网络，MCN机构目前指有能力服务和管理一定规模账号的内容创作机构，是运营新媒体类的账号、签约新媒体网红的新媒体公司，其呈现的内容形式不限于视频，也包括直播、图文等多种形式。

表4-1 内容分享类社会化电子商务分类

类型	商品驱动型	内容驱动型	商品+内容驱动型
本质	电子商务平台内容化	内容平台电子商务化	内容+电子商务双轮驱动
内容运营方式	多数作为平台方连接分散的内容创作者及MCN内容机构	多为自建内容制作团队，作为MCN机构产出并进行内容分发	多为平台自建内容制作团队+连接外部网络红人及MCN内容机构
商品运营方式	以自营+平台为主	以导购+平台为主	以自营+平台为主
典型企业	淘宝、京东等	抖音电商、快手电子商务等	蘑菇街、小红唇等

内容分享类社会化电子商务运作模式如图4-2所示，其中的PGC（Professional Generated Content）是指专业生产内容，UGC（User Generated Content）是指用户生成内容。

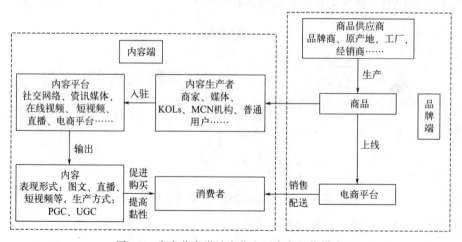

图4-2 内容分享类社会化电子商务运作模式

（2）内容分享类社会化电子商务商业模式特点

内容分享类社会化电子商务市场定位为年轻一代为网络购物的主力人群，满足年轻一代消费群体时间碎片化、个性化的购物需求。内容分享类社会化电子商务主要的收入来源为内容分成及广告收入、直播打赏收入和关键意见领袖（Key Opinion Leader，KOL）收入，其中关键意见领袖电子商务收入的比例最高。

这种商业模式具有如下特点：①通过内容和商品消费让志趣相投的消费者聚集，获得相关生活方式的认同感，这种认同感又会激励更高的创作热情进行内容创作。②高质量的短视频信息承载量丰富集中，兼具社交互动属性，营销价值凸显，越来越多的电子商务内容会由短视频的形式承载。据统计，2017 年总计生产超过 3.7 亿的时尚短视频，并且产生了超过 356.2 亿的播放量。③专业买甄选商品为用户节省时间和精力，降低购买商品时的筛选成本。④重视内容生产能力，平台供应链管理难度大，产品质量和售后服务等管理难度大。

4.2.3 会员制类社会化电子商务

（1）会员制类社会化电子商务的内涵和运作模式

会员制类社会化电子商务是指在社交网络基础上，以 S2b2C 的模式连接供应商与消费者实现商品流通的商业模式。分销平台（S）上游连接商品供应方，为小 b 端店主提供供应链、物流、IT 系统、培训、售后等一系列服务，再由店主负责 C 端商品销售及用户维护。典型代表如云集、贝店、未来集市等。

会员制类社会化电子商务平台通过整合商品、仓储、物流、售后客服、IT 系统等要素，为会员（小 b）提供平台化支持，会员（小 b）利用社交工具向消费者传播商品信息完成营销并销售。会员制类社会化电子商务起源于个人代购/微商。在微商行业因质量和安全问题大起大落后，大批微商从业者涌入会员制类社会化电子商务平台成为小 b 店主。用户通过缴纳会员费/完成任务等方式成为会员，在不介入供应链的情况下，利用社交关系进行分销，实现"自用省钱，分享赚钱"。

会员制类社会化电子商务模式下，店主不介入供应链，仅承担获客与用户运营的职责，由平台提供标准化的全产业链服务，店主只需要分享和推荐就可以获得收入。通过分销机制的设置激励店主进行分享与销售，平台自身可以专注于供应链及中后台服务能力的打造，负责物流仓储配送，店主不需要囤货，平台负责售后定期对店主进行培训。会员制类社会化电子商务运作模式如图 4-3 所示。

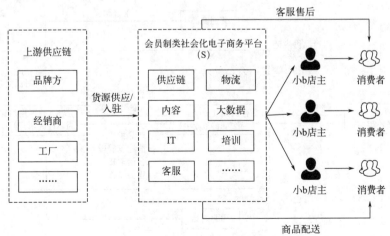

图 4-3　会员制类社会化电子商务运作模式

（2）会员制类社会化电子商务商业模式特点

2015年会员制类社会化电子商务平台兴起，大批微商从业人员的涌入带来爆发式增长，2018年中国会员制类社会化电子商务行业规模达842.1亿元。会员制类社会化电子商务平台通过有吸引力的晋升和奖励机制，依靠店主进行拉新和商品推广，能有效降低平台的获客及用户维护成本。2018年云集单个用户维系成本为41.2元，明显低于阿里巴巴、京东、唯品会等头部传统电子商务平台的用户维系成本。这类平台发展早期依赖店主端裂变与带货能力覆盖更多的消费者，对于小b端的争夺与培育是这一阶段竞争重点。随着行业的快速发展，平台裂变能力逐渐走向枯竭，提升供应链与中后端服务能力，以更加物美价廉的商品及优质的服务来吸引用户消费成为会员制类社会化电子商务平台的发展重点。

会员制类社会化电子商务商业模式具有如下特点：①商品从厂商直接发送到消费者手中，省去了中间环节，成本降低。②推介、预售商品的方式让厂商易于收集消费需求进行定制生产，推动用户直连制造（C2M，Customer to Manufacturer）发展。③会员（小b）是平台和消费者的纽带、会员的黏度和忠诚度影响平台的收益和发展。

4.2.4　社区团购类社会化电子商务

（1）社区团购类社会化电子商务的内涵和运作模式

社区团购类社会化电子商务是融合拼购类和会员制类的混合商业模式。社区团购类社会化电子商务平台围绕线下生活社区，以社群为主要交易场景，以熟人社交关系为纽带，通过团长触达社区用户，完成商品销售。社区团购平台提供产品供应链、物流仓储及售后支持，团长（通常是宝妈或社区便利店）负责社群运营、链接投放、订单收集和最终货品分发，社区居民加入社群后以低价参与拼团。典型平台如你我您、兴盛优选、松鼠拼拼等。

社区团购类社会化电子商务的主要交易场景在微信群。社区团购类社会化电子商务主要有三方参与：①社区团购平台，提供产品、物流仓储和售后支持。②团长，通常是宝妈或社区便利店店主，负责社群运营、商品推广、订单收集和最终的货品分发。③社区居民，他们加入社群后，通过微信小程序等工具下订单。社区团购平台一般在第二天将商品统一配送至团长处，消费者上门自取或由团长进行最后一公里的配送。社区团购类社会化电子商务运作模式如图4-4所示。

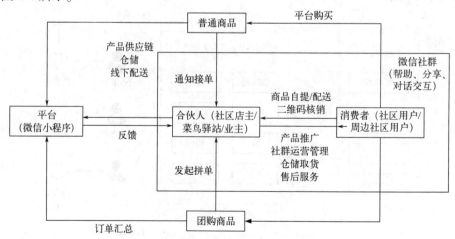

图4-4　社区团购类社会化电子商务运作模式

(2) 社区团购类社会化电子商务商业模式特点

社区团购类平台自 2016 年起步,发展飞速。2018 年下半年开始爆发式增长,2018 年全年行业规模达 73.6 亿元。2019 年疫情暴发以来,社区团购类社会化电子商务为社区居民的生鲜、日用品等资源的平稳供应起到了至关重要的作用。社区团购类社会化电子商务有如下特点。①信任关系好,获客成本较低。它是以社区为中心,社区团长与周边居民是轻熟人关系,相互之间信任度较高。社区内口口相传进行自发传播,获客成本较低。②主打低价爆款,预售制汇集社区需求,库存损耗小。社区团购易聚集社区内的用户需求,增强对供应链上游商家的议价能力。社区预售模式,借助宝妈或社区店几乎可以做到零库存,库存损耗小。③物流配送成本低。社区团购类社会化电子商务平台,以社区为单位进行配送,团长负责最后一公里。产品商家将产品运输到平台仓库,平台区域仓发往社区,团长负责的最后一公里通常是自提模式。物流配送中间环节少,总体配送成本低。④主要品类集中在生鲜品类,大部分社区团购平台生鲜品类的占比在 30% 左右。⑤这类平台省去了开店的高租金、人力成本,是轻量化运营模式,可复制性强,能在全国范围内快速扩展。⑥本地化特征明显,市场比较分散,规模化能力成为竞争关键。

4.3 社会化电子商务商业模式发展趋势

社会化电子商务的商业模式百花齐放,商业模式的创新也是日新月异,总体而言,社会化电子商务商业模式的发展呈现出以下趋势。

(1) 模式本身无法成为竞争壁垒

精细化运营与供应链能力仍是核心。社会化电子商务本质上是电子商务行业营销模式与销售渠道的一种创新,凭借社交网络进行引流的商业模式在中短期内为社会化电子商务的高速发展提供了保证。但这种模式的创新并非难以复制,无法成为企业的核心竞争壁垒。社会化电子商务流量来源相对碎片化且受制于社交平台,社交平台的政策或规则变化可能会对其产生毁灭性打击;此外,社交渠道的流量来得快去得也快,消费者在平台产生了交易流水并不代表着消费者和平台产生了黏性,后续如何将这些流量沉淀下来并激发其购买力将对平台的精细化运营能力提出巨大考验。

(2) 两大方向并驾齐驱

对于消费者来说,无论采用什么营销方式,商品的物美价廉和配送服务的快速高效是其对平台产生忠诚度、愿意持续复购的关键。以流量起步的社会化电子商务平台最终将演化成两种不同的路径。一种是以流量运营为核心关注点,与电子商务巨头进行合作,成为电子商务企业的导流入口。这种发展路径下企业对商品没有把控力,盈利空间相对受限。另一种是不断深化供应链的建设和投入,增强自身的商品履约能力。这种发展路径下需要企业进行较大的投入,且发展到一定规模后将不得不直面来自巨头的竞争压力。

(3) 流量获取的三大方式

社会化电子商务的快速发展让产业链上下游各方都看到了社交流量的巨大价值,品牌方、商家、电子商务平台都开始尝试通过多样化的社交化营销方式来降低获客成本、提升用户黏性。拼团、分销和内容分享都逐渐成了电子商务营销的一种常规手段。越来越多的参与者将迅速耗尽社交平台的流量红利,社交流量的投入带来用户增长边际效应将逐步降低。社会化电子商务流量获取主要通过以下三种方式。

① 拼团。牺牲部分利润，2 人或以上拼团购买可享受更低的价格优惠，引导用户进行自发传播，降低获客成本。便于打造爆款，拼团模式下带来的巨大销量有助于提升对上游供应商的议价能力。

② 分销。设置分销佣金，将部分利润空间给到用户，让用户成为小 b 端分销节点，形成裂变式传播。商品需要有足够的毛利以保证能够给到分销商足够的利润，激发分销热情。

③ 内容分享。通过图文、短视频、直播等形式多样的内容连接消费者，将内容转化为购买力，实现商品与内容的协同，提升营销效果。需要根据目标用户的需求及偏好进行内容打造及选品。

（4）生态体系逐渐成形

行业快速发展催生新的创业机会，推动一系列服务商出现。社会化电子商务领域的玩家越来越多，大家在经营发展过程中遇到的问题及需求，催生了一批围绕社会化电子商务领域的服务生态。从软件及服务（SaaS）到培训、财税解决方案，一系列服务商的涌现为品牌方、商家和中小电子商务企业进行社会化电子商务渠道探索提供了便利条件，未来随着行业的发展及越来越多的参与方入局，将会出现更多的围绕社会化电子商务的服务小生态。

本章小结

本章介绍了社会化电子商务平台的市场特征和经济特征；总结归纳了社会化电子商务商业模式的类型，阐述了各类型商业模式下的具体内涵和运作模式以及特征；分析了社会化电子商务商业模式的发展趋势。

思考练习题

1. 简述社会化电子商务平台的市场特征和经济特征。
2. 结合拼多多平台，分析拼购类电子商务平台的运作模式及运作特点。
3. 结合典型内容分享类电子商务平台，分析其运作模式及运作特点。
4. 结合典型会员制类电子商务平台，如云集、贝店等，分析其运作模式及运作特点。
5. 结合兴盛优选、松鼠拼拼等具体社区团购类电子商务平台，分析其运作模式及运作特点。
6. 简述社会化电子商务商业模式的发展趋势。

第 5 章　社会化电子商务平台的设计

学习目标
- ■ 了解社会化电子商务平台建设的需求。
- ■ 了解社会化电子商务平台建设的可行性。
- ■ 掌握社会化电子商务平台设计原则。
- ■ 了解社会化电子商务平台设计方法。
- ■ 了解社会化电子商务平台总体设计的内容。
- ■ 掌握社会化电子商务平台功能设计的内容。

导入案例

蘑菇街——平台设计新体验

蘑菇街由杭州卷瓜网络创建，旨在做一家高科技轻时尚的互联网公司，公司的核心宗旨是购物与社区结合，为更多的消费者提供有效的购物决策建议。作为一个新兴的女性买家社区，每天会有几百万网友在网站中交流时尚、购物的话题，相互分享、相互帮助，在平台中还可以享受折扣和优惠，因此网站的服务要贴合消费群体的购物特性和心理。

（1）用户角度

蘑菇街主要通过微博加关注、加收藏和一系列女性用户喜闻乐见的微博信息跟用户沟通，以用户体验为核心，为用户呈现高质量的瀑布流分享信息，再配合一些活动增加用户黏性。

① 吸引用户。蘑菇街利用手机客户端、蘑菇街 Android 客户端、蘑菇街 iPhone 客户端等方式，通过微博互动、腾讯空间等合作活动，发布一些女性用户较为感兴趣的话题，引导用户关注蘑菇街并进行客户端的下载和安装。作为一个旨在面向纯买家而非面向利益驱使的商家平台，蘑菇街在身份认证上通过与淘江湖官方的合作，以"授权密钥"的方式，在确认买家身份具备"二心"及"二心"以上级别，同时卖家身份小于"二心"才可以顺利入驻。蘑菇街在认证机制上稍显复杂，门槛略高，但对于营造更加有序的购物社区文化确实具有正向影响。

② 引导消费。基于对女性购物心理的研究，蘑菇街为广大追求时尚的目标用户群以瀑布流式的购物热点、分享热点的形式呈现信息内容，同时组织用户间进行团购。蘑菇街是国内首家使用瀑布流图片墙的方式进行产品展示的网站。蘑菇街通过严把质量关、滚动图片排序和丰富多样化的产品信息呈现提高交易的转化率。此外，蘑菇街上线的"逛"，虽然同为瞄准图片分享的导购网站，但突破了单纯依靠大量的图片瀑布流的视觉冲击，加之从生活方式的角度对产品信息进行整合，突出故事化的主题，通过主题引出各个相关联的产品。

③ 增加黏度。蘑菇街将爱美爱时尚的志趣相投的用户聚集起来，运用"小组""磨利社"等组织形式活跃用户分享交流，增加用户对蘑菇街的情感认同。同时，蘑菇街也有

"小编"成员对整个社区的格调、氛围做宏观上的把控，并对社区中的时尚达人、自身用户等进行区分和推荐，这不仅可以维持蘑菇街整体的基调，而且能够有效激励用户、提升用户黏性。

(2) 广告主角度

蘑菇街通过推出精准广告系统和站内外活动实现精准投放产品信息、快速实现转化并确保广告主的利益，通过深入消费者的心理，针对目标用户群聚集的地方进行重点投放。

① CPC广告系统。按点击效果付费实现产品的精准推广。

② 站内外活动。利用话题营销、站内送奖等各种方式，使得用户找到感兴趣的内容并将内容进行扩散，从而引起其他用户的注意，推广产品新功能提升站内用户的活跃度。此外，在微博等站外的社交网站中进行抽奖活动，以此来提升蘑菇街的知名度和影响力。

(3) 与电子商务平台的合作

蘑菇街为淘宝、京东等提供图片链接服务，用户通过点击图片链接导入淘宝、京东等网站购买商品。目前每日蘑菇街网站中90%的流量用户都导向了淘宝平台，为其带来数百万元的交易额。蘑菇街具有较强的导流能力，为其发展提供了合作共赢的可能性。

资料来源：根据"蘑菇街电子商务案例分析"资料改编。

思考题：1. 蘑菇街在哪些方面有着独特的平台设计？
2. 平台设计要遵循哪些原则和依据？

5.1 社会化电子商务平台设计需求与可行性分析

5.1.1 社会化电子商务平台设计需求分析

社会化电子商务平台基于虚拟市场和社会市场融合设计，需要同时满足用户的购物和社交要求，既追求交易量，更要追求平台的持续盈利能力。社会化电子商务虽然弥补了传统电子商务对用户关注较少的缺陷，但仍需从用户需求的多样化、日益激烈的市场竞争和适应发展趋势等方面，深挖平台系统需求，以更好实现平台的可持续发展。

(1) 用户需求的多样化

用户生成内容是社会化电子商务的重要特征，用户是社会化电子商务平台发展的重要参与者，平台需要完善功能满足用户需求。用户社交和购物的双重需求，策略型用户数量的持续增长，都对平台的可用性、易用性、享乐性、社交性和便利性等有更高要求。用户基数不断增长，平台流量越来越大，需要强大的后台处理系统保证访问的及时响应性和页面访问质量。生活节奏的加快，用户时间的碎片化，需要更加明确的商品分类和快捷键功能来帮助用户迅速找到需要的商品和服务，以减少用户搜索成本，较短时间完成交易，增加用户黏性。访问页面友好会为平台的第一印象加分，也是吸引新用户的有效手段。部分平台商品推荐功能，因无差异推荐而被当作垃圾广告过滤，效果不佳。需要平台对用户的访问记录和生成内容进行挖掘，以使商品推荐功能更贴近用户喜好。网络环境的虚拟性会影响用户体验，平台设计时要加强虚拟现实技术的应用以增强用户体验。

(2) 日益激烈的市场竞争

无论是传统的电子商务加入社交功能，或是社交网络媒体引入电子商务，或是兼具电子商务和社交网络媒体功能的独立的第三方社会化电子商务平台，它们都有其各自竞争优势和劣势。而且电子商务相关技术公开透明，社会化电子商务平台进入门槛不高，平台数量日益增长，加上越来越多实力雄厚的国外企业进驻，社会化电子商务平台市场的竞争日益激烈。平台设计需要充分认识到在位者及进入者技术应用能力的几乎相近性，更要考虑到社会化电子商务平台市场竞争的日益激烈性。

（3）适应技术发展的新趋势

进入 21 世纪以来，信息技术发展突飞猛进，应用不断深化。融合多媒体、传感器、新型显示、互联网和人工智能等多种前沿技术的虚拟现实、区块链、数字孪生、元宇宙、大数据分析等技术，带来认识世界、改造世界的颠覆式变革。伴随第 5 代通信（5G）全产业链加速成熟，云平台、智能制造、车联网、物联网、大数据产业链迭代创新，生产制造、文化教育、国防军事、文化娱乐、医疗健康，创新生产生活方式正在深刻变革，有力促进经济社会和谐发展。这些技术为国民经济各行业的发展注入新的动力，展现巨大市场潜力。

社会化电子商务平台设计需要积极关注上述需要及技术与应用发展趋势，还要考虑具体平台的独特性，摸清平台用户的具体需求，长远谋划，分阶段实施。

5.1.2 社会化电子商务平台设计可行性分析

社会化电子商务平台设计要满足用户的需求和社会发展的需要，实施还要有可行性。可行性分析涉及组织环境和资源约束的分析，涉及组织人员状况、资金状况、产品状况、技术状态、信息化程度的分析。可行性分析的成果是可行性分析报告。

可行性分析报告包括如下内容：

① 平台建设目标的确定。依据平台用户的需求调查，结合竞争对手和产品或服务市场的分析，确定社会化电子商务平台建设的目标。

② 建设必要性。对平台建设的投入与可能取得的效益进行分析，决定是否建设平台，及建设何种社会化电子商务平台和采用何种方式建设平台。

③ 技术可行性。即分析平台建设目标在现有的技术条件下是否能实现。

④ 经济和社会可行性。分析平台开发需要的费用，如硬件及软件购置费用、软件开发费用、人员招聘培训费用和运行维护费用等，依据可掌握的人力和物力资源，分析平台开发的经济效益。从社会及行业规范出发，分析平台的社会可行性。

5.2 社会化电子商务平台设计原则与方法

5.2.1 社会化电子商务平台设计原则

社会化电子商务平台设计基本原则是，保证平台的灵活性、可扩展、可重用、可维护等特性。同时，在建设过程中，需要避免大量、重复的软件开发，具有广泛的开放性。在遵循这些基本原则的同时，还需要坚持以下原则。

① 统一性原则。统一标准，统一规范，统一规划设计，建立统一的数据标准和技术标准。

② 安全性原则。系统安全性和保密性对于计算机软件系统至关重要，平台系统中的任何数据丢失、数据错误以及数据泄露都有可能给公司和相应的业务客户带来巨大的经济损失。方案设计中充分考虑系统的安全和保密因素，保证系统数据不会被非法修改、窃取、

破坏。

③ 稳定性原则。平台系统设计要具有高稳定性，平台系统在正常使用过程中能够稳定、可靠地进行业务数据处理。

④ 高效性原则。平台系统随时都可能需要处理并发的业务请求，系统设计要尽可能紧凑、高效，尽量缩短业务请求的响应时间，避免出现用户需要长时间等待平台系统进行数据处理的情况。

⑤ 技术先进性原则。平台开发应采用先进、成熟的信息技术，采用的技术应符合技术发展潮流，既要保护已有投资，更要保证平台的先进性。

⑥ 可扩展性原则。设计要具灵活性和可扩展性，方便业务发展时的功能调整与扩充。

⑦ 易维护性原则。设计应便于安装、升级和维护，尽可能减少因维护对平台业务的影响。

⑧ 易使用性原则。系统的用户接口界面设计应符合用户已有的操作习惯，系统操作应易学易用。

5.2.2 社会化电子商务平台设计方法

5.2.2.1 面向对象的分析设计方法

面向对象开发方法是20世纪80年代在结构化系统分析方法的基础上发展而来的。它一反传统上功能分解方法只单纯反映管理功能的结构状态、数据流程模型只反映事物的信息特征和流程、信息模拟只被动地迎合实际问题需要的做法，从面向对象的角度为人们认识事物、开发管理信息系统提供了一种全新的方法。

面向对象开发方法以应用领域内的问题为着眼点，注重从内部结构角度模拟客观世界，以直观自然的方式描述客观世界的实体以及实体的结构特征，并且将两者结合，兼顾对象的静态及动态信息。面向对象开发方法认为，客观世界是由各种各样的对象组成的，各种对象都有自己的内部状态和运动规律，不同的对象之间的相互作用和联系构成了不同的系统。

面向对象的开发方法促使开发者从应用领域的观点出发考虑问题，将实际问题空间的概念全部清楚地加以标识，通过合理的分类组合抽象地表示出来，利用对象类及其关系描述对象之间的联系，把问题空间映射到解空间。

面向对象开发方法包括面向对象系统分析、面向对象系统设计和面向对象系统实现三部分。面向对象开发方法的主要特点有以下几个方面。

① 封装性。对象的概念突破了传统数据与操作分离的模式。对象作为独立存在的实体，将自由数据和操作封闭在一起，使自身的状态、行为局部化，从外部可以了解它的功能，但其内部细节是"隐藏"的，不受外界干扰。对象之间的相互依赖性很小，因而可以独立地被其他各个系统所选用。

② 继承和类比性。继承是面向对象特有的，也是最有力的机制。通过继承可以弥补由封装对象而带来的诸如数据或操作冗余的问题，通过继承支持重用，实现软件资源的共享、演化与增强扩充。

③ 多态性。同一消息发送至不同的类或对象可引起不同的操作，使不同的软件的开发设计更方便，编码更容易。

④ 易维护性。面向对象的封装、抽象使对象信息隐藏在局部。因而当对象进行修改或

对象自身产生错误的时候，由此带来的影响仅仅局限在对象内部而不会波及其他对象乃至整个系统环境，这极大地方便了软件设计、构造和运行过程中的检错、修改和维护。

⑤ 动态连接性。各种对象之间可以方便、动态地进行消息的传递。

5.2.2.2 结构化的开发方法

结构化开发方法又称为生命周期法，是迄今为止比较传统、应用最广泛的一种信息系统开发方法。结构化开发方法采用系统工程的思想和工程化的方法，按用户至上的原则，结构化、模块化、自顶向下地对信息系统进行分析与设计。该方法严格按照信息系统开发的阶段性开展设计工作，每个阶段都产生一定的设计成果，通过评估后再进入下一阶段开发工作。

结构化系统开发方法的基本思想是：用系统工程的思想和工程化的方法，按用户至上的原则，结构化、模块化、自顶向下地对系统进行分析与设计。具体来说，就是先将整个信息系统开发过程划分出若干个相对独立的阶段，如系统规划、系统分析、系统设计、系统实施、系统运行与维护等。在前三个阶段坚持自顶向下地对系统进行结构化划分。在系统调查或理顺管理业务时，应从最顶层的管理业务入手，逐步深入到最基层。在系统分析、提出新系统方案和系统设计时，应从宏观整体考虑入手，先考虑系统整体的优化，然后再考虑局部的优化问题。在系统实施阶段，则应坚持自底向上地逐步实施。也就是说，组织人力从最基层的模块做起（编程），然后按照系统设计的结构，将模块一个个拼接到一起进行调试，自底向上、逐渐地构成整体系统。

结构化系统开发方法主要强调以下特点。

① 自顶向下整体性的分析与设计和自底向上逐步实施的系统开发过程。即在系统分析与设计时要从整体全局考虑，要自顶向下地工作（从全局到局部，从领导到普通管理者）。而在系统实现时，则要根据设计的要求先编制一个个具体的功能模块，然后自底向上逐步实现整个系统。

② 用户至上。用户对系统开发的成败是至关重要的，开发过程中要面向用户，充分了解用户的需求和愿望。

③ 深入调查研究。即强调在设计系统之前，深入实际单位，详细地调查研究，努力弄清实际业务处理过程的每一个细节，然后分析研究，制定出科学合理的新系统设计方案。

④ 严格区分工作阶段。把整个系统开发过程划分为若干个工作阶段，每个阶段都有其明确的任务和目标。在实际开发过程中要求严格按照划分的工作阶段，一步步地展开工作，如遇到较小、较简单的问题，可跳过某些步骤，但不可打乱或颠倒之。

⑤ 充分预料可能发生的变化。系统开发是一项耗费人力、财力、物力且周期很长的工作，一旦周围环境（组织的内外部环境、信息处理模式、用户需求等）发生变化，都会直接影响到系统的开发工作，所以结构化开发方法强调在系统调查和分析时对将来可能发生的变化给予充分的重视，强调所设计的系统对环境的变化具有一定的适应能力。

⑥ 开发过程工程化。要求开发过程的每一步都按工程标准规范化，文档资料标准化。

5.2.2.3 基于用户体验设计方法

基于用户体验的社会化电子商务平台设计方法主要是以特定用户群体的目标需求为导向，借助良好的设计优化用户体验。以用户目标需求为导向的用户体验设计具备更广泛的设计内涵，在平台设计的过程中满足"愉悦、快乐并且安全的用户体验"，不仅是改进产品外观或提升网站界面美观程度，更是对网站从功能到信息再到交互，最后在整体视觉层面上的再设计,使得用户体验设计更多地倾向关注用户心理层面和行为层面的感受。

这要求用户体验设计师和交互设计师对于用户群体性特征首先要有正确的预估性,并且站在用户的角度来了解用户的思想意识和行为习惯,在保证人机交互协调性的基础上,减少用户在使用时的错误,依据用户体验进行针对性设计。Alan Cooper 等在《设计交互精髓》中提出用户目标需求是产品成功的第一关键要素。温特妮的用户体验 5E 模型和杰森詹姆斯的用户体验要素框架是进行这类设计的参考。

(1)温特妮的用户体验 5E 模型

温特妮的用户体验 5E 模型(Whitney Quesenbery's 5E)包括有用性、高效性、吸引性、容错性和易学性五方面。

① 有用性(Effective)。指网站功能的产品具有应用价值,是用户体验的基础。比如最终为实现购买行为时,如果网站的功能不能帮助用户进行有效购买,则其用户体验做得再好也是徒劳。还有需要保证网站的交互性,如果不能帮助网站用户进行交流,也失去社会化电子商务的意义。

② 高效性(Efficient)。是指网站用户独立完成一套程序时所用时间或难易程度,用户完成产品的操作流程以达到自己的期望时所花费的时间越少,则说明产品越具备很高的高效性,因此在对网站设计时,应尽量避免用户多余的操作步骤。对于社会化电子商务的设计主要是指用户从进驻网站到最后产生消费行为所花费的时间周期,虽然对于社会化电子商务中的社会化媒体平台部分,用户在社区中所花费的时间越多,说明其具有越高的互动性,但是通常导致最终的结果是用户最终失去购买的兴趣,从而也降低了转化率。

③ 吸引性(Engaging)。主要是指一款产品所带给人的感官上的影响,如果产品在功能优化、操作体验和视觉界面上能够使人产生愉悦感,则人们必然会被其吸引,主要是指产品与客户之间的关系的升级,对于社会化电子商务设计,可以通过产品的附加价值来提升用户的满意度和产品的吸引性,如前面所述的模型中,其中的魅力属性则可以很大程度地提高用户的满意度,因为它发挥的作用往往是可以超出用户的想象,可以满足客户想象之外的需求,因此在设计社会化电子商务网站中的功能时,可以多参考设计具有魅力属性的产品功能来增加产品吸引性。

④ 容错性(Error tolerant)。容错性主要是对技术层面的要求较高,通过技术来实现产品中对于用户操作失误率的降低,在社会化电子商务中,主要是应用在网站的电子商务之中,尤其是支付环节,一方面是支付操作的简捷性,另一方面是支付的安全性,首先应该尽量减少用户的操作步骤,简化流程,同时,应该引用技术手段,以防止用户在进行支付环节时因为系统错误而造成不可挽回的损失。

⑤ 易学性(Easy to learn)。指的是一款产品能够引导用户进行操作学习的程度,在互联网产品中,由于用户在第一次使用时都会有一种陌生感,因此一般都会设计有相对应的引导页面来正确引导用户能够快速地熟悉软件特性和功能,尤其是对于社会化电子商务,由于其本身特性同时兼具社会化网络平台和电子商务平台,因此其用户的操作流程和交互行为要比普通电子商务网站更加复杂,这就需要网站通过设计引导来给予用户正确的引导,使得用户能够在较短的时间内快速地学会如何使用网站,而且社会化媒体平台和电子商务之间的有效融合也会对产品的易学性造成影响,如果两者之间能够做到无缝链接,则用户在使用时不会觉得过于烦琐,而如果两者之间没有关联性,用户会认为网站使用不够自然,没有很好的体验感受,会认为是两个完全毫无关系的模块,从而影响了使用。同时也要注意每一款产品

第5章 社会化电子商务平台的设计

在改版升级的同时也会不断开发出新的产品特性,这样也会对用户造成一定的影响。

(2) 杰森詹姆斯的用户体验要素框架

用户体验要素架构和产品五个层次对社会化电子商务的影响主要包括以下几个方面。

① 客户需求对应网站目标。对社会化电子商务的设计,以用户新的购物体验为导向,确定了网站的目标是带给用户不一样的网络购物感受,因此可以明确社会化网络购物的目的和意义,而且网站的目标是要通过带给用户新的愉悦的购物体验来实现网站更多的商业价值。用户的内容需求对应网站的功能特性,通过网站中的可识别元素来迎合用户的需求,通过这些可识别元素来更加细致地描绘网站功能中的各个细节,比如,社会化电子商务中的可识别元素主要来源于商品的展示、商务行为的购买元素、用户共生媒体的展示等。针对这些可识别元素来使得社会化元素和电子商务元素中的功能都更加注重于细节,比如,如果有的用户在社区中想拥有分享购物经历的需求,那么对应到网站中的功能可以设计为购物经历成长的功能,用户可以在不同的时间通过购买和与别人的互动来增加自己的购物成长经验,同时以一个比较直观的形式展现出来。

② 用户信息架构的需求对应交互设计(International Design)。包括用户对于信息空间布局的需求以及更多产品接口结构的设计的规范要求,从而定义了用户是如何与网站的功能进行交互。在社会化电子商务网站的设计中,前后台的架构、接口对接以及用户在针对个人社区的自我管理上都存在着交互问题,如何通过个人空间的布局的合理性来给用户带来更多的良好体验感受,一方面是要求设计师具有良好的布局形式,另一方面需要有不断的新的体验形式的融入,比如在产品展示上,采用瀑布流的模式,可以很大程度地优化用户视觉体验,因为当今的时代是一个读图的时代,瀑布流的模式彻底颠覆了传统的分页模式,能够使用户的读图效率提高,从这点来说,从信息空间到接口功能的架构便可以对应到产品的人机交互之中。

③ 导航设计(Navigation Design)对应界面设计(Interface Design)。架构以信息为导向的层次结构,整合构建从界面元素到用户行为的设计,不只是对一般类型的网站,尤其是对电子商城网站的导航设计具有更高的要求,对于社会化电子商务更是如此。对于社区和商城两个部分,如何正确引导用户能够很快地进入到对应的模块当中,并让用户在两者之间能够做到自然的、快速的转换,这就需要对导航进行良好的设计,不只是导航栏目的设计,页面的页面元素、图标、链接甚至是声音都能快速地为用户提供导航。

④ 视觉设计(Visual Design)。包括网站文字的排版、页面图形整体元素的设计以及各个页面风格样式的统一,最终都将会以具象的、视觉化的形象展示出来,这可以给人带来最为直观的感受,同时也对于用户第一印象的影响最大。

在社会化购物过程中,用户具有猎奇心理、占优心理、专家心理、相适心理、一致心理、求助心理、同化心理、分享心理,在平台设计过程中要注意关注用户的这些心理诉求。根据杰森詹姆斯的框架将用户社会化的心理特征与温特妮的模型进行层次划分,构建了融入社会化心理特征的用户体验模型。在新的体验模型中融入用户社会化心理特征,并根据模型从基础到高级优化进行三个层次的划分,划分的依据是根据用户"功能需求层—交互需求层—视觉需求层"依次递进。在功能需求层面中,包括的是产品的有用性,这个层面属于用户体验的基础层面;在交互需求层面中,包括的是产品的易学性、高效性和容错性,这个层面中,易学性包括用户同化心理特征,高效性包括用户相适心理和求助心理特征,容错性包括用户一致心理和专家心理特征,主要包括在用户体验要素框架中;在视觉需求层面中,包括的是产品的吸引性，吸引性在产品方面主要包括用户占优心理和猎奇心理，在用户方面主要包括分享心理特征，依据用户体验要素框架，主要包括网站界面整体元素和风格设计。其用户体验模型融入了用户社会化心理特性，并且进行了层次划分，如图 5-1 所示。

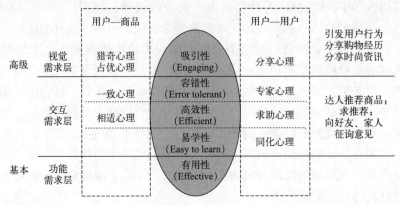

图 5-1　融入社会化心理特征的用户体验模型

资料来源：基于用户体验的社会化电子商务设计——以"Viishare"网站设计为例整理

通过围绕用户体验模型中的八种用户心理特征进行设计，可以有效地增加用户与商家、用户与商品、用户与用户之间的社会化互动，真正地做到电子商务的社会化，同时围绕这八种用户社会化心理特征为设计者提供一个很好的功能框架标准图，以便能够方便、直观地对社会化电子商务网站的功能进行梳理和分析，用户体验模型中的八个社会化心理特征所衍生出来的具体功能如表 5-1 所示。

表 5-1　用户社会化心理特征衍生功能

功能	视觉需求层			交互需求层				易学性
	吸引性			容错性		高效性		
	猎奇心理	占优心理	分享心理	一致心理	专家心理	相适心理	求助心理	同化心理
分享商品					○		○	○
推荐商品		○						○
购物清单分享		○						○
明星商品		○						○
媒体评论	○				○			○
商品受欢迎程度								○
兴趣推荐				○		○		
历史推荐				○		○		
竞拍功能	○	○						
个性产品推荐						○		
专家推荐					○		○	
创意产品分享	○		○					
限量促销		○						
限时促销		○						
组织团购								
优惠券交换		○	○					

续表

功能	视觉需求层			交互需求层				易学性
	吸引性			容错性		高效性		
	猎奇心理	占优心理	分享心理	一致心理	专家心理	相适心理	求助心理	同化心理
购物成长	○				○			
促销订阅		○				○		
社会化媒体娱乐			○					
社区游戏			○					
社会化媒体服务			○					

注：○表示有此项。

以框架图中的功能为出发点，在社会化网络平台中首先进行用户的社会化交互行为，这样可以改变传统导购类网站中的"商品—互动—商品"的简单的体验过程，而是一种"互动—商品—互动"的用户体验模式，这种体验模式相比之前的传统模式能够带给用户更加丰富的体验感受。同时，新的体验形式可以更加有效地融入用户在传统购物中的社会化要素，将传统"逛街"购物中的交流互动通过社会化网络平台引入电子商务中，摆脱传统网络购物中的枯燥的体验感受，能够给人们在进行网络购物过程中带来新的体验乐趣，因此，电子商务社会化发展有其必然性，根据用户社会化购物的心理特征对网站进行设计也可以有效地对网站进行优化。

5.3 社会化电子商务平台总体和功能设计

5.3.1 社会化电子商务平台总体设计

社交化电子商务平台的总体架构由四层两体系组成（图 5-2）。"四层"分别是：应用层、支撑层、资源层和基础层；两体系分别是：身份认证和安全体系、运行维护保障体系。

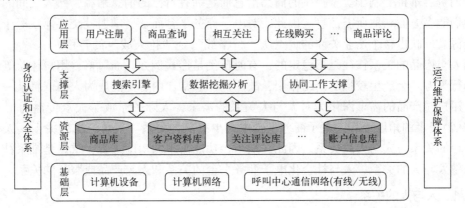

图 5-2　社会化电子商务平台总体架构

5.3.1.1　四层

（1）应用层

在顶层提供统一信息门户，为客户提供服务的窗口，同时也是平台管理的入口。通过可视化的窗口或界面，便于用户进行购物和社交互动的相关操作。比如用户注册、商品查询、购买、支付、商品评论、同其他用户即时或留言信息沟通、相互关注等。

（2）支撑层

支撑层提供搜索服务，对商品销售、评论等根据若干年保存的数据资源进行挖掘分析，以获得平台发展、支持、服务的可靠的决策依据，为客户、平台管理者提供统一消息、邮件服务、文档管理等协同工作支撑的功能。

（3）资源层

资源层提供为客户服务、管理者分析的最基础的数据资源。包含企业的商品信息资源、用户的购物信息、商品收藏信息、用户之间相互关注和评论信息、用户平台操作信息和账户信息等。

（4）基础层

基础层是平台的基本架构环境，包括数据库服务器、应用服务器/Web服务器、交换机、存储设备、计算机网络、呼叫中心接入、有线/无线通信服务等。

5.3.1.2 两体系

（1）身份认证和安全体系

平台安全系统设计除包含计算机网络、主机、应用系统等进行安全规划之外，系统运行的安全设计也是安全规划的重要内容之一。

（2）运行维护保障体系

运行维护保障机制包含统一性和标准性、公众服务性、专业性、权威性。

5.3.2 社会化电子商务平台功能设计

社会化电子商务衍生于电子商务，社会化电子商务平台功能设计需考虑消费者在电子商务体验过程中的社会化属性。当互联网行业进入"用户生产"时代，快捷、精准地接触大量用户代表着无限商机，各电子商务平台的竞争实质上是一场用户争夺战。在社会化媒体环境下，消费者不再受制于卖家提供的商品信息而是拥有自己的消息来源，熟人之间的口碑传播使他们能多方面获取所需信息。因此，对电子商务平台而言，掌握社交媒体就等于争取到用户资源，反映出整个产业关注的重点从"价格战"到"抢人战"的转移。

而人与产品的关系往往是不稳定的，有时反倒是形式例如界面风格、用户体验等因素对人们的行为方式会产生较强的制约作用，故用户体验常比内容更能成为人们依赖某一产品的理由。用户对产品的需求深化为对人与人关系的需求，人际关系成了大众传播的"基础设施"。从消费者的角度而言，电子商务平台中至少有三种关系：人与产品的关系、人与电子商务平台的关系、人与人的关系。因此，从平台功能需求的角度来看，重点是维系社会化电子商务中人与人的关系、人与社会化电子商务平台的关系和人与产品或服务的关系。

5.3.2.1 人与人的关系

建立好人与人的关系并由此产生了许多产品与商机的企业非腾讯莫属。对腾讯来说，一个稳固的用户人口意味着商机，微信蕴含的商业潜力是目前为止任何同类社交软件都不能比拟的。腾讯超过7亿用户为微信提供了充足的用户资源，这些用户继而通过导入手机通讯录邀请新用户加入，利用人与人之间的社交关系形成一个个紧密圈子，并通过"朋友圈"这一功能向社交网络跨越。2014年3月，腾讯入股京东正式跨界电子商务平台。可以说，微信发展电子商务主要就是靠着用户之间的关系搭建,形成了高黏性的社交网络,也就是靠用户来发展用户,微信用户的高黏性源于强关系的作用。为更紧密地参与到朋友的生活之中,人们愈发依赖微信,从而产生更丰富的内容,以供个体之间产生交流互动——这种循环体现出社交网络体系内强关系与用户黏性相互作用的机制。

5.3.2.2 人与社会化电子商务平台的关系

人与电子商务平台关系的构建由来已久,如淘宝、京东、当当等都有会员制度,还可以连续签到领积分或金币,但此种单向关系难使黏性长久维持。对此,淘宝开发了IM个人网店专用工具阿里旺旺,整合了强大的聊天记录、交易管理和支付宝等功能,满足了电子商务平台与用户进行网上交易时的沟通需求。无独有偶,阿里旺旺问世两年之后,eBay收购了Skype,将即时通信工具整合入自己的C2C交易平台,使eBay平台呈现出"C2C+Paypal(支付工具)+Skype(沟通工具)"的模式,基本等同于淘宝的"C2C+支付宝(支付工具)+阿里旺旺(沟通工具)"的模式。这演变成许多传统电子商务平台搭建用户与平台关系的一个模板。例如,京东推出了智能机器人JIMI作为智能购物小助手,它既能解答用户购物过程中的问题,还能讲笑话、查天气,甚至谈天说地。电子商务平台还通过其他方式建立其自身与用户之间的关系。阿里巴巴结合"双11"推出自己的社交品牌来往,因用户基础和产品设计上存在缺陷而收效甚微。2013年底,淘宝更不惜与新浪微博合作推出"淘宝微博版",而随着良莠不齐的商品信息泛滥,在微博上开淘宝店并没有成为一种主流的推广方式,但也成为发展用户与平台关系的一次有益试水。

平台想要留住用户而增加用户黏性,还要对用户采取一定的激励措施,因此要进行社会化电子商务用户互动激励机制设计。机制就是"机构+制度"的组合体,激励机制的构建首先要明确激励双方的主体、激励的内容以及如何进行激励。构建社会化电子商务用户互动激励机制是由社会化电子商务平台(运营商)运用激励的手段对用户进行激励,促进用户间的互动行为,增加平台的活跃度,主要依靠物质激励和精神激励相结合的方式,依据社会化电子商务用户互动影响因素采取有针对性的激励措施。本书的第2章已经对社会化电子商务用户互动的影响因素进行实证分析,结果显示强弱关系影响因素对于用户互动的影响最为显著,根据社交网络关系的亲疏远近将用户间的关系分为强关系和弱关系。强关系即熟人关系,弱关系即陌生人关系,强弱关系下的用户不论是在心理上还是在行为上都会显现出不同,前面也已经分析过强关系和弱关系下的用户互动模式,下面将结合用户互动模式的特征,分别建立"强关系社会化电子商务平台用户互动激励机制"和"弱关系社会化电子商务平台用户互动激励机制"。

综上所述,社会化电子商务用户互动激励机制模型如图5-3所示。

(1) 强关系为主的社会化电子商务平台用户互动激励机制设计

到目前为止,社会化电子商务平台的产生和发展已经经历了产生萌芽、快速发展的阶段,各项基本功能的运作已经相对成熟。社会化电子商务平台中已有的一些功能的设置相对于用户间的互动已不能构

图5-3 社会化电子商务用户互动激励机制模型

成激励因素的称为"保健因素",随着用户需求的不断增加,需要增设一些平台的功能设置来促进用户间的互动的称为"激励因素"。人情社会在中国由来已久,在中国的独特国情下,人情社会拥有着别具一格的特别之处,人情对于每个人来说并不陌生,在社会化电子商务中人情之于用户来说具有正反两面的双重作用,人情既是用户间互动的推动器,又是顾客感知约束的阻隔。因此对于人情社会中的激励机制要从正反两方面入手。另外,社会化电子商务中熟人关系产生关联和互动沟通的方式可以通过线上、线下两种方式实现。本书中线上主要指的是通过用户使用的社会化电子商务平台提供的互动功能进行连接,线下指的是通过私人关系建立的连接方式进行互动,如面对面交流、即时通信、社交网络工具等。在线下,消费者与其社会关系亲密的朋友沟通交流较多,所以亲密的社会关系成为推介的一个必要条件。一个正常的熟人之间的维系,一定是低成本、有效率的。激励机制设置的目标是要保证用户间互动的持续性和有效性。

以需求理论的角度从经济、社交和精神三个层面对社会化电子商务用户互动的影响因素进行了研究,针对社会化电子商务用户特征和强弱关系下各个影响因素的影响程度的高低,在强关系为主的社会化电子商务平台中可以将其看成一个群体,在该平台中既要有针对群体中个体的激励,又要有针对群体的激励。因此,对强关系为主的社会化电子商务用户互动的激励要采取以下措施。

① 个人用户。强关系为主的社会化电子商务中对个人用户的个人奖励方面还是比较少的,主要的原因在于这一类别的社会化电子商务主要是偏重于社交网络功能,对电子商务功能的偏重较少。但就目前的趋势而言,传统的电子商务平台也纷纷加强社交网络媒体的建设,这样就会面临着客户的流失,因此,在个人用户的激励方面要加强。个人用户在互动中扮演的角色是联络员,单个用户之间彼此的连接是相互交织的,激励措施首先要对个人产生作用才能带动以单个用户为中心的群体。

a. 经济层面。强关系为主的社会化电子商务平台都会有第三方服务的链接,可以通过账号登录第三方平台或在购物时使用该平台的支付方式(如微信支付)等,这就可以成为互动奖励的一个依据。比如,当用户通过微信登录第三方购物平台并将信息分享给其他用户、分享到群组或者朋友圈中,如果用户还采取微信支付的方式购买商品,就会在购买该商品时获得相应的奖励金和折扣,这样可以充分发挥第三方登录的功能,还能够通过强关系的互动产生扩大的效应。这样的奖励方式可以对社会化电子商务平台和第三方平台产生联动的效应,社会化电子商务平台可以利用用户群的基数获得更多的第三方平台入驻,增加用户的黏度以避免用户的流失,同时还可以拓宽支付方式的使用,而第三方平台可以增加用户的访问量,借助社会化电子商务平台强关系用户的作用得到免费的口碑宣传并增加用户的购买意愿。

b. 社交层面。强关系为主的社会化电子商务中,用户之间的联系比较紧密,用户发表的言论会受到群体的社会影响,因此,将带有商业性质的信息和日常的状态发布的信息分开呈现和管理是一个很好的解决办法。比如,在微信中,社交网络中涉及不同的人群,如亲人、朋友、老师、同学、同事等,虽然有部分人可见的功能,但是通过六度分隔理论,也会存在一些不必要的麻烦。因此,如果将状态的呈现分开管理,用户可以根据自己的情况将人群分为若干类别,不同的信息就可以让不同类别的人群可见,这不仅实现了对社交网络关系人群的管理,同时实现了信息发布的"随心化"体验。

c. 精神层面。自我效能对于社会化电子商务平台中用户互动的影响并没有得到证实,可

第5章 社会化电子商务平台的设计

能的原因是用户在互动的过程中并未得到其他用户及时的回应和支持,使得用户对自己发表的状态和发起互动的内容产生怀疑。因此,对于强关系为主的社会化电子商务平台中个人用户精神层面的激励要采取以下措施:你可以申请成为某一品牌的"宣传大使",在你的社交网络群体中发布相关产品的信息,通过你的链接实现购买行为的就可以为你积攒人气,人气越多则级别越高,越高级别的人就可以享有更多的折扣和优惠,通过你发布的链接的用户也会获得和你同等的待遇。个人用户就可以成为商家与用户的链接者,一方面商家可以向你发送关于产品的专业知识,你可以向其他用户传达并解决疑问,用户也可以在你这里获得优惠和折扣;另一方面通过你的社交网络关系,商家可以增大产品的宣传力度和购买的成交量。

② 群体用户。在强关系为主的社会化电子商务中,个人和群体的作用是相互的,个人用户带动群体用户,群体用户反作用于个体用户,要利用群体效应对个体用户产生吸附作用,一方面增加用户的安全感,另一方面为用户互动营造一个良好的氛围。从影响因素的三个层面来说,具体的措施如下。

a. 经济层面。可以充分发挥利他主义和互惠期望的作用,强关系群体中用户成员之间是愿意相互帮助、互惠互利的。对用户互动的激励措施也要抓住群体用户的利他和互惠的心理,具体的措施如下:一是团购福利,一般熟人关系都会有地缘关系,利用统一配送的物流优势对群体的购买行为给予用户团购的价格优惠。二是邀请奖励,奖励的形式是以"五五分"的形式给予互动的双方,邀请你身边的朋友参与到商品的活动中去,或者将你的购物推荐给你的朋友或者群体,双方都会获得一定形式的奖励。

b. 社交层面。社会支持对于用户间的互动是重要的影响因素,用户在互动的过程中希望获得群体中其他成员的响应和支持。在满足用户互动过程中,社会支持的需要可以采取以下措施:一是线上推广,这是一项免费推广业务。你所发布的信息可以通过投票渠道将你的信息置顶,为了充分发挥熟人关系的作用,这一激励措施的设置以好友的数量为依据,当你的信息聚集的人气较多并被置顶时,就会将你的信息向更多的陌生用户推广。二是线下体验活动,面对面交流是增进感情的一种直接有效的方式,而且能够增强用户的亲身体验,需要三人同行才可享有线下的体验活动。一方面,三人行群体的规模容易达到,对于用户来说不会产生障碍;另一方面,为产品的推广也积攒了人气,直接体验模式更能让用户对产品有直观的了解,并通过用户间彼此的影响激发再次体验购买的欲望。

c. 精神层面。顾客感知约束对于用户互动是重要的影响因素。从社会影响理论的角度出发,个体的行为会受到群体中其他个体和群体氛围的影响,因此由于是在熟圈子内,有些话题和有些想法的表达会受到社会影响的限制,想要打破用户互动参与的感知约束,采取的措施就是"智能推荐",你可以对你发布的信息选择"智能推荐"模式,该模式下你所发布的消息会根据最近与你互动的人进行推荐,而最近没有关注过你或者没有与你发生互动的用户则不会看到你发布的消息。这种方式避免了信息不可见用户的勾选的麻烦,又不会由于你的行为在群体之间产生不必要的猜忌。

综上所述,首先要对用户的群体进行甄别,根据互动的频率和互动的内容甄别出群体的界线和范围以及群体用户主要的成员,对群体用户成员的互动行为进行评价,明确用户在哪些方面缺乏互动。然后做出针对性的激励措施,对激励的效果进行总结和反馈,并进行适时的调整,对于互动的激励手段要不断地推陈出新,才能使用户间的互动保持一定的活跃度,真正发挥社交网络辅助电子商务的功能。构建出强关系为主的社会化电子商务用户互动激励机制模型,如图5-4所示。

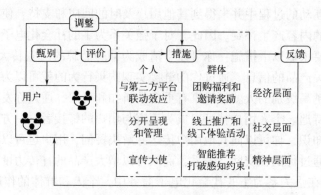

图 5-4　强关系为主的社会化电子商务用户互动激励机制模型

　　社会化电子商务中用户间首先是陌生人的关系，在互动的初始阶段面临的问题是信息不对称造成的信任风险，因此应加强用户对平台的信任和彼此之间的信任。通过聚类的方式加强用户之间的联系，增强用户彼此之间的信任，通过对用户的财产安全和个人隐私安全的保障以及增强互动环境的安全性来增加用户对于平台的信任。

　　（2）弱关系为主的社会化电子商务平台用户互动激励机制设计

　　弱关系为主的社会化电子商务存在的优势在于用户的基数大，用户间能够相互交流的信息和话题也比较多，可以更好地满足用户功能性收益的需求。一方面，用户在互动的过程中希望获得更多的关于产品的信息和时尚潮流，促进用户间的互动能够聚集大众用户的智慧，因此，对于个人用户的激励至关重要；另一方面，弱关系也存在着许多约束用户间互动的因素，因此，要基于用户间共同的兴趣、爱好和话题对弱关系用户进行聚类，通过聚类让用户之间产生关联，并通过用户间的互动不断地加强用户之间的联系，通过互动逐步地了解过程当中会消除顾虑，增进了解，并增加彼此的信任和归属感。激励用户间的互动行为，增强用户间的关系程度，并不断地强化用户之间的联系，使得用户之间的关系从弱关系向强关系进行转化。

　　激励措施从经济层面、社交层面和精神层面进行展开，具体措施如下。

　　① 经济层面。奖励金、积分、财富值、优惠券等都是传统电子商务中必备的奖励措施，关于互动参与的各种形式的经济奖励也是必不可少的，但想要对用户的互动产生刺激作用还需要加入其他的手段：一是设置权限，通过互动的表现，对于活跃度比较高的用户设定一个权限，每个等级的用户向其他用户提问时只能将问题发送给同一等级或以下级别的用户，并且只有到达一定等级的用户才可以获得"专业达人"用户的访问权限，还可以获得一对一的解答问题的准许卡片。二是降低搜索成本，根据用户间互动的内容进行针对性的推荐，以往的推介模式大多是针对浏览记录对用户进行推荐，但浏览的随意性较大，推荐的作用不明显，反而成为垃圾推荐而造成用户的反感。而用户互动过程中产生的内容是用户对某一事物进一步搜索相关信息的尝试，针对用户互动内容的推荐更具有有效性。

　　② 社交层面。人是社会中的人，即便用户间的关系扩展到网络中具有虚拟性，但人的社会属性依然存在，因此社会存在感对于用户的互动来说是重要的刺激因素。一般社会存在感的满足是通过其他用户的点赞、评论、关注等实现的，淘宝中设置了打赏，用户赞同并采纳其他用户给予的回答和建议时，可以通过打赏回答问题的用户作为酬谢，但这一功能用户的使用率并不高，原因在于用户对于成本收益的衡量。因此，在社交层面对用户互动的激励可以采取在互动的板块设置"互动小宠物"的方式，每当你参与到用户互动中产生互动行

为时，小宠物就会为你点赞，根据不同的互动活跃度，小宠物会变换不同的话语来表扬你的互动行为。这样当用户互动时即便对方没有做出什么反应，也会让用户的互动充满趣味性和存在感。

③ 精神层面。声誉地位是影响用户互动重要的因素。已有的手段对声誉地位的体现是用户的等级、财富值和淘气值等形式，但这些形式不能直观地体现。因此对于满足用户互动过程中的声誉地位的激励手段如下：一是勋章奖励，借鉴游戏中对最佳游戏者的勋章奖励，对在用户互动中表现比较活跃的，比如受到求助和回答其他用户的问题比较多的用户，给予勋章奖励，设置勋章馆，以周为单位，每周都会有用户获得勋章的排名，并对前三名给予奖励金和优惠券等不同形式的奖励。二是达人称号，采取累加制，按用户参与互动的频率和互动内容的质量进行评价，对于优质互动参与用户给予"互动达人"称号，达人的等级从一开始累计分值，并在用户的头像中有所显示，也是以周为单位，每周评选一名"最具人气达人"，也会得到相应的奖励。

精神层面中娱乐性收益对于用户互动的影响也没有得到证实，这说明用户在互动的过程中可能娱乐性的感知不强烈，但不能忽略这一因素的作用，因此要加强用户互动过程中的娱乐性。具体的措施是设计一些互动问答小游戏，要通过相互协作才能完成。比如，每个人可以设置一个自己的"通关密语"，分别设置成A、B、C三个选项，一天只有一次机会，如果对方答对了，就可以自动加为好友直接对话。为了增加互动过程中的趣味性，还可以增加其他的互动小游戏，也可以向用户征集好的想法。

综上所述，构建出弱关系为主的社会化电子商务用户互动激励机制模型，如图5-5所示。

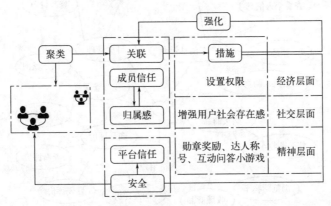

图 5-5　弱关系为主的社会化电子商务用户互动激励机制模型

以上构建的强关系为主的社会化电子商务用户互动激励机制模型和弱关系为主的社会化电子商务用户互动激励机制模型是平台要对用户的三个层面的需求采取针对性的激励措施来促进用户互动的活跃度。

5.3.2.3　人与产品或服务的关系

产品设计生产之初，绝大多数的考量就是消费者的需求，包含潜在的可能被激发出的需求。产品的营销宣传过程中，情感诉求更是成了广告学中非常重要的一个概念而被广泛运用。从经济学的角度出发，这种关系被定义为供求关系。随着互联网科技日新月异的发展，这种关系也不断深入。在电子商务平台，用户可以收藏自己喜爱的商品，评价已购商品，为以后的用户购买提供建议，向商家反馈购买后的使用体验等。大数据还使电子商务平台可以根据用户搜索的关键词及浏览历史，推测该用户可能感兴趣的产品，这是人与产品关系的一种延伸。电子商务平台借助用户在其平台上的操作给出产品推荐给用户的过程更是两个关系子系统在一个完整的关系系统下的有机运行。除电子商务平台上的传统产品外，还有很多服务型的产品，如投资理财产品等。支付宝可谓是我国最成功的第三方支付平台，在其创立十周年之际推出了一个十周年品牌广告，阐述了支付宝在过去十年中融入了用户生活的点点滴滴，每一笔支出与收入都成为人生重要节点的见证。在支付宝移动 App 中用户可浏览这十年的账单，在末尾能看到个人消费总额、好友花费排名、花费去向等，并以此预测十年之后的财富状况及在好友中的排名。虽说此预测纯属娱乐，但通过一键转发到微信朋友圈、微博等平台的方式，支付宝一夜刷爆各社交平台，晒支付宝账单成了一种潮流及沟通前的暖场话题。由此，可以看到人与产品的关系在一定程度上又可以反哺人与人的关系的建立。

依据三种社会化电子商务模式的共同点，为实现维系社会化电子商务中人与人的关系、人与社会化电子商务平台的关系和人与产品或服务的关系，社会化电子商务平台的一般功能设计包括如下几个部分。

（1）消费者购物功能模块

消费者购物功能模块主要是满足消费者自身需求或与其他社会化网络成员的活动沟通产生需求，实现购物的基本流程。一般包括个人信息管理、订单管理、购买商品、积分管理和商品评价几个子功能模块。每个子功能模块各自包含的功能模块如图 5-6 所示。

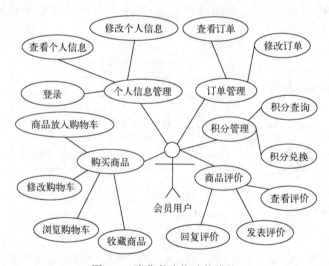

图 5-6　消费者购物功能模块

（2）消费者社交互动功能模块

消费者社交互动功能模块是实现社会化电子商务平台上用户以产品为中心的交流沟通，且非常便捷地迁移到产品的购买活动。包括用户信息管理、社会关系管理、消息管理、商品展示和评价管理、系统管理和后台管理几个子功能模块。每个子功能模块的具体功能模块如图 5-7 所示。

（3）企业商品管理功能模块

企业商品管理功能模块是实现企业商品管理、订单管理以及相关数据管理的功能需求。包括系统管理、商品管理、订单管理和网上购物管理四个子功能模块。每个子功能模块的详细功能模块如图 5-8 所示。

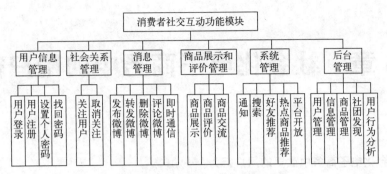

图 5-7 消费者社交互动功能模块

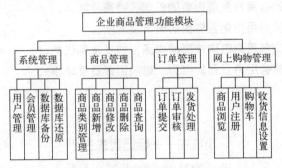

图 5-8 企业商品管理功能模块

本章小结

本章从现实出发阐述了社会化电子商务平台设计的可行性,从消费者的需求角度阐述了社会化商务平台建设的迫切需要;介绍了社会化电子商务平台建设的原则,讨论了社会化电子商务平台的总体设计,分析了社会化电子商务平台功能设计的具体内容;具体介绍了社会化电子商务平台设计的方法。

思考练习题

1. 简述社会化电子商务平台设计的可行性和必要性,结合实际进行分析。
2. 社会化电子商务平台的建设有哪几方面的需求?
3. 社会化电子商务平台设计的原则是什么?
4. 简述社会化电子商务平台功能设计的内容。
5. 社会化电子商务平台设计的方法有哪些?举例说明。
6. 简述社会化电子商务平台总体设计的框架。
7. 社会化电子商务平台的功能设计中重点要维护哪些方面的关系?

第6章　社会化电子商务中的用户行为

学习目标

■ 掌握社会化电子商务中重要的用户行为。
■ 掌握社会化电子商务用户参与在线评论的特征和影响。
■ 掌握社会化电子商务用户生成内容的概念、特征及类型。
■ 了解社会化电子商务用户角色转变的概念及影响。
■ 掌握社会化电子商务用户口碑传播的内涵、特征及其优势。
■ 掌握社会化电子商务用户互动的概念、影响因素及互动模式。

导入案例

小红书——标记我的生活

小红书于2013年成立于上海，2022年小红书用户人数已超过3亿人，月活跃用户已超过2亿人，其中"90后"是小红书用户的主力，超50%来自一、二线城市，男性用户比例也升至30%，小红书逐渐摆脱了"专为女性种草平台"的外界称呼的帽子。

小红书从社区起家，平台上拥有用户的数千万条真实消费体验，汇成全球最大的消费类口碑库，也让小红书成了品牌方看重的"智库"。欧莱雅首席用户官Stephan Wilmet说："在小红书，我们能够直接聆听消费者真实的声音。真实的口碑，是连接品牌和消费者最坚实的纽带。"

小红书成立之初只拥有社交功能，通过社区的形式提供用户交流分享的空间，社区里的购物笔记为用户提供了很多海外购物的信息。从社区开始，小红书又发展了线上商城的板块，逐步成为今天的社会化电子商务平台，拥有社区的社交板块和线上商城的电子商务板块。

小红书中的用户主要包括明星艺人、达人博主、普通用户、品牌企业账号及平台社区各署等，从用户的类别基本可以判断出他们不同的作用和发表内容的类型。在用户生成板块，用户在社区发布笔记，其内容涵盖时尚穿搭、护肤彩妆、明星等18个话题，笔记包含图片、视频等形式，笔记中还会有相应的商品链接，点击后可以直接到商城购买。用户可以收藏、点赞、评论，还可以关注笔记发布者，在评论区进行交流讨论。社区首页会根据用户关注话题、浏览历史和关注的用户提供个性化推荐，用户也可以在界面上部的搜索框搜索自己需要的笔记，同时搜索界面也有热搜推荐。在商城板块中有来自全球各地采购，涵盖配饰、个护、护肤、保健、彩妆等分类，都是年轻女性比较关注的品类。根据用户社区中的内容偏好形成个性化推荐，平台商城为用户提供更人性化的服务。

小红书平台的用户行为主要存在以下几点特征。

(1) 用户日常的主要使用习惯

书在众多用户心中拥有着"生活百科"的功能属性，在站内可以通过大量分享的优质

第 6 章　社会化电子商务中的用户行为

内容助力其获取自身所需的相关策略和提议信息等，同时用户在使用小红书 App 时主要涉及两个场景，即分别是：信息浏览和搜索。

根据尼尔森的调研报告，小红书的前五名使用场景分别是：
① 40% 的用户主动搜索自己感兴趣的产品或话题。
② 37% 的用户对某种产品产生兴趣后，到小红书看网友使用评价。
③ 36% 的用户了解潮流趋势。
④ 33% 的用户寻找灵感，等待被种草。
⑤ 30% 的用户因他人分享了小红书笔记而进入小红书浏览。

（2）分享意愿强且生活丰富多彩

小红书的笔记内容是平台用户通过生活灵感，或多元化内容以及时下潮流热点在这里进行的自发式分享，比如刚过去热度不久的冰雪活动，除各种冬奥赛事期间社区内冰雪相关笔记之外，同时分享了用户生活中的相关冰雪场景。

因此，不管平台用户夜生活模式的学习充电、朋克养生、潮酷滑板、地下酒吧等笔记内容，还是时尚穿搭层面的，比如穿搭方案中的不受服装尺码限制的痛点优化穿搭目的，最终实现她们穿衣自由，或 2021 年中无性别穿搭主义热潮下的相关内容分享等，都展示出了她们是一群懂得生活、享受生活、分享生活的女性的同时也是对新消费起到了引导作用。

（3）消费能力强

小红书的用户中 63% 是公司或企业机构等精英白领人群，因此在拥有稳定的工作状态下，其对应的消费能力也是极强的。根据官方和尼尔森调研数据显示，个人月均消费支出能达到 4100 元（不包含房贷，车贷），接下来就是学生群体以及其他相关职业人员了。

其中超过八成的用户表示在小红书上都被成功种草过，也就是通过引起了她们的注意和兴趣，从而影响购物决策到最后产生了一系列行动和购买等。

（4）妈妈群体占比高

数据显示小红书成年用户中，66% 处于已婚状态且在此基础上拥有孩子的家庭占比超过了九成。这符合了平台女性"90 后"占比高且大部分用户已进入人生中结婚育儿阶段期的特点。

资料来源：根据"以小红书为例对社交与电子商务平台用户行为分析及对策"和"小红书用户群体是怎么样的？小红书的用户人群画像分析"资料改编。

思考题：① 小红书中涉及的用户行为有哪些？
② 小红书中的用户行为会对各参与方产生哪些影响？

6.1　用户参与

6.1.1　在线评论

社会化电子商务中用户在线评论是指用户通过文字、图片等形式对自己购物体验以及对产品及服务进行评价的一种表达形式。

6.1.1.1　在线评论的特征

在社会化电子商务中用户在线评论具有以下特征。

① 真实性。社会化电子商务中用户的在线评论不仅仅是对产品使用体验的一种反馈，更是用户的自我展现和情绪表达，一方面与其他用户分享自己的体验，另一方面更要保证自己在社交圈子内话语的真实性和可信性，因此评论的内容相对来说真实性更强。

② 专业性。消费者获得产品知识的渠道不仅是企业对产品的宣传，还有很多网络方面的知识、朋友的推荐以及专业人士的推荐等，因此在评论产品性能和服务时对产品各项性能的评价专业性更强。

③ 丰富性。社会化电子商务融合了社交网站的特征，在评论中不仅仅是对商品性能的评价，其中还夹杂着很多用户间相互交流和情感发泄等方面的内容。

④ 可读性。用户在线评论的内容五花八门，有各式各样的文字描述和语言风格，有的诙谐幽默，有的文采奕奕。让用户在阅读评论的过程当中保持愉悦的心情。

⑤ 多向性。用户在线评论不仅是用户与商家之间对话的桥梁，更是用户与用户之间对话的桥梁，用户间可以通过在线评论的追评进行互动沟通。

6.1.1.2 在线评论的影响

在社会化电子商务中用户在线评论主要是对商家、用户和平台产生影响。

（1）对商家的影响

社会化电子商务平台中用户在线评论的信息其中很大一部分是购后评价，评价对于商家来说有多重方面的影响。

① 口碑传播。对于商家来说是对商品进行的口碑传播，是对产品质量和服务体验的佐证。

② 产品改进。在线评价是用户实际体验的反馈，可以从中分析产品的优势和不足，这就对商家和企业对产品的改进提供了建议。

③ 需求分析。用户在线评论中的信息展示了对商品的评价，商家和企业可以从中分析用户的需求，从而产生新产品创新的灵感和方向。

④ 品牌创建。商家和企业可以通过与用户的互动营造品牌社区的氛围，也是对品牌文化的传播，进而有利于品牌的创建。

⑤ 服务补救。在线评论给用户提供了发泄情绪的窗口，商家和企业可以借助在线评论来对用户的评价及时响应，与用户进行沟通来解决用户的问题。

（2）对用户的影响

用户在搜索产品信息时，可以通过商家和企业对产品的宣传进行获取，但用户不能对所有商家情况和所处的环境信息有所了解，因此其他用户的评价信息就是获取商家、企业和商品知识的一个重要途径，用户根据自己的偏好做出决策。

在社会化电子商务中用户的在线评论包括好评和差评，好评是指积极的正面的评价，而差评是指消极的负面的评价。随着社会化电子商务的发展，消费者的好评也不单纯的只是用户对于产品积极的反馈。好评包括主动好评和被动好评。主动好评是指社会化电子商务消费者根据自己的真实想法，自主地对商品或服务给予好的印象或评价。主动好评的原因是商品品质、价格、卖家服务和物流等因素。其中，商品品质包括商品的材质、款式、性能、尺码、包装等；价格指商品的性价比；卖家服务指售前、售中、售后的服务质量；物流指物流服务的质量和效率。被动好评是指消费者受到外力促进，而对商品或服务给予好的印象或评价。被动好评的原因是好评返利、客服沟通和系统默认好评等因素。好评返利指商家鼓励购买者通过给予五星评分和好评来获得返利。返利包括现金、优惠券、包邮、折扣等形式。客服沟通指在购买者反馈了非好评的评价后，商家的售后客服与购买者联系，劝其改为好评。系统默认好评指购买者在交易成功后系统规定的时限内未给予评价，系统将默认给出好评。这就加大了用户筛选信息的成本（时间、精力等）。被动好评迷惑了用户对商品的感知，因此，在购物经验增长的同时，在线评论对于用户来说参考性降低。用户不能仅仅停留在在线用户评价的信息，要寻找新的获取信息的途径。

除了辅助决策，在社会化电子商务中用户在线评论的影响还有社交方面的影响，可以通过在线评论找到与自己志趣相投的人，社会化电子商务平台也发挥了社交网络优势功能，为用户间的直接对话与沟通提供了便利，方便用户在平台上进行社交活动。

（3）对平台的影响

用户在线评论内容的丰富性可以为平台吸引更多的用户来浏览和关注，平台活跃度的体现就是用户是否在平台上踊跃地发言与互动。用户群的扩张不仅可以为平台带来更多的收益，也会吸引更多的商家入驻，这就促进了平台的发展，使得平台可以进入一个良性循环的状态。

6.1.2 用户生成内容

6.1.2.1 用户生成内容概念及特征

用户生成内容（User Generated Content，UGC）是指用户将自己原创的内容通过互联网平台进行展示或者提供给其他用户。社会化电子商务中 UGC 的创造模式主要包含了以下内容：Why——用户在创建、发布、分享内容的过程中往往受到不同因素的影响，即在社会化电子商务网站注册、分享、评论等生成内容的动因；What——生成内容主要为娱乐型、社交型、商业型、兴趣型和舆论型，生成内容的形式主要为图片、文字；Who——生成内容的用户，从使用网站的频率及使用的意向来分类，包括非用户、偶尔使用者、潜水者、娱乐社交型用户、实用主义型功效性用户、高级用户；Where——生成内容的地点以及生成内容用户所属区域性特点；When——生成内容的时间参数、所用时间以及所处时间段；How——生成内容的方式为独立式（Individual）、累积式（Collective）、竞争式（Competitive）和协作式（Collaborative）四种模式。

在社会化电子商务中用户生成内容具有以下特征：

① 自发性强。社会化电子商务平台中用户生成内容的自发性比较强，除了商家发起的一些话题促进用户生成内容的参与，一般是用户主动进行的行为。用户主动发布相关信息分享自己的经验，有时还会主动发起一些话题的讨论。

② 内容形式丰富多样。随着互联网技术的发展，社会化电子商务平台具备社交网络媒体形式多样性的特征，用户生成内容不仅仅停留在文字和图片的形式，而且有动图、短视频和直播等多种形式。

③ 原创性。用户生成内容主要是某个用户或者某个组织在互联网平台上创造出来的内容（如文字、图片和视频内容等），或者自己从网络平台上获取的内容再次加工发布到互联网平台之上。其创作的过程往往带有强烈的个人化色彩。

④ 创新性强。信息时代每天都充斥着诸多信息，用户发起的一些内容也具有自我展现的特征，希望得到圈子或者其他用户的关注，因此想要从众多的信息当中脱颖而出就要富有

创新性和吸引力，用户为了达到这一目的也是花样百出，内容极富创新性。

6.1.2.2 用户生成内容分类

用户自主生成的内容主要有三类：买家心得（主要是分享购物经历以及购物心得体验）、买家秀（商品图片展示）、其他分享（分享日常生活心得、各种图片展示等）。组织者发起话题形成的互动是指由组织者制定一个话题，发布关于该话题的相关信息，社区用户在信息下面进行评论，用户也可以针对话题自己发布和分享信息。

在社交网络和传统的电子商务中用户内容创建分享行为基本上是以下四类：信息披露、内容贡献、用户评论和内容分享。在社会化电子商务中用户生成内容主要分为自我展现、内容贡献、用户评论、信息分享、用户间交流。用户生成内容分类如表6-1所示。

表6-1 用户生成内容分类

行为	定义	前因
自我展现	在个人主页上对自我信息的展现，比如记录心情、撰写游记、上传照片等行为	人口统计学信息（性别、年龄、职业等）、社会资本、知名度需求
内容贡献	在社区中以文字、图片、视频等形式创建内容的行为	社会利益、自我表达、自我实现、结果期望、声誉地位
用户评论	个人对产品或服务体验的评价或反馈	情绪的宣泄、社会影响、产品的流行性、利益（帮助他人的愉悦、经济奖励、自我提高）
信息分享	内容的转发与分享、购物经验的分享与推荐	互惠、经济奖励、内容的特性
用户间交流	信息和知识的索取、社交互动等内容的创建、情感的分享等	社会支持、社会关系强度、信任、归属感

6.1.3 用户角色

6.1.3.1 用户角色的概念

用户角色又称用户画像。作为一种勾画目标用户、联系用户诉求与设计方向的有效工具，用户画像在各领域得到了广泛的应用。我们在实际操作的过程中往往会以最为浅显和贴近生活的话语将用户的属性、行为与期待的数据转化联结起来。作为实际用户的虚拟代表——用户画像并不是脱离产品和市场之外所构建出来的，用户画像需要有代表性，能代表产品的主要受众和目标群体。

网络角色是用户在心理动力因素下产生的符合虚拟社区要求的行为模式和行为规范，它不同于社会角色，并非现实社会对人们的行为期待，而是社会角色的扩展与延伸。用户在社会化电子商务中扮演着不同的角色，有时在环境因素驱动下能同时扮演着多种角色，甚至在不同的角色中进行转变。

6.1.3.2 用户角色的分类

从角色获取的方式上来看，用户角色识别可分为先赋角色识别与自致角色识别两种。其中，先赋角色识别是指已经预先对用户角色进行定义，并通过不同的方法进行识别。自致角色识别是指没有背景知识预先对用户角色进行定义，随后通过不同的方法进行识别。

（1）先赋角色识别

第一是专家角色识别。专家作为专业虚拟社区内的高活跃用户之一，一般是指拥有某领域或多领域专业知识,并且能在社区内提供大量高质量专业知识的用户。因此,识别社区内的专家有助于提高知识共享和知识可获取性。

第二是意见领袖角色识别。意见领袖通常是拥有某个或多个领域的专业知识和技能的社区用户,同时也是网络社区信息、观点的提供者,积极活跃的社区参与者,社区舆论生态的建构者。

(2) 自致角色识别

从用户参与贡献度的角度,将用户角色归纳为三种类型:被动用户、初始参与者和持续参与者;被动用户是社区中纯粹的信息消费者,仅仅查询或者使用社区内的知识内容,但从不贡献或者共享知识,也不参与社区活动。一般在社区内表现为沉默、浏览与信息搜寻等行为模式。初始参与者是指能偶发性地进行知识共享或者贡献,间断性地参加社区内相关活动的用户。行为模式一般表现为偶发性、不规律的回帖/发帖行为。持续参与者是指能持续地进行知识共享或贡献,积极地参与社区相关活动的用户。行为模式一般表现为持续的、有规律的回帖/发帖行为。此外,在未定义社区用户扮演何种角色的基础上,从不同的角度并根据不同指标也能识别出多种角色类型。如表6-2所示。

表6-2 用户角色分类

识别依据	用户角色类型
参与频率、知识贡献量	领袖、呼应者、浏览者、贡献者、学习者
近度、频度、值度	重要成员、浏览者、沉默成员
知识贡献量	领导者、领域专家、词条贡献者、词条维护者、边缘用户
平均出度、中间中心度	外围用户、规律贡献者、经纪人
知识共享中心度、用户价值	核心用户、信息获取者、咨询者、边缘用户
外度中心度、程度中心度、创意贡献量	社交用户、创意用户、专家、高效贡献者、被动创意者和被动评论者
贡献数、群体度、影响度	规划指导者、主动设计者、多面者、交流者、被动设计者、观察者
个体行为、社会网络	领导者、社交连接者、实质内容提供者、管理维护者、边缘用户

6.1.3.3 用户角色的转变

在虚拟社区中,大部分用户所扮演的角色不是静态的,而是出于各种驱动因素,在不同角色之间转变。用户角色之间转变有两种类型:一种是随时间自然增长型的角色转变;另一种是随社区地位或者社区位置而变动的角色转变。在特定的虚拟社区中,如微信群成员会根据参与程度的加深,其扮演的角色会从最初的发起者向参与者与关注者之间转变。在微博中,部分用户会从最初的新手转变为博主。而在专业虚拟社区中,社区用户随着知识贡献量的增加会从持续知识搜寻者到持续知识贡献者的转变。因此,专业虚拟社区中部分被动用户,会随着时间的增长与参与程度的加深,向初始参与者和持续参与者转变。

从角色转变阶段来看,每阶段的转变动因也不尽相同。考虑时间维度与参与程度的基础上可以将用户参与动因划分为初始参与动因与持续参与动因两个方面,具体动因如下。

(1) 初始参与动因

归属感、熟悉其他用户、用户生产内容质量差异、友谊的信息反馈、感知规范、结果预期、互惠规范、专业知识水平、感知的身份证明、绩效预期、帮助他人获得的快乐、自我价值感、体验流、互惠、感知有用性、感知易用性等。

(2) 持续参与动因

基本交互、补充交互、结果预期、自我效能、信任、互惠规范、知识自我效能、感知相对优势、感知有用性、身份信任、个人结果预期以及社区相关结果预期、互惠性、人际信任、自我效能感与感知相对优势、使用后社会互动关系以及使用社区的满意度、社会交互、共同语言、共同愿景、互惠、声誉的提升、学习、获取知识的能力、满意度、帮助他人的乐趣、自我效能感、感知激励、乐于助人等。

6.2 口碑传播

6.2.1 网络口碑的内涵

口碑是人与人之间关于产品、价格和服务等方面的信息交换,是一类不以商业利益为目的的无偿性交流。而互联网技术的发展为消费者吸纳交流和分享消费体验提供了高效的平台,这样就形成了网络口碑。网络口碑与传统口碑在特性和传播方式上存在很大的区别。传统口碑与网络口碑的区别如表 6-3 所示。

表 6-3 传统口碑与网络口碑的区别

比较项目	传统口碑	网络口碑
传播途径	面对面沟通	通过各种平台进行传播,如电子邮件、即时通信、论坛和评论网站等
关系强度	发送者与接收者之间是强关系,主要是介于亲戚、朋友、认识的人之间	发送者与接收者之间是弱关系,更多的是发生于陌生人之间的交流
联系网络	是基于小圈子的传播,联系网络较小	是基于大圈子的传播,联系网络更为广泛
传播成本	成本较高	成本低
传播速度	慢	快
影响力	较小	大

6.2.2 口碑传播特征

社会化电子商务为用户提供在线协作,以口碑传播分享为媒介,快速聚焦目标信息,从而缩短用户搜索产品、服务的过程,将口碑力量和中心影响力融入商务行为中,进而促进电子商务的发展。口碑传播是消费者把自己的购买体验和对产品的认识以图片、文字的方式将信息扩散给其他的消费者。在社会化电子商务中的口碑传播较以往的网络口碑具有以下的特征。

① 可信度高。社会化电子商务中根据用户间关系的强弱分为强关系为主的社会化电子商务和弱关系为主的社会化电子商务。在强关系为主的社会化电子商务中,用户间的关系较强,基本上是由自己的社交圈子组成,这就增强了口碑传播的可信性。弱关系为主的社会化电子商务也加强了用户之间的双向互动,可以加为好友,详细地了解用户的购买体验,这也就增加了评论的可信程度。

② 针对性强。在社会化电子商务中口碑传播打破了之前的单一模式——在线评论,并且用户之间或是基于社交圈子的传播,或是一对一的直接提问与回答,这就增强了口碑传播的针对性。基于社交圈子的传播用户之间比较了解,可以针对用户个人的特性进行口碑传

播。一对一的问答中针对其他用户提出的问题进行回答，针对性更强。

③ 接受度高。社会化电子商务中的口碑传播的可信度高和针对性强的特点提高了口碑传播的可接受度，一方面对于信息的传播者来说，口碑传播代表了自己的言论，另一方面对于信息的接收者来说，这样的口碑传播更容易被采纳，更能促使用户购买行为的产生。

④ 社交性强。口碑传播可以理解为消费者对自己的体验、情绪的一种表达，好的或者坏的口碑传播以往大多是单向的，但在社会化电子商务中的口碑传播是用户之间双向的交流与沟通，也会因此找到志趣相投的朋友，社交性更强。

6.2.3　口碑传播的优势

消费者购物的过程有四个环节：发现、比较、购买和分享。在社会化电子商务中用户的分享行为成为一种经常性的活动。在社会化电子商务中口碑传播存在以下五方面的优势。

① 宣传范围广，宣传成本低。口碑营销本身就是一种廉价的信息传播工具，社会化电子商务利用社交网络广泛的社会群体，宣传的范围更广，而且企业可以集中打造意见领袖，或者通过培养直播网红的形式达到良好的宣传效果，这样的口碑传播宣传的成本更低。

② 可信程度高。社会化电子商务平台中的社交网络关系强度更大，有的本来就是亲人、朋友或者同事的关系，在陌生人之间也开发了功能性板块拉近用户间的关系，社交性能更强。另外，随着网络直播的兴盛，长期关注的博主、达人的口碑宣传具有粉丝效应。因此，在口碑传播的过程中的可信程度更高。

③ 用户的产品依恋程度高。社会化电子商务为用户购物提供了一个社交平台，分享这一功能加深了用户对产品的认可和依恋程度，用户会将自己喜欢的品牌和商品与其他用户进行分享，也会在社区中找到与其兴趣相投的人，使用户在使用该产品的过程中拥有归属感。

④ 具有团体性。用户间会根据偏好形成不同的用户群体，这就形成了一个网络的小团体，口碑传播会在这个小团体内迅速扩散，并引起诸多相关的话题，围绕该产品用户间的交流与互动也更加频繁，如蘑菇街、美丽说的社交化优势凸显出来，通过"小组"或"专辑"将有共同消费趋向的用户聚集到一起，根据用户之间的联系推荐类似商品和共同兴趣的好友，将人际关系圈子扩散，形成团体效应，从而引发团购等消费行为。

⑤ 针对性更强。传统的口碑传播是单向进行的，在社会化电子商务中口碑传播是双向的，传播者可以是主动进行口碑传播，也可以是受邀进行口碑传播，用户在购买之前进行筛选时，可以向其他已购买过该产品的用户提问，这就是被动地进行口碑传播。这种传播方式的针对性更强，是直接满足被传播者需求的口碑传播。

6.3　用户互动

6.3.1　用户互动的内涵

社会化电子商务中用户互动是指以图片、文字、视频、符号、声音等形式为依托而以社会化电子商务平台作为媒介进行的信息交流和人际交流。用户在社交媒体平台上的沟通交互行为提供了丰富的人际关系网络和内容资源，产生了巨大的经济和社会价值。交互产生的用户自生成内容为其他顾客发现适合需求的产品、提高社会化电子商务平台流量、促进商家销售以及帮助其他顾客决策购买等提供了便利。社会化电子商务平台中用户规模是平台自身和平台上商家的宝贵财富。

6.3.2 用户互动影响因素

顾客可分为影响者和模仿者，顾客影响价值的产生是通过顾客间的互动完成的，因此我们要了解顾客间互动的影响因素。马斯洛需求层次理论是动机研究的经典理论，他指出各层次的需要是人类行为的内在动力。马斯洛需求层次理论中将人的需要分为生理需要、安全需要、社会需要、尊重需要和自我实现需要五个层次，五个层次的需求中低层次的需求被满足后，人们会追求更高层次的需求，但这些并不是先后出现的顺序关系，有可能是同时起作用的。在社会化电子商务中，用户互动行为的产生首先受到各方面需求的驱动，然后转化为某种互动行为。社会化电子商务用户互动的需求层次如图6-1所示。

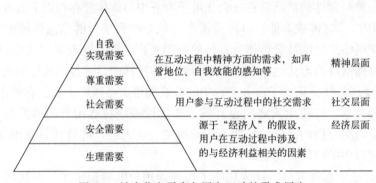

图6-1 社会化电子商务用户互动的需求层次

基于马斯洛需求层次理论，社会化电子商务用户互动影响因素可以从经济层面、社交层面和精神层面三个维度方面分析。

（1）经济层面

需求、动机和利益有着密切的关系。Hsieh提出顾客参与源于理性人的内在经济需求。工具性动机和信息性动机（信息搜索）是人们使用各类网站的动机。社会化电子商务中电子商务的功能是其关键的用途之一，基于需求理论经济层面包括生理需要和安全需要，在社会化电子商务平台中用户互动中最基本的是满足自身经济利益方面的需求以及安全的需求。经济方面需求的满足通过功能性收益、互惠、奖励等来实现，安全方面的需求主要是通过对其他用户的信任以及对平台的信任来体现。

用户互动过程中可以产生诸多内容，比如产品的信息、时尚潮流资讯、用户体验心得、购买建议等，用户互动的收益之一就是减少用户搜索和筛选信息的成本，快速地获取有用的、可靠的信息，功能性收益是用户互动一项重要的影响因素。互联网的发展将用户带入一个信息爆炸的时代，获取信息的渠道也多种多样，因此增加了用户筛选和甄别信息的成本，用户很难在众多的信息当中找到对自己有用的信息，很多时候是既浪费了时间又徒劳无功。通过用户间的互动可以获得其他用户的真实体验和中肯的建议，并且信息的可信度也有所提高，因此用户希望通过互动从对方那里获得产品的信息、使用的心得体验、购买的建议等。互动的过程就是一个互惠互利的过程，所以在很大程度上要想获得其他用户的帮助，首先要自身参与到互动当中去，互惠期望就成为一个影响用户间互动的很重要的因素。为促进用户的参与，平台大多采取的激励手段是经济奖励，如折扣、优惠券、返现等或者等级、积分等，各个平台和商家采取这种方式来促进消费已经是司空见惯，对于用户的激励作用已经减弱，经济奖励只能说作为一种必须具备的手段而存在，而不能更好地促进用户之间的互动。

(2) 社交层面

社会化电子商务涉及的主体包括用户、信息、社交网络运营商以及商家组织，这些主体共同构成社会化电子商务平台系统，平台系统本身的特征以及所处的客观环境对于用户的互动也产生影响。基于需求理论，社交层面主要包括对社会需要的满足，社交层面的因素主要有社会支持、社会联系、强弱关系、社会认同。

用户希望通过自身的实际体验给其他用户以建议的方式提供帮助，帮助其他用户更好地选择商品，利他主义是用户在互动过程中主动提供建议给予帮助的主要因素。用户发布自己的状态并在此基础上与其他用户进行互动，从而产生自我存在感，并且所发布的信息和话题能够引起其他用户的注意和共鸣，并聚集一群志趣相投的人共同谈论相关话题，因此社会存在与社会支持是用户间互动重要的影响因素。在社会化电子商务中用户间的互动基于强弱关系的影响较大，在互动过程中与强关系的用户互动的意愿更加强烈，互动也更加频繁。一方面可能是基于强关系下，用户拥有一定的感情基础，也比较了解对方；另一方面，强关系下平台中的互动沟通只是其中一种沟通借助的工具，还可以通过其他多种方式进行沟通，并且可以实现线下面对面互动交流。不论是基于情感上的信任，还是基于线下的同步沟通，强关系使互动的过程更加顺畅，所以强弱关系是影响互动沟通意愿和频率的首要因素。

(3) 精神层面

社会化电子商务具备社交网络媒体的功能，顾客在社会化电子商务中进行互动也是为了满足用户心理和精神层面的需求。基于需求理论，精神层面主要包括尊重需要和自我实现需要的满足，精神层面的因素主要包括声誉地位、顾客感知约束、娱乐性收益、社会存在、利他主义。

人是社会中的人，在群体中都希望获得别人的尊重，声誉和地位是个人在群体中受尊重程度的其中一种具体的表现形式。社会化电子商务中用户组成了一个社交网络群体，用户也希望在这个群体中拥有自己的一席之地，获得发言的权利，能够在群体中拥有良好的声誉和较高的群体地位，因此声誉地位对用户的互动也是一个重要的影响因素。在互动的过程中会受到外在环境的约束，对互动产生障碍，就会影响用户互动的情绪和再次互动的尝试，顾客感知约束在很大程度上会影响用户间的互动。

6.3.3 用户互动模式

消费者互动是社会化电子商务活跃的基础，社会化电子商务可分为强关系互动结构和弱关系互动结构社会化电子商务。

① 强关系互动结构。如微信社交网络的构成主要是亲人、朋友、同学、校友，用户间大多是熟人关系，彼此联系比较密切，用户关系表现为强连接为主、弱连接为辅，对应的用户虚拟微信社交圈与其现实社交圈比较融合，属于强关系互动结构。其中的社会交换以情感为基础，利他主义色彩明显。此时的社会化电子商务中用户间互动产生的社会交换是一种基于情感的交互，是基于熟人之间互动的分享信息、商品推荐和提供建议，是不计个人得失和成本收益的社会交换。社会化电子商务平台是熟人之间加强联系、增进情感的工具。

② 弱关系互动结构。如微博类社会化电子商务平台，虽然参与互动的用户数量较多，但用户间以弱连接为主、强连接为辅；用户间没有直接联系的多、互为陌生人的多，用户多为独立个体，彼此之间不发生关联；用户间的关联通常依赖一些关键节点用户。弱关系互动结构具有讲究陌生人之间的公平性和交换对等性、讲究成本收益平衡的互惠互利性。

强关系为主的社会化电子商务平台，参与互动的用户数量相对较少，但互动过程中用户间的相互连接比较紧密和集中，用户间互动的关系结构呈现出集中型，这与费孝通提出的"差序格局"相吻合。弱关系为主的社会化电子商务平台，参与互动的用户数量基数较大，但互动过程中用户彼此间的连接比较分散，用户间互动的关系结构呈现出分散型。弱关系在线沟通具有用户匿名、地理位置隔离和信息交流的时间空间异步性的特点。

社会化电子商务用户互动模式见图 6-2。用户的线上社会关系网络呈现出由散到聚焦，又不断地纳入新关系拓宽自己的关系圈，最终形成强关系圈稳定、外围弱关系圈逐渐向强关系圈转化的动静结合的形态。从弱关系到强关系是一个转化的过程，是通过频繁的互动产生的结果。消费者社交网络圈子范围也通过互动不断地向外扩充。

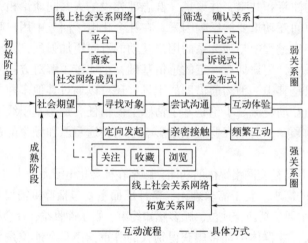

图 6-2　社会化电子商务用户互动模式

本章小结

本章主要介绍了社会化电子商务中的用户行为，主要包括用户参与、口碑传播以及用户互动。在用户参与中主要介绍了在线评论、生成内容和用户角色，在口碑传播中介绍了其内涵、特征以及优势，在用户互动中介绍了其内涵、影响因素以及互动模式。

思考练习题

1. 社会化电子商务用户参与在线评论的特征有哪些？
2. 在线评论会产生哪些影响？
3. 简述社会化电子商务中用户生成内容的概念和特征，用户生成的类型有哪些？
4. 简述社会化电子商务用户口碑传播的内涵和特征，口碑传播的优势有哪些？
5. 简述社会化电子商务用户互动的概念。
6. 社会化电子商务用户互动中影响因素有哪些？
7. 简述社会化电子商务中用户互动模式。

第 7 章　社会化电子商务的关键技术

学习目标
- 了解社会化电子商务涉及的关键技术。
- 掌握区块链技术的概念、技术和在社会化电子商务中的应用。
- 掌握数据挖掘技术的概念和方法。
- 掌握云计算技术的概念、技术和在社会化电子商务中的应用。
- 掌握推荐系统技术的概念、技术和在社会化电子商务中的应用。
- 了解隐私保护技术的概念、技术和在社会化电子商务中的应用。

导入案例

抖音——"兴趣电商"背后的技术逻辑

抖音（Tik Tok）是由今日头条推出的一款短视频分享 App，于 2016 年 9 月上线，是一个专注于年轻人音乐短视频创作分享的社区平台。抖音应用人工智能技术为用户创造多种的玩法，用户可以通过这款软件选择歌曲，拍摄音乐短视频，形成自己的作品。除了明显的社交属性，抖音的电子商务属性也日渐凸显。如果说朋友圈是社交电子商务 1.0 模式，那么，抖音短视频营销迎来了社交电子商务 2.0 时代。

（1）"兴趣电商"，打造社交电子商务新生态

从 2016 年 9 月上线到今天，抖音已经发展成为一个日活跃用户数量（DAU）达 6 亿的平台。与此同时，抖音提供给电子商务业务的功能也越来越多。2018 年，抖音小店正式上线，与淘宝、京东、拼多多等电子商务平台达成合作，卖家可以通过设置第三方链接来出售商品。抖音小店的上线标志着抖音的电子商务之路正式开始。2020 年字节跳动将电子商务提升为战略级的业务，正式成立以"电子商务"为名的业务部门，并且将"抖音电商"独立出来。2021 年 4 月，首届抖音电商生态大会于广州召开，明确"兴趣电商"平台定位。2021 年 8 月，抖音将"抖音小店"升级为"抖音商城"，功能更加齐全，页面与淘宝、京东等货架式电子商务平台十分相似。

抖音的电子商务板块越来越独立，所占位置也越来越凸显。有人说，抖音正在淘宝化。的确，抖音商城与传统的货架式电子商务平台很相似，但是，抖音在存量时代中仍能开辟一片天地，主要靠的是其内容的独特性和差异化。抖音电商卖家与淘宝卖家最大的不同就是引流方式，淘宝使用大数据信息流推送方式，而抖音卖家用短视频内容来吸引用户。这也是抖音提出"兴趣电商"的原因。那么"兴趣电商"究竟是什么呢？用抖音电商总裁康泽宁的话来讲就是"利用字节跳动的算法，主动帮助用户发现他潜在的需求"。

"兴趣电商"是一种基于人们对美好生活的向往，满足用户潜在购物兴趣，提升消费者生活品质的电子商务。"兴趣电商"的商业逻辑是通过推荐技术把人设化的商品内容与潜在海量兴趣用户连接起来，用内容激活用户的消费需求。抖音电商基于推荐技术可将商品通过

内容主动地推荐给更多潜在兴趣人群，并且通过转化和沉淀的优化，还能够将内容推荐给更多潜在消费者，获取新一轮更精准的流量注入。从而让新流量、新转化、新沉淀源源不断，带来消费新人群和交易量新增长。

（2）去中心化，开启社交电子商务新时代

虽然淘宝成就了很多爆款商家，但随着天猫的崛起，淘宝很大一部分的流量被分食到了天猫，导致C店越来越难做。商家不是抱怨没有流量就是推广成本太高，而要想获得好的展示机会，必须投入更多的费用，店铺装修、钻展、直通车……谁出的价格越高，店铺排名就越靠前，水涨船高。不管怎样，只要淘宝的排名规则不变，哪家店铺的销量高、评价好、推广费用多，淘宝就改变不了它中心化的平台属性。若想在这类第三方平台上更好地展示自己，不仅要投入高额的推广成本，还需要对店铺进行装修，给店铺投入更多的费用，因此目前淘宝已经不适合一些中小型商家入驻了。

而抖音打破了这一规则。对于抖音而言，其自身就可根据用户画像（地域、年龄、性别、爱好等）来推送精准的广告，相信不少人能够在抖音上看到一些游戏广告、商家广告，很多商家还能在抖音上推出自己的自营产品，并且抖音的广告皆是以动态视频来呈现，给用户带来欢乐的同时，用户对产品的接受程度也比较高，观看广告也没有那么讨厌了。去中心化也是"兴趣电商"的一个具体表现。

事实上，无论是"兴趣电商"定位的提出抑或是去中心化的电子商务模式，这都是抖音的推荐系统起到的作用。类似抖音这样有着独特推荐系统的短视频平台进军电子商务赛道，对淘宝、京东等传统电子商务平台来说是一种猛烈冲击，也加剧了电子商务市场的竞争。电子商务市场接近饱和，各大平台都在进行拼命留住存量，而抖音却还在吸引电子商务新用户。抖音也确实有这样的实力，毕竟它手握超过6亿的日活跃用户数量，还坐拥直播带货"第二"的优异成绩，抖音电商自然是欣欣向荣、前途光明。从抖音电商的发展趋势来看，未来，抖音也将持续聚焦电商业务，为抖音、字节跳动带来更多收益。

资料来源：根据《2021抖音电商生态发展报告》等资料改编。

思考题：① 抖音的"兴趣电商"与去中心化的实现涉及了本章的哪类关键技术？
② 在收集用户数据进行用户画像时，平台方应该注意哪些问题？

7.1 区块链技术

7.1.1 区块链技术的基本概念

区块链的基本概念包括交易（Transaction）、区块（Block）和链（Chain），交易是指一次操作，导致账本状态的一次改变，如添加一条记录；区块是指记录一段时间内发生的交易和状态结果，是对当前账本状态的一次共识；链是指由一个个区块按照发生顺序串联而成，是整个状态变化的日志记录。如果把区块链作为一个状态机，则每次交易就是试图改变一次状态，而每次共识生成的区块，就是参与者对区块中所有交易内容导致状态改变的结果进行确认。用通俗的话阐述：如果我们把数据库假设成一本账本，读写数据库就可以看作一种记账的行为，区块链技术的原理就是在一段时间内找出记账最快最好的人，由这个人来记账，然后将账本的这一页信息发给整个系统里的其他所有人。这也就相当于改变数据库所有的记录，发给全网的其他每个节点，所以区块链技术也称为分布式账本（Distributed Ledger）。

区块链是一个去中心化的分布式数据库，在区块上用时间戳形成一个连续的记录存储结构，区块中包含各种记录应用，例如清算、智能合约等，数据记录节点通过特定的算法计算出哈希值，将当前哈希值、前一区块哈希值、数据记录等记录在区块中。区块链技术是一种互联网数据库技术，是一种去中心化的技术方案，每一个在区块链技术平台上进行算法计算的服务器都是各自独立对等的节点，它们的主要作用是运用加密算法记录区块信息并向其他节点公布对账，以确保区块信息的准确性。当数据块信息被认证通过时，节点矿工生成该区块的哈希值，哈希值就类似于这个数据区块链的"身份证"，当接入下一个数据块时可以验证身份，避免分链现象的产生。区块链技术的基本特征包含以下几个方面。

（1）开放性强

区块链网络具有较好的开放性特点，任何一方都有权利进入区块链网络，并且在区块链网络中的任何一个节点都可以完整地存储数据库。与此同时，各个节点还可以共同维护与管理区块链，其中某个节点失灵也并不会对整个区块链造成任何影响，其他节点仍可正常开展工作。

（2）去中心化、去信任机制

去中心化特点在一定程度上弱化了中心化设备及相关管理机构的功能和主体地位，并且由大量节点组成的端到端的网状结构，还能在数字签名技术的支持下实现数据信息的共享和传输，意味着在既定规则下各个节点之间不受信任机制的约束。

（3）公开透明、节点匿名化

在应用区块链时，通常需要严格遵循公开透明原则，面向整个区块链网络的数据信息也必须公开，确保任何节点都可实时查询网络中的信息交易情况。而去信任机制的构建，还可以驱动区块链节点实现匿名化，各方无须公开身份。

（4）可追溯、不可篡改

在共识机制的支持下，即便区块链中的单个或多个节点数据库发生变动，也不会对其他节点的数据信息造成影响。若需要对数据库进行更改，则需对整个区块链链条中51%以上的节点进行同步更改，但功能强大的分布式节点通常不需要更改。区块链中密码学技术的有效应用，为交易活动及相邻两个区块提供了良好的互动平台，并且节点中还可以存储大量数据信息，在一定程度上保障了整个交易过程的可追溯性。

区块链技术的去中心化、公开透明、不可更改以及共识性等特征，将会通过互联网驱动社会信用体系快速形成，这将会对人们的生产生活产生巨大的影响。区块链技术作为新信用时代的关键技术，将在社会化电子商务中起到至关重要的作用。

7.1.2 区块链的核心技术

（1）点对点组网方式

点对点组网方式意味着整个网络没有中心节点。网络中的每个节点平等分布于系统内部，并独立参与系统运作，系统交易信息在各节点之间互为备份。这种去中心化的分布式组网方式不仅可以保证整个交易系统的安全性，有效防止中心节点或单一节点损坏所导致的整个网络的瘫痪，而且能够从经济上提高交易效率，节约交易成本。

（2）时间戳技术

时间戳赋予区块链时间维度，每个节点都会通过加盖时间戳的方式把交易信息的写入时间记录在区块中，各区块最终按照时间戳的时间顺序连接成一条主链，且交易数据和写入时间将永久记录于区块链中。上述特征可确保区块链是一个不可篡改和可追溯的数据库系统。时间戳应用到区块链上是一种技术创新。

（3）非对称加密技术

非对称加密技术采用公钥和私钥两个非对称的密码对数据进行加密或解密。其中，公钥对所有节点公开，私钥严格保密。使用公钥或私钥加密是为了确保传输数据的可靠性，而接收端数据解密是为了确保传输数据的准确性。非对称加密技术有助于区块链在网络认证、信息加密和数字签名等方面的应用。

（4）分布式共识算法

分布式共识算法是一种能够促使分布式网络节点达成共识的算法，将之应用于完全去信任的环境，可以充分解决去中心化网络中各节点间的信任问题。比较常见的共识算法包括工作量证明、权益证明、授权股份证明机制等。

（5）智能合约

智能合约是通过采用编程的手段来实现合约条款的自动执行。实际上，智能合约是将可编程功能嵌入区块链，借助条件触发机制，按照预先设置的指令确保区块链在合法合规的框架下应用。同时智能合约本身所具有的可扩展性有助于区块链向智能监管、智能物流、智能交易等经济社会系统纵深发展。

7.1.3　区块链技术在社会化电子商务中的应用

社会化电子商务系统由消费者、企业、平台和第三方运营商等多主体共同参与，各参与主体致力于社会化电子商务活动中的信息流、物流、资金流等的正常运转。将区块链的去中心化、智能合约、共识机制等核心技术应用到社会化电子商务活动中的流通系统、支付系统和信用系统中，能帮助解决社会化电子商务活动中信息流、物流、资金流面临的信任和安全问题。

（1）改善供应链体系

时间戳在当前区块产生数据时被创建加盖，从而使交易数据有据可循，确保了信息的可追溯性和抗篡改性。基于此的供应链技术可以获得海量各异的数据记录，实现供应信息溯源、供应过程存证、供应双方互信、信息沟通真实等多方面需求。供应链环节的每一方都能清晰透明地看到商品的生产、运送、库存等一系列信息，提高商品价值实现效率，构建互信共赢的供应链生态系统。

（2）优化支付方式

将去中心化式的区块链技术运用于电子商务的支付领域，可以有效减少交易支付的程序，进而节约交易成本。去中心化，即没有一个绝对的中心控制系统，在区块链上的各个节点之间是完全平等、各自独立、相互联系的，其中任一节点都有可能成为一个区域的中心。基于区块链技术的去中心化支付体系，直接将交易以顾客和商家对接，剔除中间平台（如银行、支付宝等第三方平台）的集中处理环节，交易资金直接进入商家账户，进而实现每笔交易的直接性，避免了交易支付过程中资金到账时间滞后所引起的短期利息损失问题，从而降低支付成本。

（3）提高交易透明度

目前，依据互联网日益完善的信用等级制度，借助多维度用户评价体系，消费者的购买行为在电子商务中有清晰的记录。这些信息几乎完全由商家单方记录展示，顾客属于信息的被接收方，因此相对被动，信息的真实性不公开不透明。运用区块链技术，商家的每一笔交易信息都将被记录在区块节点的分布式账单中且被共享，加密式数据分析使得电子商务中每一笔订单从下单、接单到物料配送、交易成功和评价等流程中的历史记录都不可能被篡改，保障了信息的高度安全性。基于此的区块链交易信息拥有极高的安全可视性，区块链中每个节点区块都能通过安全的共享信息享受数据信息透明的便利。

(4) 增强网络安全

区块链技术中基于信任机制的智能合约将开创一种新型金融交易时代，在保证电子商务交易过程中没有第三方的监督记录下也能高效地履行合约。数字加密技术和分布式共识算法使交易的每一个节点在一种完全被信任的系统中进行，公开透明的信息被区块中任何一个受信节点所使用，一种全新的安全防御模式使信息使用更加便利安全。

(5) 元宇宙的构建

元宇宙是整合多种新技术而产生的新型虚实相融的互联网应用和社会形态，它基于扩展现实技术提供沉浸式体验，以及数字孪生技术生成现实世界的镜像，通过区块链技术搭建经济体系，将虚拟世界与现实世界在经济系统、社交系统、身份系统上密切融合，并且允许每个用户进行内容生产和编辑。从时空性来看，元宇宙是一个空间维度上虚拟而时间维度上真实的数字世界；从真实性来看，元宇宙中既有现实世界的数字化复制物，也有虚拟世界的创造物；从独立性来看，元宇宙是一个与外部真实世界既紧密相连，又高度独立的平行空间；从连接性来看，元宇宙是一个把网络、硬件终端和用户囊括进来的永续的、广覆盖的虚拟现实系统。

区块链是元宇宙的一个基础，前者成为基础的重要特性就是可追溯、不可篡改，区块链技术的应用能够使元宇宙中的建筑、游戏、皮肤等任何物品可以有个拥有该物品的所有权、使用权或者收益权的主人，从经济学上看产权明确，可在元宇宙中自由交换与进行交易。

7.2 数据挖掘技术

7.2.1 数据挖掘的基本概念

数据挖掘（Data Mining，DM），又称为数据资料勘探，它是从数据库中进行知识发现（Knowledge-Discovery in Database，KDD）的一个步骤。其主要是指利用精确的算法，从庞大的数据集中获取隐含信息。目前有许多研究机构和学者赋予了数据挖掘多种定义，例如Frawley等将数据挖掘定义为从数据仓库中获取所需未被发现知识的过程，提取出来的结果主要有变化规律、模型和所产生的结果等。目前被广泛认可的一种定义是：数据挖掘是从一个不完整的、不明确的、大量的并且包含噪声的，具有很大随机性的实际应用数据中，提取其中隐含的、未被发现的、有潜在利用价值的知识的过程。

数据挖掘是数据仓库中最重要的应用之一。数据挖掘是揭开数据中隐藏的信息，是知识发现的基本组成部分。其先通过数据准备，将数据规格化，变为可挖掘的数据源，之后进行数据挖掘，找到数据集中的规律，最后对挖掘结果用可以理解的方式进行解释表达，成为知识。数据挖掘结构如图 7-1 所示。

常见的数据挖掘方法有分类、估计、预测、关联规则和聚类等。

(1) 分类（Classification）

分类是广泛应用的数据挖掘方法之一，主要是归类一系列事件或对象。社会化电子商务通过分析分类客户的行为特征信息，提供个性化信息服务，开展相应的商务活动。

(2) 估计（Estimation）

估计与分类很相近。不同的是，分类处理的是离散量，估计处理的可以是连续量。估计值可以作为分类的基础，如估计先得到

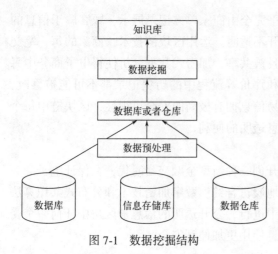

图 7-1　数据挖掘结构

的连续量，后根据设定的阈值进行分类。例如，银行贷款，先估值每个顾客评分（0~1 分），后据阈值确定不同等级，再据等级进行贷款。

(3) 预测（Prediction）

预测是人们根据事物过去发展变化的客观过程和某些规律性，根据事物运动和变化的状态，运用各种定性和定量分析方法，对事物未来可能出现的趋势和可能达到的水平所进行的科学推测。一般是结合预测模型进行预测。如社会化电子商务中，依据消费者过往的消费信息，预测消费者未来的消费情况。

(4) 关联规则（Affinity Grouping）

数据挖掘研究的主要模式之一是关联规则，即发现不同数据项之间的关联关系。挖掘出隐藏在数据之间的相关性是关联分析的目的，也就是发现在相同的事件中不同项目的相关性的规则。如在购买行为中的购买不同商品的行为活动之间的关联性。

数据库环境下关联规则的一般形式为

$$A_1 \wedge A_2 \wedge \cdots \wedge A_m \Rightarrow B_1 \wedge B_2 \wedge \cdots \wedge B_n$$

其中 $A_k(k=1, 2, \cdots, m)$、$B_j(j=1, 2, \cdots, n)$ 是数据库中的数据项。支持度（Support）即事务中同时包含 A、B 的百分比，即 $\text{Support}(A \Rightarrow B) = P(A \cup B)$。

置信度（Confidence）是包含 A 的事务中同时又包含 B 的百分比，类似于条件概率，即 $\text{Confidence}(A \Rightarrow B) = P(B|A) = P(A \cup B) / P(A)$。

数据库中进行关联规则挖掘的主要过程是：①数据收集和选择。由于数据可以在任何地方，也可以是任何数据，因此我们必须在相同的格式的数据中找到需要研究和分析的数据。②数据预处理。主要集中清理删除不需要的数据，同时确保正确的数据，保证每个数据准确可靠。③数据挖掘。挖掘的核心部分是从海量的数据中发现有效的、可理解的、隐含其中的、潜在有用的知识和模式。④分析和测试。将发现的知识或模式提交给专业人员分析，发现其中的新知。挖掘过程见图 7-2。

(5) 聚类（Clustering）

聚类分析是将类似性质的样本归为一类，把有差别的样本分为不同类别，聚类分析是根据样本间的距离将不同的样本归于不同类。聚类的原则是同一类的样本间有尽可能小的距离，而不同类别的样本间的距离要尽量大。如社会化电子商务平台环境下消费者社区的聚类分析，会将特征相近的消费者聚集于同一社区，这显然便于为不同社区的消费者提供针对性

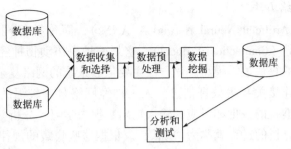

图 7-2 数据挖掘过程

服务和更加个性化服务，增强服务活动的有效性。

7.2.2 数据挖掘的相关方法

数据挖掘是一门综合的交叉学科，数据挖掘的方法也是多种多样的，为了完成某个特定的挖掘任务往往也要综合多种数据挖掘算法。以下是进行数据挖掘常用到的方法。

（1）统计分析方法

统计分析方法是利用统计学、概率论的原理对关系中各属性进行统计分析，从而找出数据之间的关系和规律。这类方法的优点是方法简单，工作量小；其缺点是定额的准确性差、可靠性差。统计分析方法结合领域的应用还产生了特别的课程或方向，如医学领域形成专门课程医学统计学。

（2）遗传算法

遗传算法（Genetic Algorithm）于 1972 年提出，是一类借鉴生物界的进化规律适者生存、优胜劣汰的遗传机制演化而来的随机化搜索方法。该算法最早由美国的 J. Holland 教授提出，其主要特点是直接对结构对象进行操作，不要求函数连续性和导数存在性，具有内在的隐并行性和更好的全局寻优能力，采用概率化的寻优方法，能自动获取和指导优化的搜索空间，自适应地调整搜索方向，不需要确定的规则。一般情况下，遗传算法具有较好的收敛性，在计算精度要求较高时具有计算时间少、鲁棒性高等优点。

（3）粗糙集方法

粗糙集理论是波兰 Pawlak Z 教授于 1982 年提出的一种智能决策分析工具，它是一种刻画不完整性和不确定性的数学工具，它能有效地分析不精确、不一致、不完整等各种不完备的信息。其最大的优点就是不需要先验知识，易用性好。粗糙集方法被广泛应用于不精确、不确定、不完全的信息的分类和知识获取。粗糙集方法在临床医疗诊断、预测与控制、电力系统和其他工业过程故障诊断、机器学习和数据挖掘、模式识别与分类、图像处理等许多领域都得到广泛的应用。

（4）决策树方法

决策树方法就是利用训练集生成一个测试函数，根据不同取值建立树的分支在每个分支子集中重复建立下层结点和分支，不断重复便生成一棵决策树，然后对决策树进行剪枝处理，最后把决策树转化为规则。决策树方法可用于分类挖掘。决策树方法是数据挖掘经常用到的方法之一，不仅可以用于分析数据，还可以用来做预测。常用的算法有 Quest、CART、CHAID 和 C5.0。决策树方法的优点是擅长处理非数值型数据；其缺点是容易训练过度。

(5) 人工神经网络方法

人工神经网络（Artificial Neural Networks，ANNs），简称神经网络（Neural Networks，NNs）也称为连接模型（Connectionist Model）。它是一种模仿动物神经网络行为特征，进行并行分布式信息处理的算法数学模型。该方法主要依靠系统的网络复杂度，通过调整大量内部节点及其相互间的连接关系去处理信息。人工神经网络具有较强的自适应和自学习的能力，可以先通过预先准备的一批相对应的输入输出数据去学习，分析并找出输入输出之间隐藏的规律，这种学习分析的过程就称为"训练"。根据这些隐藏的规律，输入新的数据去推算输出。人工神经网络已经在图像处理、模式识别、自动控制领域、机器人控制及医疗等各个领域的应用上取得了很大的进展。神经网络方法的优点具有很好的自学习能力、联想存储功能及高速找到优化解的能力；其缺点是容易学习过度，建立神经网络需要大量的准备工作和花费大量的时间。

(6) 模糊逻辑

模糊逻辑是建立在多值逻辑基础上，运用集合的方法来研究模糊性思维、语言形式及其规律的科学。在数据挖掘领域，模糊逻辑可以进行模糊综合判别、模糊聚类分析等。

(7) 最近邻技术

最近邻技术主要是通过 K 个与之最相近的历史记录的组合来辨别新记录。最近邻技术的优点是计算的复杂度较低；缺点是关联的准确度容易受外界环境影响。

(8) 可视化技术

可视化技术是一种辅助技术，主要采用比较直观的图形、图表方式将挖掘出来的模式表现出来。数据的可视化技术是表达解释数据最有效的手段，让人们可以很容易地去理解大量的数据，是数据挖掘数据解释中应用到的有效方法。

7.3 云计算技术

7.3.1 云计算概念及相关技术

云计算（Cloud Computing）指通过计算机网络形成的计算能力极强的系统，可存储、集合相关资源并可按需配置，向用户提供个性化服务。云计算是分布式计算的一种，是通过网络"云"将巨大的数据计算处理程序分解无数个小程序，然后，通过多部服务器组成的系统进行处理和分析这些小程序得到结果并返回给用户。

云计算涉及许多相关新技术，如编程模型、海量数据分布存储技术、海量数据管理技术、虚拟化技术和云计算平台管理技术等。

(1) 编程模型

分布式并行计算框架模型 MapReduce 是 Google 开发的 java、Python、C++编程模型，它是一种简化的分布式编程模型和高效的任务调度模型，用于大规模数据集（大于 1TB）的并行运算。MapReduce 的思想是将要执行的问题分解成 Map（映射）和 Reduce（化简）的方式，先通过 Map 程序将数据切割成不相关的区块，分配（调度）给大量计算机处理，达到分布式运算的效果，再通过 Reduce 程序将结果汇整输出。

(2) 海量数据分布存储技术

云计算系统采用分布式存储的方式存储数据，用冗余存储的方式保证数据的可靠性。云计算系统中广泛使用的数据存储系统是 Google 的谷歌文件系统（Google File System，GFS）和 Hadoop 团队开发的 GFS 的具有高容错性的分布式文件系统（Hadoop Distributed File System，HDFS）。

GFS 即是一个可扩展的分布式文件系统，用于大型的、分布式的、对大量数据进行访问的应用。GFS 的设计思想不同于传统的文件系统，是针对大规模数据处理和 Google 应用特性而设计的。它可以运行于廉价的普通硬件上，具有容错功能，可以提供总体性能较高的服务。

一个 GFS 集群由一个主服务器（Master）和大量的块服务器（Chunk server）构成，并被许多客户（Client）访问。主服务器存储文件系统的元数据，包括名字空间、访问控制信息、从文件到块的映射以及块的当前位置。它也控制系统范围的活动，如块租约（Lease）管理，孤儿块的垃圾收集，块服务器间的块迁移。主服务器定期通过 HeartBeat 消息与每一个块服务器通信，给块服务器传递指令并收集它的状态。GFS 中的文件被切分为 64MB 的块并以冗余存储，每份数据在系统中保存 3 个以上备份。

客户与主服务器的交换只限于对元数据的操作，所有数据方面的通信都直接和块服务器联系，这大大提高了系统的效率，防止主服务器负载过重。

（3）海量数据管理技术

云计算需要对分布的、海量的数据进行处理、分析。云计算系统中的数据管理技术主要是 Google 的大表（Big Table，BT）数据管理技术和 Hadoop 团队开发的开源数据管理模块 HBase。

BT 是建立在 GFS、Scheduler、Lock Service 和 MapReduce 之上的一个大型的分布式数据库，与传统的关系数据库不同，它把所有数据都作为对象来处理，形成一个巨大的表格，用来分布存储大规模结构化数据。

Google 的很多项目使用 BT 来存储数据，包括网页查询、Google Earth 和 Google 金融。这些应用程序对 BT 的要求各不相同：数据大小（从 URL 到网页再到卫星图像）不同，反应速度（从后端的大批处理到实时数据服务）不同。对于不同的要求，BT 都成功地提供了灵活高效的服务。

（4）虚拟化技术

虚拟化技术可实现软件应用与底层硬件相隔离，它包括将单个资源划分成多个虚拟资源的裂分模式，也包括将多个资源整合成一个虚拟资源的聚合模式。虚拟化技术根据对象可分成存储虚拟化、计算虚拟化、网络虚拟化等，计算虚拟化又分为系统级虚拟化、应用级虚拟化和桌面虚拟化。

（5）云计算平台管理技术

云计算资源规模庞大，服务器数量众多并分布在不同的地点，同时运行着数百种应用，如何有效地管理这些服务器，保证整个系统提供不间断的服务是巨大的挑战。云计算系统的平台管理技术能够使大量的服务器协同工作，方便进行业务部署和开通，快速发现故障和恢复系统，通过自动化、智能化的手段实现大规模系统的可靠运营。

7.3.2 云计算技术在社会化电子商务中的应用

云计算的表现形式多种多样，简单的云计算在人们日常网络应用中随处可见，比如百度云盘、腾讯 QQ 空间提供的在线制作 Flash 图片、亚马逊云服务等。目前，云计算的主要服务形式有：软件即服务（Software as a Service，SaaS）、平台即服务（Platform as a Service，PaaS）和设施即服务（Infrastructure as a Service，IaaS）。

（1）SaaS

SaaS 服务提供商将应用软件统一部署在自己的服务器上，用户根据需求通过互联网向厂商订购应用软件服务，服务提供商根据客户所订购软件的数量、时间的长短等因素收费，是通过浏览器向客户提供软件的服务模式。这种服务模式的优势是，由服务提供商维护和管理软件、提供软件运行的硬件设施，用户只需拥有能够接入互联网的终端，即可随时随地使用软件。这种模式下，客户不再像传统模式那样花费大量资金在硬件、软件、维护人员上，只需要支出一定的租赁服务费用，通过互联网就可以享受到相应的硬件、软件和维护服务，这是网络应用效益最佳的营运模式。对于小型企业来说，SaaS 是采用先进技术的最好途径。

以企业管理软件来说，SaaS 模式的云计算 ERP 可以让客户根据并发用户数量、所用功能多少、数据存储容量、使用时间长短等因素不同组合按需支付服务费用，既不用支付软件许可费用，也不需要支付采购服务器等硬件设备费用，也不需要支付购买操作系统、数据库等平台软件费用，也不用承担软件项目定制、开发、实施费用，也不需要承担 IT 维护部门开支费用，实际上云计算 ERP 正是继承了开源 ERP 免许可费用只收服务费用的最重要特征，是突出了服务的 ERP 产品。Salesforce.com 是提供这类服务有名的公司，Google Doc、Google Apps 和 Zoho Office 也属于这类服务。

（2）PaaS

把开发环境作为一种服务来提供。这是一种分布式平台服务，厂商提供开发环境、服务器平台、硬件资源等服务给客户，用户在其平台基础上定制开发自己的应用程序并通过其服务器和互联网传递给其他客户。PaaS 能够给企业或个人提供研发的中间平台，提供应用程序开发、数据库、应用服务器、试验、托管及应用服务。

Google App Engine，Salesforce 的 force.com 平台，八百客的 800App 是 PaaS 的代表产品。以 Google App Engine 为例，它是一个由 Python 应用服务器群、Big Table 数据库及 GFS 组成的平台，为开发者提供一体化主机服务器及可自动升级的在线应用服务。用户编写应用程序并在 Google 的基础架构上运行就可以为互联网用户提供服务，Google 提供应用运行及维护所需要的平台资源。

（3）IaaS

IaaS 即把厂商的由多台服务器组成的"云端"基础设施，作为计量服务提供给客户。它将内存、I/O 设备、存储和计算能力整合成一个虚拟的资源池为整个业界提供所需要的存储资源和虚拟化服务器等服务。这是一种托管型硬件方式，用户付费使用厂商的硬件设施。例如 Amazon Web 服务（AWS），IBM 的 Blue Cloud 等均是将基础设施作为服务出租。

IaaS 的优点是用户只需低成本硬件，按需租用相应计算能力和存储能力，大大降低了用户在硬件上的开销。

云计算技术范围很广，目前各大 IT 企业提供的云计算服务主要根据自身的特点和优势实现。

（1）Google 的云计算平台

Google 的硬件条件优势，大型的数据中心、搜索引擎的支柱应用，促进 Google 云计算迅速发展。Google 的云计算主要由 MapReduce、Google 文件系统（GFS）、Big Table 组成。它们是 Google 内部云计算基础平台的 3 个主要部分。Google 还构建其他云计算组件，包括一个领域描述语言以及分布式锁服务机制等。Sawzall 是一种建立在 MapReduce 基础上的领域语言,专门用于大规模的信息处理。Chubby 是一个高可用、分布式数据锁服务,当有机器失效时,Chubby 使用 Paxos 算法来保证备份。

(2) IBM"蓝云"计算平台

"蓝云"解决方案是由 IBM 云计算中心开发的企业级云计算解决方案。该方案可以对企业现有的基础架构进行整合,通过虚拟化技术和自动化技术,构建企业自有的云计算中心,实现企业硬件资源和软件资源的统一管理、统一分配、统一部署、统一监控和统一备份,打破应用对资源的独占,从而帮助企业实现云计算理念。

IBM 的"蓝云"计算平台是一套软、硬件平台,将 Internet 上使用的技术扩展到企业平台上,使得数据中心使用类似于互联网的计算环境。"蓝云"大量使用了 IBM 先进的大规模计算技术,结合了 IBM 自身的软、硬件系统以及服务技术,支持开放标准与开放源代码软件。

"蓝云"计算平台由一个数据中心、IBM Tivoli 部署管理软件(Tivoli Provisioning Manager)、IBM Tivoli 监控软件(IBM Tivoli Monitoring)、IBM WebSphere 应用服务器、IBM DB2 数据库以及一些开源信息处理软件和开源虚拟化软件共同组成。"蓝云"的硬件平台环境与一般的 x86 服务器集群类似,使用刀片的方式增加了计算密度。"蓝云"软件平台的特点主要体现在虚拟机以及对于大规模数据处理软件 Apache Hadoop 的使用上。

(3) Amazon 的弹性计算云

Amazon 是互联网上最大的在线零售商,为了应对交易高峰,不得不购买了大量的服务器。而在大多数时间,大部分服务器闲置,造成了很大的浪费,为了合理利用空闲服务器,Amazon 建立了自己的云计算平台弹性计算云 EC2(Elastic Compute Cloud),并且是第一家将基础设施作为服务出售的公司。

Amazon 将自己的弹性计算云建立在公司内部的大规模集群计算的平台上,而用户可以通过弹性计算云的网络界面去操作在云计算平台上运行的各个实例(Instance)。用户使用实例的付费方式由用户的使用状况决定,即用户只需为自己所使用的计算平台实例付费,运行结束后计费也随之结束。这里所说的实例即是由用户控制的完整的虚拟机运行实例。通过这种方式,用户不必自己去建立云计算平台,节省了设备与维护费用。

7.4 推荐系统技术

7.4.1 推荐系统概念

推荐系统是通过了解和学习客户的需求与爱好,为用户提供商品信息和建议,推荐其可能感兴趣的商品,实现信息服务的个性化。推荐的原理如图 7-3 所示。

推荐系统主要有两个显著的特征。

① 主动性。从用户角度考虑。不需要用户提供明确的需求,能够自主通过分析用户与物品之间的关联数据进行建模,为用户提供可能感兴趣的信息。

② 个性化。能够挖掘冷门信息推荐给用户。

推荐系统分类方法有很多种,依据推荐算法,可以将其分为基于内容的推荐、基于协同过滤的推荐和混合推荐。

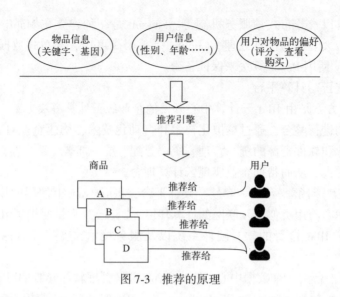

图 7-3　推荐的原理

（1）基于内容的推荐

这种方法利用用户已经选择的对象，从候选集中找出与用户已选对象相似的对象作为推荐结果。这种方法的策略是首先提取推荐对象的内容特征，并和用户模型中的用户兴趣匹配。

如图 7-4 所示，用户 A 喜欢具有特征 A、B 的商品 A，而商品 C 也具有特征 A、B，商品 C 与商品 A 相似，于是商品 C 被推荐给用户 A。

基于内容的推荐有如下优点：①简单有效，推荐结果较为直观，可解释性强。②没有新推荐对象冷启动的问题。③简单的分类方法就能够支持该策略。缺点有：①受推荐对象特征提取能力的限制，对多媒体、文本资源的特征提取不够全面。②很难提出新颖的推荐结果，难以发现用户新的兴趣点。③存在新用户冷启动的问题。

（2）基于协同过滤的推荐

① 基于用户的协同过滤。基于用户的协同过滤的基本思想是首先找到与目标用户兴趣相同的用户集合，然后找到这个集合中用户喜欢并且没有听说过的物品推荐给目标用户。如图 7-5 所示，用户 A 喜欢商品 A 和 B，用户 C 喜欢商品 A、B 和 C，用户 A 和用户 C 具有相似的兴趣爱好，因此将商品 C 推荐给用户 A。

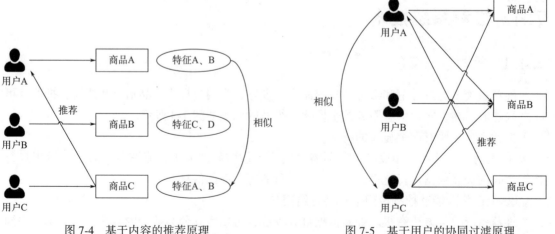

图 7-4　基于内容的推荐原理　　　　　图 7-5　基于用户的协同过滤原理

② 基于对象的协同过滤。基于对象的协同过滤的基本思想是基于所有用户对推荐对象的评价的推荐策略。如果大部分用户对一些推荐对象的评分较为相似，那么当前用户对于这些推荐对象的评分也相似。然后将相似的推荐对象中用户未进行评分的对象推荐给用户。总之，基于对象的协同过滤就是根据用户对推荐对象的评价，发现对象间的相似度，根据用户的历史偏好将相似的对象推荐给该用户。如图 7-6 所示，用户 A 喜欢商品 A 和 C，用户 B 喜欢商品 A、B 和 C，用户 C 也喜欢商品 A，通过这些用户的喜好可以判断商品 A 和商品 C 是相似的，因此给喜欢商品 A 的用户 C 也推荐商品 C。

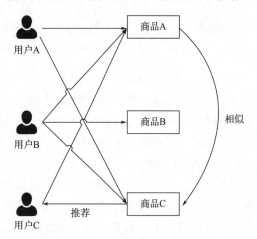

图 7-6　基于对象的协同过滤原理

③ 基于模型的协同过滤。基于模型的协同过滤的基本思想是基于样本用户的喜好信息，训练一个推荐模型，然后根据实时的用户喜好信息进行推荐，其和上述两种协同推荐的不同点在于先对已有数据应用统计和机器学习的方法得到模型，再进行预测。

基于协同过滤推荐的优点：a. 可以使用在复杂的非结构化对象上。b. 能够发现用户新的兴趣爱好，给用户带来惊喜。c. 以用户为中心的自动推荐，随着用户数量的增加，用户体验也会越来越好。缺点：a. 存在冷启动的问题。b. 存在稀疏性问题，即用户数量大量增长的同时，评价差异性会越来越大，推荐对象也会越来越多，导致大量的推荐对象没有经过用户评价，部分用户无法获得推荐结果，部分对象无法被推荐。

（3）混合推荐方法

目前使用最多的混合推荐方法就是把基于内容的推荐和基于协同过滤的推荐组合。可以简单分为以下两种。①推荐结果混合：将多种推荐方法产生的结果通过某种方式进行混合计算而产生最终的推荐结果。常用投票法。②推荐算法混合：以某一种推荐策略作为框架，混合另外的推荐策略。如协同过滤推荐的框架混合基于内容的推荐策略。

7.4.2　典型推荐技术

7.4.2.1　基于内容的推荐技术

基于内容的推荐算法的关键技术是项目共同特征特点的有效抽取，相对于多媒体类项目（如音频、视频、图片）而言，文本类项目（如网页）的特征值的提取相对容易。通常情况下，文本项目主要都是通过提取其包含的关键字来表示特征的，并利用 TF-IDF（Term Frequency-Inverse Document Frequency）来确定这些关键字的权重。权重值的大小与关键字在文档中出现的次数成正比，与关键字在不同文档中出现的次数成反比。在内容推荐中主要是通过分类将数据的特征信息与用户评分联系起来进行推荐。内容推荐主要涉及三个步骤：①离线预处理（包括数据预处理和数据特征选择）。②离线学习（主要涉及用户画像学习）。③在线预测（包括商品过滤和商品列表推荐）。

具体计算式如下

$$\text{sim}_i(x,y,i) = \frac{\sum_{u=1}^{n}(r_{u,i,x_i}-\bar{r}_i)(r_{u,i,y_i}-\bar{r}_i)}{\sigma_{x_i}\sigma_{y_i}} \quad \omega_{ij}=\text{TF}_{ij}\text{IDF}_i=\frac{f_{ij}}{\max_z f_{zj}}\lg\frac{N}{n_i} \quad (7\text{-}1)$$

设 d_j 为第 j 个文档，k_i 表示第 i 个关键字，则 ω_{ij} 表示第 d_j 个文档中关键字 k_i 的权重。其中，N 为文本项目所包含文档的数目，n_i 为 N 中包含关键字的文档数，n_i 越大，表示关键字 k_i 对区别文档的贡献越少。f_{ij} 是 k_i 在 d_j 中出现的次数，f_{ij} 越大表示 k_i 对文档 d_j 越重，$\max_z f_{ij}$ 表示所有关键字 k_z 出现的次数的最大值。TF_{ij} 被称为 k_i 在 d_j 中的词频，IDF_i 则被称为 k_i 在 N 中的逆频。

基于内容的推荐方法的主要理论依据源于信息检索或信息过滤领域。其基本原理是根据用户历史购买记录或者是操作记录（如分享、收藏等），抽取项目内容特点形成用户偏好文档，在推荐过程中，首先计算待推荐项目与所提取的偏好文档的相似度，并把相似度最高的项目推荐给用户。以音乐的推荐为例，系统先分析用户已听过的音乐的历史记录，并找出打分较高的音乐的共同特征（如艺人、专辑、风格等），再推荐与这些用户感兴趣的音乐内容相似度高的其他音乐。

（1）产品描述

基于内容的推荐算法的重点是为产品建立描述模型。对产品信息的提取包括结构化的数据，比如现有的项目属性或标签；也包括非结构化的数据，例如对新闻文章的评价或其本身的内容。对于项目的非结构化数据的提取可以利用 TF-IDF 方法来确定项目的关键词。TF 代表词频率，IDF 代表逆向文件频率。文本文档可以通过分词和 TF-IDF 来转换成空间中的向量，空间维度对应文档分词结果。

（2）用户配置

文件利用目标用户过去的评论、收藏、需求等行为信息构造用户的偏好模型。利用朴素贝叶斯分类器、聚类分析、支持向量机等统计方法和机器学习技术分析数据并经过训练得到模型。在基于内容的推荐算法中，如何实时更新用户的偏好描述模型是较为困难的步骤，是目前重点研究的方向。

7.4.2.2 基于协同过滤的推荐技术

协同过滤推荐技术是推荐系统中应用最早和最为成功的技术之一。它一般采用最近邻技术，利用用户的历史喜好信息计算用户之间的距离，然后利用目标用户的最近邻用户对商品评价的加权评价值来预测目标用户对特定商品的喜好程度，系统从而根据这一喜好程度来对目标用户进行推荐。

基于协同过滤的个性化推荐算法通常可以分为两类：一类是基于记忆的算法；另一类是基于模型的算法。基于记忆的推荐算法是依据用户-项目（User-Item）矩阵中的评分数据来进行推荐预测的。设 $U=\{u_1,u_2,\cdots,u_n\}$ 为用户集合，$I=\{i_1,i_2,\cdots,i_n\}$ 为项目集合；$\hat{U}$ 为与 U 相似度较高的用户集合，则预测用户 U 对项目 I 的估计评分 $R_{u,i}$ 的预测函数为：

$$R_{u,i}=\frac{1}{N}\sum_{\bar{u}\in\hat{U}}R_{u,i} \quad (7\text{-}2)$$

$$R_{u,i}=k\sum_{\bar{u}\in\hat{U}}\text{sim}(u,\bar{u})R_{u,i} \quad (7\text{-}3)$$

$$R_{u,i} = \overline{R_u} + k \sum_{\overline{u} \in \hat{U}} sim(u, \overline{u})(R_{\overline{u},i} - \overline{R_u}) \tag{7-4}$$

式（7-2）是通过计算邻居打分平均值来预测，是最简单的方法；式（7-3）利用的是加权平均的方法，并引入标准化因子 k，是最常用的方法；而式（7-4）则还考虑到了不同用户的平均喜好程度的偏差，具有更高的预测精度。以上公式中，$sim(u,\overline{u})$ 表示用户 u 与相似用户 $\overline{u}$ 的具体相似度，其计算方法有皮尔森相关性（Pearson Correlation）、余弦相似度（Cosin Similarity）、调整余弦相似度（Adjust Cosin Similarity）。

基于模型的算法与基于记忆的算法的最大的区别是：基于模型的算法是通过对已有的数据进行数理统计、机器学习和数据挖掘，进而建立用户模型进行预测；而基于记忆的算法是通过启发规则进行预测。

基于模型的算法可以借助最大熵模型、线性回归模型、聚类模型和 Bayes 模型等实现。最简单的评分模型可表示为

$$R_{u,i} = \sum_{r=1}^{s} P(u,r) \tag{7-5}$$

其中，评分 $r=(1,2,3,4,5)$；$R_{u,i}$ 表示用户 u 对项目 i 的评分；$P(u,r)$ 表示 u 打分为 r 的概率。

基于协同过滤的推荐算法不需要先验知识，且推荐结果的准确率和个性化程度会随着时间的推移和用户数量的增加而提高，能快速发现新的用户兴趣偏好。但对于新系统和新用户来说推荐质量会相对较差，存在数据稀疏性和冷启动的问题。目前很多电子商务网站都采用协同过滤系统，如 Amazon 的书籍推荐系统等。

7.4.2.3 混合推荐的技术

混合推荐是为解决基于内容过滤和协作过滤各自的不足而提出的，其基本原理是将两种或两种以上的推荐算法产生的结果进行融合后推荐给目标用户。目前，最常见的混合推荐系统是内容过滤与协同过滤的融合。融合的方式有 4 种：独立计算，结果融合；基于内容的协同过滤算法，即内容推荐融合到协同过滤方法中；协同过滤融合到基于内容方法中；将内容过滤与协同过滤混合到一个框架下。

最简单的做法就是分别用基于内容推荐的方法和基于协同过滤推荐的方法去产生一个推荐预测结果，然后用某方法组合其结果。组合推荐的目的是通过组合弥补单一推荐技术的弱点。

7.4.2.4 其他推荐技术

还有不少应用也比较广泛的其他的推荐技术。

① 基于规则的推荐。规则可以由用户自己定义，也可以由一些数据挖掘技术来发现，规则一旦确定以后，系统就会根据这个规则向用户推荐对应的项目。

② 基于知识的推荐。在这种推荐中，用户首先需要输入知识点，然后通过功能知识单元判断出待推荐项目与输入的知识点的匹配程度，进而找出与用户输入知识点关系密切的项目，从而生成推荐列表。

③ 基于人口统计信息的推荐。这种推荐技术需要输入大量的用户基本资料，然后通过对这些资料进行梳理、统计，为具有共同特点的用户分门别类建立类别，最后针对这些共同特点进行推荐。

④ 基于位置情景的推荐。通过获取用户的地理位置，向用户提供有针对性的服务。

7.4.3 推荐系统技术在社会化电子商务中的应用

（1）基于内容的推荐应用

基于内容的推荐步骤可以概括为，首先给商品划分一些属性，然后根据商品的不同类别，向用户推荐一些相同类型的商品。我们可以创设一种情景，例如通过一些精准的计算，会发现服装 1 和服装 3 较为相似，因为它们都属于休闲一类。推荐系统还会发现用户 1 喜欢服装 1，根据推荐算法可以得出，用户 1 很可能对服装 3 也感兴趣。于是系统会将服装 3 推荐给用户 1。

（2）基于协同过滤的推荐应用

如基于用户的协同过滤推荐，可利用社会化电子商务中用户的访问记录，根据用户组群的相似性程度，实现向用户推荐所需的产品或服务。

（3）混合协同过滤的推荐应用

比如在社会化电子商务平台系统中，可先利用基于内容的推荐，在获得较多的用户信息的基础之上，再利用协同过滤向用户推荐更多符合需求的商品及潜在可能商品。

7.5 隐私保护技术

7.5.1 隐私保护技术概念

隐私通常指的是数据所有者不希望被外界所知晓的敏感信息，例如个人的身份信息、薪资情况、企业的财务信息。一般隐私可分为个人隐私与共同隐私。个人隐私指的是可以确定特定个人或与可确定个人相关，但个人不愿意暴露的信息。共同隐私指的是能表现出多个个体之间的联系或共性且不愿意被暴露的信息。

隐私保护技术指在提供隐私保护的前提下，实现数据价值挖掘的技术体系。面对数据计算的参与方或意图窃取信息的攻击者，隐私保护计算技术能够实现数据处于加密状态或非透明状态下的计算，以达到各参与方隐私保护的目的。

隐私保护计算通常不是一种单一的技术，它是一套包含人工智能、密码学、数据科学等众多领域交叉融合的跨学科技术体系。隐私保护计算能够保证满足数据隐私安全的基础上，实现数据"价值"和"知识"的流动与共享，真正做到"数据可用不可见"。

数据隐私保护技术可以分为以下几种类型。

（1）基于数据失真的隐私保护技术

数据失真技术通过扰动原始数据来实现隐私保护的目的。它要使扰动后的数据同时满足：①攻击者不能发现真实的原始数据。也就是说，攻击者通过发布的失真数据不能重构出真实的原始数据。②失真后的数据仍然保持某些性质不变，即利用失真数据得出的某些信息等同于从原始数据上得出的信息。这就保证了基于数据失真的某些应用的可行性。

（2）基于数据加密的隐私保护技术

基于数据加密的隐私保护技术多用于分布式应用中，如分布式数据挖掘、分布式安全查询、几何计算、科学计算等。在分布式下，具体应用通常会依赖于数据的存储模式和站点的可信度及其行为。分布式应用采用垂直划分的数据模式和水平划分的数据模式两种模式存储数据。垂直划分数据是指分布式环境中每个站点只存储部分属性的数据,所有站点存储的数据不重复;水平划分数据是将数据记录存储到分布式环境中的多个站点,所有站点存储的数据不重复。对分布式环境下的站点(参与者),根据其行为,可分为半诚信攻击者和恶意攻击者,半诚信攻击者是遵守相关计算协议但仍试图进行攻击的站点;恶意攻击者是不遵守协议且试图披露隐私的站点。一般地假设所有站点为半诚信攻击者。

(3)基于限制发布的隐私保护技术

限制发布是指有选择地发布原始数据、不发布或者发布精度较低的敏感数据,以实现隐私保护。此类技术的研究应用集中于数据匿名化,即在隐私披露风险和数据精度间进行折中,保证对敏感数据及隐私的披露风险在可容忍范围内,有选择地发布敏感数据及可能披露敏感数据信息。数据匿名化研究与应用主要集中在两个方面:一方面是研究设计更好的匿名化原则,使遵循此原则发布的数据既能很好地保护隐私,又具有较大的利用价值;另一方面是针对特定匿名化原则设计更"高效"的匿名化算法。

7.5.2 隐私保护的相关技术

7.5.2.1 加密技术

加密就是将明文数据进行某种变换,使其成为一种不可理解的形式。这种不可理解的形式称为密文。解密是加密的逆过程,即将密文还原成明文。加密和解密必须依赖两个要素,这两个要素就是算法和密钥。算法是加密和解密的计算方法,密钥是加密和解密用到的一串数字。

加密分为对称加密和非对称加密两大类。对称加密技术的特点是加密和解密使用相同的密钥。这类方法的优点是使用简单快捷。常见的对称加密算法有数据加密标准算法(DES)和国际数据加密算法(IDEA)。对称加密的不足之处有:首次通信时,双方必须以特殊的方式传递统一的密钥;当通信对象增多时,需要相应多数量的密钥;对称加密技术要求双方共同保守秘密,在管理和分发密钥过程中,有任何一方泄漏密钥都会造成泄密后果,存在潜在的危险和管理上的复杂性;泄密后难以分清责任。

非对称加密技术也称为公私钥加密技术。公钥可为其他方所用,私钥仅为自己掌握。加密和解密使用两把密钥,一把公钥,另一把私钥。公钥与私钥配对使用,用公钥对数据进行加密,则用对应私钥才能解密;若用私钥对数据进行加密,只有用对应公钥才能解密。非对称加密技术能克服对称加密技术密钥管理和分发上的难题。

常用的非对称加密形式是,发送方用接收方的公钥加密,只有接收方用自己的私钥才能解密,其他方即使收到加密数据也不能得到数据明文,这保证接收方的唯一,较好解决了信息保密性问题。常用 RSA 算法实现非对称加密。

有如下 5 种常见加密技术。

(1)随机性加密

随机性加密是概率性的,即对于相同的明文输入将产生不同的密文输出,保证了选择明文攻击下的不可区分性(IND-CPA),这可抵御敌手针对密文数据发起的统计分析攻击。随机性加密算法适用于加密数据库中比如信用卡号这类敏感但不需要参与运算的数据。

(2)确定性加密

确定性加密对于相同的明文输入将产生相同的密文输出。

（3）保序加密

通过保序加密生成的密文依然保持了明文间的顺序性，即如果明文间的顺序关系为 $a<b<c$，那么经过加密后密文间的顺序关系应当满足 $\text{Enc}_k(a)<\text{Enc}_k(b)<\text{Enc}_k(c)$。保序加密算法适用于加密数据库中数值类型的数据。通过使用保序加密算法，数据库能够直接对加密的数据执行比较运算，并且还可以在密文数据上建立同明文数据一样的索引以加快数据库执行有关范围查询请求的效率。

（4）可搜索加密

根据关键字筛选出符合条件的数据是一种实用的应用方式，若直接使用类似于高级加密标准（Advanced Encryption Standard，AES）和密码分组链接模式（Cipher Block Chaining，CBC）的方式加密明文数据，很难在生成的密文上执行关键字检索操作。如果用户需要对密文数据进行关键字检索，就只能先解密出明文，再在明文数据上执行检索操作。可搜索加密能够在密文环境下实现关键字的查询检索处理。

（5）同态加密

同态加密使得服务器可以在密文环境下对存储数据执行特定的数学计算，其计算结果的解密值等于直接使用明文计算得到的值，即满足下式：

$$f[\text{HOM}_K(m_1),\text{HOM}_K(m_2)]=\text{HOM}_K[f(m_1,m_2)] \tag{7-6}$$

其中，f 表示某种函数；若 f 表示任意函数，即为全同态加密。全同态加密可以对加密的数据执行任意计算。全同态加密的计算复杂度高，运算速度慢。

7.5.2.2 防火墙技术

防火墙技术是建立在网络技术和信息安全技术基础上的应用性安全技术。几乎所有的企业内部网络与外部网络（如 Internet）相连接的边界都会放置防火墙，防火墙能够起到安全过滤和安全隔离外网攻击、入侵等有害的网络安全信息和行为。防火墙的作用体现在以下几个方面。

（1）限定内部用户访问特殊站点

防火墙通过用户身份认证来确定合法用户。防火墙通过事先确定的完全检查策略，来决定内部用户可以使用哪些服务，可以访问哪些网站。

（2）限制暴露用户点，防止内部攻击

利用防火墙对内部网络的划分，可实现网络中网段的隔离，防止影响一个网段的问题通过整个网络传播，从而限制了局部重点或敏感网络安全问题对全局网络造成的影响，保护一个网段不受来自网络内部其他网段的攻击。

（3）网络地址转换（Network Address Translation，NAT）

防火墙可以作为部署 NAT 的逻辑地址，可以用来缓解地址空间短缺，帮助组织克服由于更换网络业务提供商（Internet Service Provider，ISP）带来的重新编址麻烦。

（4）虚拟专用网（Virtual Private Network，VPN）

防火墙还可使用在具有 Internet 服务特性的企业内部网络技术体系 VPN。通过 VPN 将企事业单位在地域上分布在全世界各地的 LAN 或专用子网，有机地连成一个整体。不仅省去了专用通信线路，而且为信息共享提供了技术保障。

随着技术的进步和防火墙应用场景的不断延伸，按照不同的使用场景防火墙可以划分为如下四种：①过滤防火墙。这种防火墙会根据已经预设好的过滤规则，对在网络中流动的数据包进行过滤行为。符合过滤规则的数据包会被放行，如果数据包不满足过滤规则，就会被删除。数据包的过滤规则是基于数据包报审的特征设定的。防火墙通过检查数据包的源头 IP 地址、目的 IP 地址、数据包遵守的协议、端口号等特征来完成。第一代的防火墙就属于过滤防火墙。②应用网关防火墙。过滤防火墙在 OSI 七层协议中主要工作在数据链路层和 IP 层。应用网关防火墙主要工作在最上层应用层。应用网关防火墙最大的特点是有一套自己的逻辑，基于这个逻辑，应用网关服务器在应用层上进行危险数据的过滤，分析内部网络应用层的使用协议，并且对计算机网络内部的所有数据包进行分析，如果数据包没有应用逻辑则不会被放行通过防火墙。③服务防火墙。服务防火墙主要用于服务器的保护，防止外部网络的恶意信息进入服务器环境。④监控防火墙。监控防火墙则是不仅仅防守，还会主动出击。一方面，监控防火墙可以像传统的防火墙一样，过滤网络中的有害数据；另一方面，监控防火墙可以主动对数据进行分析和测试，检查网络是否受到外部攻击。这种防火墙对内可以过滤，对外可以监控，是传统防火墙的重大升级。

7.5.2.3 生物识别技术

生物识别技术就是通过计算机与光学、声学、生物传感器和生物统计学原理等高科技手段密切结合，利用人体固有的生理特性（如指纹、虹膜等）和行为特征（如笔迹、声音、步态等）来进行个人身份的鉴定。传统的身份鉴定方法包括身份标识物品（如钥匙、证件、ATM 卡等）和身份标识知识（如用户名和密码）。这些主要借助体外物证明身份，一旦证明身份的相应标识物品和标识知识被盗或遗忘，其身份就容易被他人冒充或取代。生物识别技术比传统的身份鉴定方法更具安全、保密和方便性。生物识别技术具有不易遗忘、防伪性能好、不易伪造或被盗、随身"携带"和随时随地可用等优点。

生物识别系统对生物特征进行取样，提取其特征并且转化成数字代码，并进一步将这些代码组成特征模板。由于微处理器及各种电子元器件成本不断下降，精度逐渐提高，生物识别系统逐渐应用于商业上的授权控制如门禁、企业考勤管理系统安全认证等领域。用于生物识别的生物特征有手形、指纹、脸形、虹膜、视网膜、脉搏、耳廓等，行为特征有签字、声音、按键力度等。

人们已经发展了指纹识别、手掌几何学识别、声音识别、视网膜识别、虹膜识别、签名识别等多种生物识别技术。

① 指纹识别。实现指纹识别有多种方法。其中有些是仿效传统的公安部门使用的方法，比较指纹的局部细节；有些直接通过全部特征进行识别；还有一些使用更独特的方法，如指纹的波纹边缘模式和超声波。有些设备能即时测量手指指纹，有些则不能。在所有生物识别技术中，指纹识别是当前应用最为广泛的一种。

② 手掌几何学识别。手掌几何学识别就是通过测量使用者的手掌和手指的物理特征来进行识别，高级的产品还可以识别三维图像。手掌几何学识别不仅性能好，而且使用比较方便。适用的场合是用户人数比较多，或者用户虽然不经常使用，但使用时很容易接受。这种技术的准确性可以非常高，同时可以灵活地调整生物识别技术性能以适应相当广泛的使用要求。手形读取器使用的范围很广，且很容易集成到其他系统中。

③ 声音识别。声音识别就是通过分析使用者的声音的物理特性来进行识别的技术。

④ 视网膜识别。视网膜识别使用光学设备发出的低强度光源扫描视网膜上独特的图案。

有证据显示，视网膜扫描是十分精确的，但它要求使用者注视接收器并盯着一点。这对于戴眼镜的人来说很不方便，而且与接收器的距离很近，也让人不太舒服。所以尽管视网膜识别技术本身很好，但用户的接受程度很低。

⑤ 虹膜识别。虹膜识别是与眼睛有关的生物识别中对人产生较少干扰的技术。它使用相当普通的照相机元件，而且不需要用户与机器发生接触。另外，它有能力实现更高的模板匹配性能。

⑥ 签名识别。签名识别在应用中具有其他生物识别所没有的优势，人们已经习惯将签名作为一种在交易中确认身份的方法，它的进一步发展也不会让人们觉得有太大不同。实践证明，签名识别是相当准确的。

⑦ 基因识别。制作这种基因身份证，首先是取得有关的基因，并进行化验，选取特征位点（DNA 指纹），然后载入中心的电脑储存库内，这样，基因身份证就制作出来了。

⑧ 静脉识别。静脉识别，使用近红外线读取静脉模式，与存储的静脉模式进行比较，进行本人识别的识别技术。工作原理是，依据人类手指中流动的血液可吸收特定波长的光线，而使用特定波长光线对手指进行照射，可得到手指静脉的清晰图像。

⑨ 步态识别。使用摄像头采集人体行走过程的图像序列，进行处理后同存储的数据进行比较，来达到身份识别的目的。步态识别作为一种生物识别技术，具有其他生物识别技术所不具有的独特优势，即在远距离或低视频质量情况下的识别潜力，且步态难以隐藏或伪装等。

⑩ 人物识别。又叫人脸识别、人像识别，是分析比较人物视觉特征信息进行身份鉴别的计算机技术。涉及人物图像采集、人物定位、人物识别预处理、身份确认以及身份查找等。

7.5.2.4 多方安全计算技术

多方安全计算是指多个数据所有者在互不信任的情况下进行协同计算，输出计算结果，并保证任何一方均无法得到除应得的计算结果之外的其他任何信息。实质是，多方安全计算技术可以获取数据使用价值，却不泄露原始数据内容。多方安全计算是密码学的子领域，是电子选举、门限签名以及电子拍卖等诸多应用得以实施的密码学基础。

多方安全计算源于华裔计算机科学家、图灵奖获得者姚期智教授1982年提出的"姚氏百万富翁问题"，即两个争强好胜的富翁 Alice 和 Bob 在街头相遇，如何在不暴露各自财富的前提下比较出谁更富有？这是一个涉及信息传输和密码学的有趣问题。

"姚氏百万富翁问题"简单模型。参与者为半诚实的，即两个富翁都是正人君子，不会虚报自己财富。两人都希望诚实地比较出谁更有钱。两人都希望知道对方财产到底是多少。其他一切人都不值得信赖。

姚期智教授提出如下一种解法，也有一个简化假设，就是两个百万富翁只想做大概的比较，比如万级的比较。即如果两个人的财富相差不到一万美元，就当两个人一样有钱。假设这两个百万富翁的财富区间是在 100 万美元和 1000 万美元之间。

姚教授解法（实际是一种多方安全计算协议）可用如下九步表示：

① 百万富翁 A 找 900 个外形一模一样的箱子，按照 0~899 顺序摆好，分别代表不同万级别的财富，如果百万富翁 A 的财富是 110 万美元，他就在 110-100 = 10 号箱子里放一个金币，从 11 号到 899 号箱子都放一个银币，往前从 9 号到 0 号的箱子放铜币。

② 百万富翁 A 把所有箱子加上锁（在计算机里，就是加密签名）。
③ 把百万富翁 B 叫进屋来，百万富翁 A 离开。
④ 百万富翁 B 根据编号确定代表自己财富的箱子，比如百万富翁 B 财富是 150 万美元，就找到 150−100＝50 号箱子。
⑤ 百万富翁 B 不打开那个箱子，而是给箱子加一把自己的锁。
⑥ 百万富翁 B 把其他箱子全都烧了，拿着这个上了两重锁的箱子走出来。
⑦ 因为每个箱子外形都是一样的，百万富翁 A 也不知道这是哪一个箱子。
⑧ 然后两个人都打开自己上的锁。
⑨ 如果箱子里是金币，说明两人财富一样；如果箱子里是银币，说明 B 更有钱；如果箱子里是铜币，说明 A 更有钱。

这个过程依然依赖于外部的东西，就是"锁"，相当于计算机中的加密技术，因为加密技术非常成熟，只要把密钥藏好，别人就无法篡改，所以我们认为是可靠的。

7.5.3 隐私保护技术在社会化电子商务中的应用

（1）加密技术的应用

① 身份认证。身份认证是指系统接收使用者身份信息后对使用者身份进行核实，即对使用者是否有权使用资源进行比对核实，也是对使用者真实身份的确认过程。

② 数字证书。数字证书是标志网络用户身份信息的一系列数据，用来在网络通信中识别各方的身份，由专门的认证机构颁发。数字证书的类型按照对象可分为个人身份证书、企业或机构身份证书、支付网关证书、服务器证书、企业或机构代码签名证书、安全电子邮件证书、个人代码签名证书和安全电子交易（SET）证书。数字证书通过公私钥加密技术（非对称加密技术）实现，即每个用户公开其公钥，用自己私钥解密和签名。

③ 数字摘要。数字摘要是发送的信息通过 HASH 数映射出的一个较短的固定长度的散列值：$h = H(M)$。将摘要用私钥加密签名，再与原报文一起发送给接收方，接收方用发送方的公钥对信息摘要解密得到原信息，再用 HASH 数算出散列值，然后进行对比，如果摘要相同，则说明信息在发送过程中没有被篡改；否则，信息已被修改，需要进一步采取保护措施。

④ 数字签名。数字签名技术是一种基于加密技术的认证技术，是笔迹签名的模拟，也叫数字签字、电子签名、电子签章等，是用于确认发送者身份和消息完整性的一个加密的消息摘要。数字签名为以下三点提供了保障：一是接收方可以对发送方签名进行核实；二是发送方不可抵赖对消息的签名；三是能够防止接收方对消息签名的伪造。数字签名可以实现社会化电子商务中不可抵赖性。

（2）防火墙技术的应用

① 网络安全屏障。防火是作为阻塞点和控制点，可以过滤那些潜在危险的服务，从而降低网络内部环境的风险。例如对于不安全协议 NFS，防火墙可以过滤该信息，不允许该协议进入受保护的网络，这样外部的攻击者就无法进入内部网络进行攻击侵害。防火墙同时可以保护网络免受基于路由的攻击，如 IP 选项中的源路由攻击和 ICMP 重定向中的重定向路径。防火墙应该可以拒绝所有以上类型攻击的报文并通知防火墙管理员。

② 网络安全策略。网络安全配置可以防火墙为中心，比如将口令、加密、身份认

证、审计等安全软件配置在防火墙上。集中安全管理与各个主机分散控制网络安全问题相比更经济实惠，避免了一次一密口令系统和其他的身份认证系统分散在各个主机上的麻烦。

③ 进行监控审计。防火墙有着很好的日志记录功能，它会记录所有经过防火墙访问过的记录，更能够把网络使用情况的数据进行汇总分析，从而得出网络访问的统计性数据。如果访问的数据里面含有可疑性的动作，防火墙会进行报警，显示网络可能受到相关的检测和攻击方面的数据信息。另外，它还可以通过访问数据的统计提供某个网络的使用情况和误用情况，为网络使用需求分析和网络威胁分析提供有价值的参考数据。

④ 内防信息外泄。防火隐蔽，这样由于 Finger 显示的所有用户的注册名、真名，最后登录时间和使用 shell 类型等信息就受到保护了，也就降低了外部的攻击侵入。同样，防火墙对内部网墙可以把内部网络隔离成若干个段，对局部重点网络或敏感网络加强监控，全局网络的安全问题就不会因为局部网络的一段问题而受到牵连。另外，防火墙对 Finger、DNS 等服务显示的内部细节数据进行网络中 DNS 信息的阻塞，也避免了主机域名和 IP 地址的外泄，有效地保护内部信息的安全。

（3）生物识别技术的应用

① 数据采集与处理。指纹识别系统可以集成在鼠标里，随着摄像头、麦克风的普及，基于图像、语音的生物特征识别也可以方便地为社会化电子商务认证系统服务。除味纹、红外温谱图和 DNA 识别外，其他生物识别技术都有可能应用到社会化电子商务中来。利用带有活体识别的电脑经扫描进入社会化电子商务系统，可以把注册人的图纹线形态身份加密保存，按安全和保密权限认证，进行加密、识别、比对、判别、确认、执行等各环节。

② 身份鉴别。基于生物特征识别的身份鉴定技术具有不易遗忘或丢失、防伪性能好、不易伪造或被盗、"随身携带"、随时随地可用，这些方便了对安全要求更高的社会化电子商务。

③ 生物特征安全机制设计。生物特征是个体在出生的时候就获得了的唯一的、先天的身份证明，也是不易丢失和仿造的，是最可信的。生物特征识别可能也是社会化电子商务系统最好的、最方便的验证方式。

本章小结

本章简要介绍了社会化电子商务应用中涉及的技术。首先介绍了区块链的基本概念、特征和核心技术，区块链具有点对点组网方式、时间戳技术、非对称加密技术、分布式共识算法和智能合约技术；还介绍了区块链技术在社会化电子商务中的应用。其次介绍了数据挖掘技术的基本概念、相关方法。再次介绍了云计算概念及相关技术、云计算技术在社会化电子商务中的应用。然后介绍了推荐系统技术概念、典型的推荐技术、推荐系统技术在社会化电子商务中的应用。最后介绍了隐私保护技术概念、相关技术、隐私保护技术在社会化电子商务中的应用。

思考练习题

1. 简述区块链技术内涵及其在社会化电子商务中的应用。
2. 简述数据挖掘技术内涵及其方法。
3. 简述云计算技术内涵及其在社会化电子商务中的应用。
4. 简述推荐系统技术内涵及其在社会化电子商务中的应用。
5. 简述隐私保护技术内涵及其在社会化电子商务中的应用。

第8章 社会化电子商务的安全伦理和健康发展

学习目标

- ■掌握社会化电子商务安全类型。
- ■了解社会化电子商务的安全问题及成因。
- ■掌握社会化电子商务伦理的内涵。
- ■了解社会化电子商务伦理的问题。
- ■掌握社会化电子商务安全的构建原则及对策。
- ■掌握社会化电子商务伦理的构建原则及对策。
- ■了解社会化电子商务健康发展中存在的主要问题。
- ■掌握促进社会化电子商务健康发展的对策。

导入案例

平台诉差评师、用户消费后遭诈骗、电子商务恶意投诉案例

案例一：全国首例电子商务平台诉差评师"1元官司"案

2018年11月8日，全国首例电子商务平台诉差评师案在江苏省海门市人民法院开庭审理，庭审全程进行网络直播——阿里巴巴以侵权为由，将3名利用恶意差评敲诈商家、已被刑事判决的差评师诉至法院，请求法院判令赔偿损失1元、合理支出2万元，并在淘宝网主页赔礼道歉。

2017年4月，杜某等3人共谋利用恶意差评在淘宝上敲诈商家。3人分工明确，杜某挑选店铺和商品，然后将链接发给邱某。邱某购买收货后，直接给差评，待商家联系她后，她就将杜某的联系方式推给商家。此后，杜某与商家讨价还价，要求商家要么"花钱消灾"，要么"我让更多的人来给你差评"。邱某见有利可图，便拉着弟媳张某一起做。落网前，3人敲诈勒索了多个商家，每笔获利600元至8800元不等，共计2万余元。

阿里巴巴安全部接到商家举报后，协助警方侦破此案。同年11月，海门市人民法院以敲诈勒索罪判处杜某等3人缓刑，并处罚金。但此事并未结束。杜某等3人受到刑罚后，淘宝公司以恶意评价涉嫌侵权为由，将3人诉至海门市人民法院。这起全国首例电子商务平台诉差评师案，于2018年11月8日公开开庭审理。法庭上，淘宝公司辩称，杜某等3人的行为不仅直接损害被敲诈商家的权益和淘宝对评价数据所享有的合法权益，更误导了消费者，破坏了良好的电子商务营商环境。

案例二：携程用户买机票后遭诈骗案

申女士于2018年8月9日凌晨替同事购买机票，当天上午10点15分收到署名"东方航空"的手机短信，被告知航班取消，让联系客服办理改签或退票。之后，申女士上当，在骗子的诱导下开通支付宝亲密付功能和银行卡的网银功能，先后被转走12万元。事后，

申女士将携程和支付宝两家公司一并诉至法院,要求两公司连带赔偿经济损失并赔礼道歉,赔偿精神损害抚慰金1万元。

在法院审理过程中,携程公司对其内部员工授权进行访问涉案订单的人员范围、访问敏感信息的授权记录、监控情况、操作记录、内外部传输审批情况等均未提交证据举证。法院审理中还发现,在大量机票退改签短信诈骗案被媒体报道后,携程公司对于订单信息的保护反而从2014年的二级加密保护降低为2018年的一级不加密传输。在应用界面及短信确认内容中也没有充分明显地告知消费者对于航班信息诈骗的注意。

经过审理之后,北京市朝阳区人民法院认为携程公司在信息安全管理的落实方面存在漏洞,未尽个人信息保管及防止泄露义务,具有过错,应承担侵权责任,判决携程公司赔偿申女士经济损失5万元并向其赔礼道歉。支付宝方面,法院认为支付宝软件不存在漏洞,在亲密付开通的过程中已经尽到了充分的告知义务。因此,法院没有支持申女士关于支付宝的诉请。

案例三:杭州首起电子商务恶意投诉案

一名自己卖山寨货的卖家,竟然冒充该品牌的权利人,把同平台上卖真货的卖家部分商品下架。这起纠纷,也是自2018年1月1日《中华人民共和国电子商务法》生效以来,杭州首起电子商务恶意投诉案件。

王某经营的淘宝店售卖的是海外直邮的正品,可是没想到,从2016年12月开始,就遭到了另一家淘宝店主江某的恶意投诉。为了投诉成功,江某还伪造了相关注册商标的权利证明等报告,声称自己就是该品牌的权利人,王某店铺出售的衣服为假冒商品。平台根据他反申诉提供的依据,对原告的平台进行了降权的处分。降权会影响店铺的搜索排名,再加上部分商品被下架,受多方面因素影响,王某店铺的月销售额从800万元降到每月仅300万~400万元。自己明明卖的是正品,却被投诉,王某很不服气,他发现江某曾对淘宝平台上其他多名同品牌卖家也发起过投诉。在淘宝方面的协助下,王某发现,江某的店铺竟然和自己卖的是同一品牌服饰,而且江某还因售卖假货,被四川公安机关刑事立案。随后,王某将江某起诉至法院,法院审理后查明,此案为一起恶意投诉案件。

资料来源:根据"2018年度'十大电子商务典型法律案例'"等资料改编。

思考题:① 上述案例分别涉及哪些社会化电子商务安全伦理问题?
② 如何避免出现这些安全伦理问题?

8.1 社会化电子商务的安全

8.1.1 社会化电子商务安全的概念及类型

8.1.1.1 社会化电子商务安全的概念

Web2.0是当前的热门话题,其中社会媒体技术的不断发展变革正伸向电子商务领域,这催生了一个未来十年最具挑战性的研究领域——社会化电子商务。Facebook、LinkedIn、Groupon和Twitter等公司也在不断更新电子商务商业模式。社会化电子商务这个概念越来越被人们所熟知,更有很多企业意识到了它的商业价值并付诸实践。同时,社会化电子商务的安全问题越来越受到人们的关注。

安全是社会活动的基本保障，网络的虚拟性和风险性要求更高的安全质量保障。网络中的安全涉及系统、信息、数据、传播等方方面面，从本质上讲就是信息安全。从广义来说，凡是涉及信息的保密性、完整性、可用性、真实性和可控性的相关技术和理论都是网络安全的研究领域。它的含义随着"角度"的变化而变化，比如从用户（个人和企业）的角度来说，是希望涉及个人隐私或商业利益的信息在网络上传输时受到机密性、完整性和真实性的保护，避免其他人或对手利用窃听、冒充、篡改以及抵赖等手段侵犯用户的利益和隐私。从平台的角度来说，是为用户提供一个安全的网络环境，比如对用户的个人信息进行保护避免泄露、保障用户的资金安全和提供安全的支付环境等。

社会化电子商务安全是指社会化电子商务系统中的网络系统硬件、软件及其系统中的信息和数据受到保护，在传播过程中数据和信息不因偶然的或者恶意的原因而遭受到破坏、更改、泄露，系统连续、可靠、正常地运行，网络服务不中断。

8.1.1.2 社会化电子商务安全的类型

根据环境和应用的不同，可将社会化电子商务安全分为如下四种类型。

（1）系统安全

系统安全即保证信息处理和传输系统的安全。它侧重于保证系统正常运行，避免因为系统的崩溃和损坏而对系统存储、处理和传输的消息造成破坏和损失。

（2）网络安全

网络安全是指网络上系统信息的安全，即信息的完整性、保密性和可用性的保护。避免由于电磁泄漏产生信息泄露，干扰他人或受他人干扰。包括用户口令鉴别，用户存取权限控制，数据存取权限、方式控制，安全审计，安全问题跟踪，计算机病毒防治，数据加密等。信息安全具有以下特征。

① 信息的保密性。社会化电子商务信息直接代表着个人、企业甚至国家的商业机密，其保密性显而易见。信息的保密性就是指信息在存储、传输和处理过程中不被他人窃取，无论是无意还是恶意。要保证信息的保密性，需要防止入侵者侵入系统，对商业机密要先经过加密处理，再送到网络传输。

② 信息的完整性。电子商务高效的贸易过程中简化了贸易环节、减少了人为干预，提高效率的同时，带来了维护贸易各方商业信息完整性和一致性的问题。由于数据输入时的意外差错或是交易中的欺诈行为，加上数据传输过程中可能导致的信息丢失、重复、错序，以及可能被非法截获后的篡改，这些情况都可能导致贸易各方信息的差异，保证信息的完整性是电子商务发展的基础。信息的完整性包括信息在存储中不被篡改和破坏，以及在传输过程中收到的信息和原来发送信息的一致性。信息的加密处理只能保证信息不被第三方看到，但是不能保证不被篡改，信息的完整性要求系统能够识别信息是否被篡改和破坏，从而决定是否使用信息。

③ 身份的真实性。在打破传统面对面交易模式的非面对面交易的电子商务活动中，社会化电子商务中交易主体是贸易各方，交易起始确定将要与之交易和交易中正在与之交易的贸易方身份的真实性是非常重要的一个环节。对个人和企业实体的身份进行鉴别确定，为其身份的真实性提供保证，使交易各方在互不见面的情况下能确定对方的身份，杜绝冒名顶替和任何一方以虚假身份进行交易，这一环节至关重要。交易身份的真实性是指交易各方是确实存在的，并且交易各方有明确的交易意图，不能由第三方冒名顶替。

④ 信息的防伪性。交易各方真实的身份得以确定后，交易行为及这些行为下所产生的信息必须真实可靠，伪造的信息应该能被识别。尤其是在从传统商务向社会化电子商务转化的漫长过程中，会出现大量过渡性的电子文件，如各种纸质票据的扫描图像等，信息的防伪性显得尤为重要。即使在网络安全技术和电子商务发展成熟以后，各种电子票据包括电子钱包、电子支票、电子现金等未来可能出现的新型支付方式都需要必需的防伪认证方式。

⑤ 信息的不可否认性。交易各方的身份一旦确定，产生的一系列合法交易行为就必须受到保障，交易的任何一方都不能对已经发生的交易行为进行抵赖。传统方式下经常利用签名、盖章等方式进行交易确认。在电子商务无纸化商品贸易方式下，产生的各类交易信息数据，包括各种合同、票据等，不可能通过手写签名和印章进行贸易方的鉴别确认，需要在交易信息的传输过程中为参与交易的个人、企业或国家提供可靠的可识别标识，从而确保交易信息的不可否认性。信息的不可否认性是指信息的发送方不可否认已经发送的信息，接收方也不可否认已经收到的信息。

⑥ 信息的独占性。网络为知识和信息的全球化共享提供了便利条件，但是如果这种传播不受约束和限制，将极有可能也更容易侵害他人利益。尽管各个国家都在加紧网络知识产权立法，然而要在开放无国界的网络上保护权利人的知识产权，仅仅用法律来解决是远远跟不上的，必须借助一系列技术手段。社会化电子商务活动中，各类交易信息中涉及的知识产权保护问题显得尤为突出。例如，打开国内某著名的网站，预购买商品的所有商铺里其产品描述信息几乎一模一样，包括相同的图片、说明文字等，而价格相差千里，往往正品因较高的价格无人问津而仿制品的宣传信息门庭若市。网络侵权行为在法律、技术和公民意识的盲区肆意横行。信息独占性需求强调涉及网络知识产权信息的专有性、排他性，并欲将新型技术应用到该领域，解决信息独占性问题。

(3) 信息传播安全

信息传播安全是指网络上信息传播后果的安全，包括信息过滤等。它侧重于防止和控制由非法、有害的信息进行传播所产生的后果，避免网络上自由传播的信息失控。

(4) 信息内容安全

网络上信息内容的安全侧重于保护信息的保密性、真实性和完整性。避免攻击者利用系统的安全漏洞进行窃听、冒充、诈骗等有损于合法用户的行为。其本质是保护用户的利益和隐私。

8.1.2 社会化电子商务中安全问题

8.1.2.1 社会化电子商务中信息安全问题

与传统商务活动不同的是，参与社会化电子商务的交易各方不需要面对面进行商品交易和信息交流，信息流和资金流大多数都是通过 Internet 网络来传输。而 Internet 是一个面向全球用户开放的巨大网络，技术上的缺陷和用户的隐蔽性等问题使得网上交易的信息流和资金流面临着种种安全威胁，抛开计算机网络系统本身的安全问题，电子商务信息安全主要面临着以下几个方面的主要威胁。

(1) 被非法入侵者侵入，造成信息泄密、丢失或被盗用

未经获准的入侵者可能侵入社会化电子商务系统，从而造成商业机密和个人隐私的泄露，重要信息的丢失和被盗。

（2）信息在传输过程中被第三方截获，甚至被恶意窃取、篡改和破坏

信息流和资金流以数据的形式在计算机网络中传输，传输过程中数据可能被第三方截获之后读取，非法使用，更有甚者可能修改截获的数据，对合同标的、资金数量、交货方式等重要信息做改动，造成无法弥补的损失，影响社会化电子商务系统的正常运行。要防止这种现象的发生，从技术上采取的主要方法是对数据进行加密，使得重要信息数据即使被截获也能有效地保证数据安全。

（3）虚假身份的交易对象

如冒名顶替，不诚实者建立与销售方服务器名字相同的另一个服务器来假冒销售方，或冒充购买者，生成虚假订单、合同等。这些假借其他个人或企业名义进行交易活动，并由此引起的一系列虚假交易行为，会阻碍社会化电子商务的发展。

（4）虚假、伪造交易票据信息

随着高质量图像输入输出设备的发展，特别是精度超过 1200dpi 的彩色喷墨、激光打印机和高精度彩色复印机的出现，使得货币、支票以及其他票据的伪造变得更加容易。随着社会化电子商务的发展，在可预见的未来，各种新型电子支付手段代替传统支付手段将成为历史的必然，如美国加利福尼亚大学研发的电子支票、Digicash 公司研发的和英国银行开发的电子现金，伪造虚假票据信息很可能成为网络犯罪分子的又一目标。

（5）交互对象的抵赖行为

如社会化电子商务中可能存在的拒绝承认交易双方已经商定的价格、数量、订单、合同，拒绝承认收到的货款和商品等。

（6）商务信息的网络知识产权保护

网络的开放性和便利性，使得知识产权的专有性和地域性面临公开性和无国界性的严重挑战。信息的合法拥有者可能眼睁睁地看着信息数据被非法复制、占用，而犯罪分子却逍遥在法律和技术的盲区之外，信息的合法拥有者对信息的独占权却得不到保护。

8.1.2.2 社会化电子商务中资金安全问题

（1）交易过程中的资金安全问题

社会化电子商务平台中为用户提供了更多的购买途径，为交易双方提供了一个可以自由交易的平台。平台的进驻门槛低，商家的水平和商品的质量参差不齐，用户只能通过网络图片、商品介绍和评价等信息对商品进行判断，用户在收到实物之前对商品的品质的感知是模糊不确定的。个体商户的商品质量往往难以保证，甚至用户确定付款时商家是否能够发货都是未知数。这就存在资金被骗的风险，但是这种交易是一对一的，事件发生后甚至没有能够解决问题的相关部门，更无法进行退款。

（2）支付过程中的资金安全问题

随着网络数据化的发展，第三方支付越来越占据主导，许多第三方支付平台要求用户提供真实的姓名并绑定银行卡号和身份证号，这就加剧了社会化电子商务中的资金安全风险。社会化电子商务具备电子商务的虚拟性和风险性，支付也是通过平台或者第三方支付软件进行。扫码支付的形式也越来越普遍，在社会化电子商务平台进行交易时会用到支付二维码，但有一些二维码携带病毒，当用户点击支付时，会攻击用户的资金账户，盗取用户的财产。有些第三方支付平台隐私管理政策不合理，免责条款过多，大多把最终解释权留给自己。用户不得不同意这些条款，当自己利益受损时没有办法有效反击。

第8章 社会化电子商务的安全伦理和健康发展

8.1.3 社会化电子商务安全问题的成因

（1）法律法规尚不健全

社会化电子商务是电子商务结合社交网络媒体的新型购物和社交模型，新事物的产生必定会产生新的安全问题，但是针对性的法律法规并没有及时更新和出台，不法分子会抓住法律的漏洞来牟取利益。没有一个科学的、基本的法律法规作保障，安全问题就得不到及时解决，安全隐患也不能及时消除。完善科学的法律法规是所有行业能够安全可靠运行的硬性保证，也是社会化电子商务发展平稳的根本保证。

（2）技术的不当应用

技术是一把双刃剑，一方面技术推动了社会化电子商务的创新与进步，另一方面技术的滥用也给社会化电子商务的安全带来威胁。如截获、中断、篡改和伪造社会化电子商务中信息的技术。浏览的过程中隐形带病毒插件，恶意攻击，窃取信息；社会化电子商务系统中扫码关注送礼品也成为商家的常用手段，但有些二维码中会植入病毒，利用用户扫描盗取信息。

（3）无可遵循的标准规范

社会化电子商务网络信息安全管理制度还不成体系，没有建立总体方针，安全管理制度和操作规程缺失，安全策略存在着很多漏洞。同时，社会化电子商务平台具有开放性，没有像实体行业一样有统一的标准和规范，社会化电子商务平台的进驻门槛低，并且很多商品的销售是通过点对点的形式，双方通过平台建立联系并进行交易。这就使得很多的不法分子有机可乘，比如销售无质量保障的商品、骗取资金后不发货等。这使得社会化电子商务平台的秩序遭到破坏，信誉被削弱。

（4）用户安全意识薄弱

用户的安全意识薄弱也是社会化电子商务安全问题产生的重要方面。对安全隐患认知的欠缺使得用户上当受骗的事件屡屡重演，同样的手段会让很多用户遭受不同程度的损失。用户的安全防护意识不强，而盗取信息和资金的方法以及手段不断地创新，且不能及时地拦截和处理，这些需要用户自身保持高度的安全防护意识，要让这些危害网络安全的行为无处施展，不要为了蝇头小利而因小失大。

8.1.4 社会化电子商务的安全构建

（1）社会化电子商务平台安全构建原则

① 整体性和统一规划原则。社会化电子商务平台网络安全保障体系的建设必须适应其信息化的需求，必须兼顾核心业务与非核心业务的信息化需求，从安全技术保障、安全组织保障和安全运营保障等角度出发，为社会化电子商务平台规划全面的安全保障体系。

② 标准化和规范性原则。技术标准化是信息系统建设的基本要求，也是电子化和信息化的前提，社会化电子商务平台安全构建数据中心构成复杂，应用多种多样，未来保证信息的安全互通互联，确保安全保障体系建设的全面推广应用，必须严格遵循国家和有关部门关于网络安全管理的相关规定及建设规范，按照统一的标准进行设计。另外，社会化电子商务信息安全的构建需要遵循规范性原则，没有统一的规范就不能有统一的思想进行指导，规范性原则就是在统一规范化的信息安全条例下对社会化电子商务平台的信息安全进行规范性的把控，目的就是在统一的网络环境中保证信息的绝对安全。

③ 适度性和灵活性原则。任何网络安全系统都不能做到绝对的安全，社会化电子商务平台的安全建设也不例外。因此，在社会化电子商务平台安全体系构建的过程中，需要在安全需求、安全风险和安全成本之间进行平衡和折中，过多的安全要求必将造成安全成本的迅速增加和运算的复杂性。随着技术的更新换代会出现新的安全性问题，这就需要安全系统能够及时地进行调整来保障数据和信息的安全，因此，社会化电子商务平台的网络安全系统需要具备灵活性，及时地处理新问题并纠错。

(2) 社会化电子商务平台信息安全构建对策

① 提高网络信息安全重要性的认识。社会化电子商务平台信息安全构建首要解决的问题就是要提高网络信息安全重要性的认知，让用户对网络信息安全有全面的了解和认识，要在思想上把信息资源共享与信息安全防护有机统一起来，树立维护信息安全就是保生存、促发展的观念。并且要以有效的途径和方式对广大用户普及网络安全知识，提高用户的网络安全意识和自觉性，学会维护网络安全的基本技能。同时，要以简单易懂的方式告知用户哪些行为会对网络安全造成威胁，在社会化电子商务的应用过程中哪些行为是不可以发生的。另外，还要培养用户的信息安全自我防护意识，不管是在平台中进行注册、购物、信息分享还是在社会交往的过程中都要注意自己的个人信息不要遭到泄露和不法利用。

② 加强网络安全管理。社会化电子商务用户的信息安全防护掺杂了个人主观意识，并且不能对每个用户随时进行把控，因此需要加强网络信息安全管理。社会化电子商务平台要针对网络安全组织专职人员对平台网络安全进行全方位的管理，遇到问题或者接到用户的相关投诉要及时地处理。平台的流量大，一旦产生安全漏洞会造成用户和平台双方巨大的损失，对于危害到用户安全的事项更要提高警惕。对于安全管理部门的人员要不定期地进行专业素质培训，对于新型的病毒对安全的危害要加快网络安全专业人才的培训，这样才能适应新的网络安全保护形势。

③ 强化技术创新。技术是网络安全的重要保障，只有不断进行网络安全技术的创新才能应对网络安全问题的挑战。随着网络安全威胁的日益加剧，网络安全问题的热度不断升温，对网络安全技术的创新和发展的要求更加迫切。要加强对相关技术的创新，采取多元化的战略，对网络安全问题防患于未然。

④ 建立网络风险防范机制。在网络建设与经营中，因为安全技术滞后、道德规范苍白、法律疲软等原因，往往会使网络经营者陷于困境，这就必须建立网络风险防范机制，为网络安全而产生的防止和规避风险的方法有多种多样，但总的来讲，不外乎危险产生前的预防、危险发生中的抑制和危险发生过后的补救。在社会化电子商务平台的建设和经营过程中，网络经营者可以在保险标的范围内对允许标保的财产进行标保，并在出险后进行理赔。

⑤ 开展网络安全立法和执法。一是要加快立法进程，健全法律体系。目前我国的网络安全的法律、法规和相关条例尚不完善，要吸收借鉴国外网络安全立法的先进经验，对现行法律体系进行修改与补充。并结合我国实际，结合社会化电子商务平台发展的新形势、新特征对网络安全的相关立法进行针对性的修改，使法律体系更加科学和完善。二是要执法必严、违法必究，要建立有利于网络安全案件诉讼与公检法机关办案的制度，提高执法的效率和质量，对于社会化电子商务发展过程中触犯法律的行为和典型案例做成普法宣传册或者网络视频在平台进行宣传和播放，进行网络安全的普法教育。

8.2 社会化电子商务的伦理

8.2.1 社会化电子商务伦理的概念及特征

8.2.1.1 社会化电子商务伦理的概念

伦理学是指规范人们生活的规则体系和原理体系。网络伦理属于应用伦理的一种范畴，是人们在网络交往中所呈现的一种道德关系，是一种可以用来调节网络社会中人与人的关系及网络社会秩序的道德观念和价值原则。网络伦理学是一门全新的、以网络道德为研究对象和范围的学科，即关于网络道德的学说。它主要研究计算机网络中的伦理问题和道德问题。网络伦理指的是基于网络信息技术的人类社会所表现出的新型的道德关系，以及对人和各种组织提出的新型伦理要求、伦理标准和伦理规约。网络伦理是作用于网络环境中，调节人与网络社会的规范和准则的总和。

网络伦理是现实中的伦理在互联网中的延伸，而社会化电子商务中的伦理则是网络伦理的进一步延伸。社会化电子商务的伦理是调节社会化电子商务平台中社交网络关系和网络社会秩序的伦理要求、伦理标准和伦理规约。

8.2.1.2 社会化电子商务伦理的特征

社会化电子商务平台融合了电子商务和社交网络媒体的双重功能，是一种新型的电子商务的模式，与传统的电子商务和社交网络媒体相比更具有开放性和包容性，社会化电子商务伦理也呈现出与传统的网络伦理截然不同的特点。

（1）开放性与包容性

由于职业、距离和交通等现实因素的影响，传统的伦理都是以周围一定区域的道德规范为自然的约束力。而到了数字化的生存空间，网络空间的去领域化和去中心化消弭了时间和空间的界限，来自世界各地的人可以交流自己的所思所感，日趋多元的价值观念和利益格局使得人们的价值观和行为方式受到冲击，同时也带来了观念上的交融。道德主体可以选择自己认同的道德观念纳入自身的道德认知体系，形成一种开放性的网络道德。

（2）模糊性与自律性

在网络数字空间，由于匿名性和隐蔽性，网络主体的身份具有不确定性，网络的虚拟性也给网络社会控制带来不确定性，在网络社会，人际交往是以数字化、符号化的虚拟交往，对网民的道德要求往往是笼统和模糊的，正是由于网络伦理的模糊性，人际交往缺少了外在的监督机制，网络主体的道德自律可能会松懈，因此，要增强道德自觉意识、自我管理，维护网络社会秩序。

（3）多元性

从唯一到多元实际上是伦理道德从封闭走向开放的必然结果。正是由于信息社会开放的生活情景，才带来了价值多元的文化景观，导致了信息化生存中的文化和价值观念呈现多样化。在前信息时代，每个国家都有自己的价值标准，并且为了生存和发展的需要，这种价值标准出现了单一化。而全球开放的信息空间能够同时容纳不同的文化，允许不同文化和价值观的融汇与碰撞，能够考虑到不同利益主体的需要，祈求有利于不同利益主体存在和发展的价值标准。没有疆域阻隔的信息社会是多元文化与价值观念的汇集地，不同的文化与价值观都可以在这个信息时空中融合交流。信息时空通过对各个国度迥异的文化与价值观的超越，使任何原来在某个国度内具有绝对控制力的伦理价值观念，在信息化时代，它都没有绝对的发言权，只能是一元而不是唯一。

（4）平等性

传统伦理道德在主体上是国家强制力量的体现，在手段上是明确下达道德指令，即应该做什么，不应该做什么，结果导致人们丧失了选择和质疑的权利，只能无条件地服从。而在信息化的生存空间中，人的社会角色和社会地位被隐藏，门第等级观念失去了容身之地，传统的社会生活方式和交往方式也发生了改变，人们对权威也不再一味地屈从，只是根据个人的价值倾向进行取舍，因而权威不再是社会伦理价值标准的倡导者和评判者。信息正是通过其技术性特征赋予人们以平等的特性。

在信息空间中，人们都是以平等的身份进行交流。人们对信息化生存的参与本身就是在消解着权威，实现着平等。在人—信息—人的交往中，人与人之间的关系摆脱了现实社会人伦秩序的制约，那种家长中心、权威至上的价值理念正在被平等的价值观所分解，在信息化生存中失去了栖身的根基。所有的等级和束缚都已失灵，崇高和卑微、伟大和渺小同时共存，所有的人都是主角，都有选择和被选择的自由，都有喜欢和不喜欢的资格，都有决定和被决定的权利。没有了神圣不可侵犯的权威崇拜和等级差别的秩序，平等性自然在信息空间中充分彰显。正如曼纽卡·卡斯特所言："新的传播系统日益使用全球的数码语言，即将我们文化的言辞、声音和意象之生产与分配在全球整合，又按个人的心情与身份、品味量身订制。"可见，社会化电子商务下的伦理道德的普及已经完全不同于传统的方式，它不是权威的训导，而是平等的对话；不是被迫的服从，而是自由的选择。正是由于信息伦理的平等性，个体才能凭自由意志做出价值选择。

（5）世俗性

在中国传统文化的价值取向中，伦理道德的目标是社会理想化人格的构建，直接表现就是道德的超越性压制了道德的现实性，即关注的是如何使人成为理想化的人、如何让社会秩序变成理想化的社会秩序。无论是儒家"修身、齐家、治国、平天下"的人格塑造，还是墨家的"兼爱""非攻"等，都是以理想化社会为基础的，这就导致伦理道德的制定都是以圣人的言行为标准，道德的推行采用权威的方式，忽视个人道德。由此可见，在一个处处是权威的专制秩序中，伦理道德是理想化的、反世俗的。然而信息化时代的到来，社会化电子商务的发展，以及多元开放的文化景观的出现使权威逐渐褪却了神圣的光环，那种在传统社会中对世俗性的漠视随着社会的转型面临着严重断裂。大众文化的繁荣日益加深了精英文化的危机感，并且草根阶层也通过自身的努力不断侵袭着所谓的上流社会。更为重要的是人们的价值观念日益从传统的意识形态中解放出来，伦理道德由神圣走向了世俗。世俗性意味着在信息社会中对人的尊重和理解，它不仅是一种生活方式，也是一种价值诉求。

（6）主体自觉性

相对于信息社会而言，在以前的农业时期和工业时期，人们的道德行为常常并不是发自内心、自觉自愿的行为，并不是源自于对道德需要的自觉意识。个体只是按照社会的道德规范去做，常常是做给他人看的，因而是被动的，根本谈不上真正意义上的道德主体。中国传统的伦理价值具有大一统的特征，个体没有独立的主体性价值。而现代信息技术开启了私人化生活空间的新时代，由于以数字化的信息为中介，所以人与人之间的关系就凸显出间接的性质，并且随着权威统摄力的弱化，对一些违背道德的事件难以进行直面的道德抨击，而个体的主体自觉性就成了维系正常伦理关系的主要保障。特别是在互联网中，由于不少行为主体的匿名性，这就使道德舆论谴责的对象极为模糊，因而对于主体自觉性的强调就尤为重要，人们的责任、义务意识也必然会被唤醒。

（7）普遍和共享性

信息浪潮不是哪一个国家的，而是全球性的。如托夫勒所说，"要想将某一特定的信息限制在国界之内或将其拒之于外已经变得更加困难了""信息可以穿越严密防守的疆界"。人们只需按一下收音机的开关，便可收听到世界各地的消息；只需打开电视，就能收看到世界上发生的各种事情；只需拨一串数字，就可以随时随地和各地的朋友进行电话交流；只需登录网络，就能在瞬间检索世界各国最新的信息和科研成果。信息的无国界传播把整个世界连为一体，使不同地域、不同民族的伦理价值观念相互渗透，彰显了信息伦理的共享性和普遍性，人们在信息伦理的基本价值上求同存异，形成对于信息交往行为的信息伦理共识，有利于信息资源的全球性共享。

强调信息伦理的普遍性和共享性并不是要否认一个国家的信息伦理具有某种特殊性，而是为了形成全球性的信息交往的基本秩序。因而要从具有不同文化背景的特殊信息伦理中整合出全球性的信息伦理，就不能离开"普世伦理"。按照万俊人教授的诠释，"普世伦理"是一种以人类公共理性和共享的价值秩序为基础，以人类基本道德生活，特别是有关人类基本生存和发展的俗世道德问题为基本主题的整合性伦理观念。由此看来，如果有了这样一种最低限度的信息伦理，那么全球性信息活动的基本秩序就可以得到起码的保障。

8.2.2　社会化电子商务发展的伦理问题

8.2.2.1　信息、社会面临的主要伦理问题

网络技术的发展拓展了人们的人际交往和社会关系的空间，数字化的生活环境日渐改变着人类的思维方式和生活方式。随着社会化电子商务的发展，伦理问题也不断显现。主要的伦理问题分为以下几类。

（1）网络成瘾

网络成瘾也称为网络沉迷。美国心理学会将网络成瘾症定义为：过度的上网可能会形成类似酒瘾、药瘾、毒瘾、病态性赌博等无法自律的上瘾行为，导致网络成瘾的症状。杨（K. Young）则提出了八点判定网络成瘾的标准：全神贯注于因特网或在线活动，在下线后仍继续想着上网的情形；需要更多时间上网才能感到满足；尝试控制、暂停或终止上网动作却徒劳无功；在暂停或终止上网时感到欲罢不能、难过、沮丧或脾气暴躁；用在上网的时间比预期的要长久；为了上网，宁愿冒着重要的人际关系、工作或学习机会损失的风险；会对家人、朋友、辅导人员或其他关心自己的人说谎隐瞒上网的状况；借上网来逃避困扰或减轻不舒服的感觉。

（2）侵犯隐私权

从信息权利的角度来看，隐私权即指个人有保守隐私且使其不受他人侵犯的权利。侵犯隐私权是指个人信息在使用或管理上所产生的一些问题。这主要是因为网络的存在和发展与现实社会环境有所不同，因此侵犯隐私权的方式与一般隐私权所受到的侵犯也存在差异性。以偷看信件为例，传统上偷看别人的信件，大多通过拆开的方式，以破坏信封了解信件的内容，而在网络上偷看别人的信件，则是通过进入他人的邮件服务器，截取他人电子邮件，而

不必以传统的工具取得。又比如传统的直接营销，是以收集他人的地址资料来寄发相关产品目录，网络上则是以各种方式收集他人的电子邮件信箱，再寄发广告邮件，这就是新技术产品对个人隐私权侵害形态的具体化。因此网络隐私权的相关问题有：谁在收集个人信息？收集信息的用途何在？这些信息会被如何使用？信息是否会被散布出去？如何预防信息未经授权而被擅用或作为不法用途？如何维持信息的完整性、正确性与即时性？对于不同信息，其机密性如何？

(3) 侵犯知识产权

根据联合国专门机构——世界知识产权组织（WIPO）的定义，知识产权是一种权利，尤其是指在工业、科技、文学和艺术领域的脑力活动所具有的权利。一般而言，版权法一向是保护各种文学作品的，专利法保护工业技术发明，民法典保护商业机密。商标也受法律的保护。然而，"在这样一个信息成为有价值的商品时代，保护知识产权变得更为困难"。下列因素削弱了版权法、专利法和民法典这些传统保护机制的效果。一是，信息通信技术的新发展模糊了媒体之间的界限。二是，知识财富越来越抽象和无形。三是，经济的全球化不仅刺激了知识产权侵犯，而且加剧了这种侵犯造成的经济损失。四是，私有化和用市场机制来收集和传播信息的趋势破坏了在分享知识财富方面的传统社会基础。

(4) 计算机犯罪

计算机犯罪有：非法访问，指任何故意威胁或攻击计算机系统以及计算机资料的行为；非法截取，包括非法截取计算机传送的非公开性质的信息；信息干扰，包含任何故意毁损、删除、破坏、修改或隐藏计算机信息的行为；系统干扰，针对妨碍计算机系统合法使用的行为，如利用计算机系统传送病毒、蠕虫、特洛伊木马程式或滥发垃圾电子邮件等，即构成"系统干扰"的行为；伪造计算机资料，包括任何虚假资料的输入、更改、删改、隐藏计算机资料，导致相关资料丧失真实性；计算机诈骗，包括有诈骗意图的资料输入、更改、删除、隐藏任何计算机资料，或干扰计算机系统的正常运作，为个人谋取不法利益而导致他人财产损失；等等。

(5) 数字鸿沟

数字鸿沟是信息社会发展过程中涌现出的大部分伦理问题的根源。数字鸿沟是垂直隔阂与水平隔阂的结合。垂直隔阂是指，在人类历史上，尽管人类利用技术能力可以消除自然和人工之间的障碍，但也深感自己对世界和未来一代的道德责任。这说明伦理知识和智慧并不一定是技术权力和道德责任的必然结果。垂直隔阂标志着现代性的结束，后现代批评家认为，现代性的策略是对自然的科技殖民和控制，现代化强调对自然环境现实进行充分控制和掌握。虽然信息时代是建立在现代化的基础上，但其精髓不是仅仅塑造现实的物理世界，而是要建立一个替代或巩固现实世界的非自然环境。当然，数字鸿沟并不仅是指现代与前代人之间的垂直隔阂，也是存在于人性中、内部人与外部人之间的一种新的水平隔阂。信息圈不是一个地理、政治、社会或语言空间，而是从教育到科学、从文化表现到通信、从贸易到娱乐的精神生活空间。各个地区、不同职业和不同领域的人们都可能居住在这个信息圈中，形成"网民"社区。在这个"网民"社区中，由于信息是其中的重要资源，"信息富裕者"容易拥有知识、财富和权力；相对地，"信息贫困者"则在各方面的发展大都处于劣势。贫富不均的结果会随着就业机会、教育等进入虚拟空间，而且日益扩大，由此形成的不平等问题，更可能引起人们不满和社会动荡。由此看来，"数字鸿沟"是信息时代的全球问题，但其实质是信息时代的社会公正问题。

信息爆炸使人无所适从，大量庸俗、色情甚至反社会的信息对网络造成了严重的污染；一些非法、非伦理的信息行为对传统伦理观念及伦理规范产生了极大的冲击。信息伦理问题的产生，是由技术的推力与需求的拉力两股力量促成的。在信息社会中，信息技术的快速发展会使得个人的行为产生"扩大效果"。现实社会中，人们的行动空间、时间终究有限，但是在信息社会中，人们的生活除了现实生活，还包括了虚拟的网络世界生活，包括社会化电子商务中行为。因此，一方面信息社会必须依赖知识的研发和运用来推动技术的进步，但另一方面，社会在伦理道德的需求上，却对技术发展产生一些拉力，使某些信息或技术性行为仍能在某种程度上受到道德评价。

社会化电子商务有开放性、虚拟性特征，在贸易双方进行商榷的时候，往往会出现一些不安定的状况，市场经济的蓬勃发展使人们只顾追求利益，从而忽视了道德观念，以致出现了一些伦理问题。社会化电子商务平台中涉及的主体包括商品销售者、消费者、平台、第三方物流等，各个主体都会出现相应的伦理问题。

8.2.2.2 物流配送和支付手段中的伦理问题

社会化电子商务的交易双方在物流配送和支付等方面具有时空不一致，双方都怕受到损失而提防对方。如买方不管用任何一种付款方式，双方都有可能表现出不道德的行为，比如消费者拒付账款、商家拒绝交货等。双方都不愿意承担第一风险，交易将不会正常进行。第三方支付出现后有了好的改善，但也会伴随伦理问题。如客户付款后，货款并没有直接转到卖方的账户，而是存放在第三方支付这个中介方，中介方获得无依据的资金时间效益。第三方支付企业始终还有恶意滥用资金的可能性。

配送是社会化电子商务的重要环节。社会化电子商务交易是在网络上进行的，卖方把自己要出售的货物通过专业的物流公司配送到买方，才能算是完成了交易。没有物流，电子商务活动难以进行，也不会有消费者购物的便利。在商品运送过程中，物流公司也可能会侵犯消费者权益。

8.2.3 社会化电子商务的伦理构建

8.2.3.1 社会化电子商务平台伦理构建原则

（1）公平和正义原则

网络的发展呈现出整体化趋势，一个小小的行为能够对其他用户产生重要影响。责任伦理要求不仅要维护个人利益，也要注重整体利益，维护公共秩序。公平和正义原则是维护公共秩序的重要伦理原则，也是行为主体应当崇尚和追求的伦理要求。社会化电子商务平台中交往和交易必须坚持平等公平原则，反对利用或制造信息不对称的交往和交易中的信息欺骗和歧视行为。保障消费者的隐私权、知情权和表达权。社会化电子商务平台中不公平、不正义行为不仅造成了对弱势群体利益的侵犯，更冲击着电子商务平台良性运作的基石。平台和消费者虽然是服务商和用户的关系，但是本质上也是平等的买卖双方关系。平台虽然以盈利为目的，掌握着交易、沟通机制的形成和运行，但是应坚守正确的商业伦理，尊重消费者的地位。有关部门或组织应确保两者之间的地位平等，在有关规则的制定时不能偏袒任何一方，平台商家应该公平竞争，运用平台天然的舆论生成机制，维护透明的评价体系，自觉抵制网络水军炒作。买家和卖家也应该恪守正义原则，不以利益诱惑为诱饵，如实评价，实现信息资源平等交换和共享。

（2）客观与真实的原则

社会化电子商务平台为用户提供了展现自我、自由发表言论和交流的平台，用户生成内容（UGC）是其特性之一。UGC 的情感倾向是衡量内容和平台的可信度的重要指标，内容的客观和真实属性关系到 UGC 的高质量。社会化电子商务平台将用户线下讨论的购物场景搬至线上，覆盖大量真实用户的分享，十分适合口碑营销。美国口碑营销协会倡导口碑营销应遵循 ROI 诚实原则，即关系、评价、身份诚实。社会化电子商务平台的 UGC 传播本身属于口碑营销的一个组成部分。社会化电子商务平台系统中，系统参与各方应遵循应有的身份，对任何产品和激励应该采取公开和诚实的态度，不能在平台上发布不实评价，要反对任何形式的雇佣欺骗。平台各方都应自我约束，不能以短期的利益为基本的行为指向，要共同抵制不良风气，共筑诚信的市场环境。

（3）无害化与审慎的原则

社会化电子商务平台的开放性给予用户相互交流和沟通的空间，用户可以充分地表达自己的观点和看法。无害化原则意味着网络主体不能利用网络技术的便利条件对他人或网络环境造成直接或间接的伤害。这个原则指引各个道德主体不仅要从行为的动机进行考量，也要求各个主体关照自身行为的结果，要避免自身行为产生的危害，对行为的结果负责，这个原则是网络伦理的底线，同样适用于社会化电子商务平台的伦理原则构建中。用户在保障自身行为有序的过程中实现公共平台的构建和商业信息的传递，无害化不仅受益他人，也反过来保护自身，更有利整个网络生态环境。与无害化原则相适应的是审慎原则，无害化原则要求行为结果不能造成相关危害，而审慎原则要求行为主体在行为之前要审慎地明确自身的权利与义务边界，使自身行为保持正当。要充分考虑自己的行为或实践的动机和可能造成的结果，如果说动机无害，结果还是给他人带来了不好的影响，行为主体有义务及时止损，避免更大的伤害。虽然网络社会由于传播特性使得责任的归属难度变大，但是网民依旧要对个人的后果承担相应的责任，因此各个主体要加强媒介素养的提升，明辨是非，提高自己的内容质量，预防不良信息的污染。唯有各个参与者严守边界，坚决抵制不良行为，社会化电子商务平台 UGC 才能发挥真正的价值。

8.2.3.2 社会化电子商务平台伦理构建对策

（1）对社交平台的对策建议

① 加强平台相关制度的建设。加强对商家、用户身份的注册和审核机制。建立一套更为完善和严格的身份认证机制，做到一人一号，不能多次认证，同时本着"知情同意"的原则，尽可能消除对用户隐私造成的伤害。设立惩罚机制，对违规内容及时处理，加强对水军的整治，限制导购网站上买家伪造身份发布内容。对于广告，采取机器过滤或封号等管理措施进行清理。完善内容机制，促进 UGC 的正向循环。设置第三方评级机制，可以招募专业的评论员，以客观公正的态度对于产品进行细节描述，对普通用户的 UGC 进行补充，若发现撰写不真实的正面评价，按照作弊进行处理，同时建立有效的惩罚机制。培养平台内意见领袖的网络责任感，对于危害平台风气的意见领袖要正确引导。完善平台的举报监督制度，与用户共同协作维护良好风气。平台可以设置专门的监督平台，倡导公正客观的内容产出，对于不同形式的软文广告进行标准化的鉴别与剔除，培育真实的反馈氛围。除加强平台方的检测外，还要调动用户的积极性，通过用户易于接受的形式结合平台自身调性，生动活泼地对用户进行道德教育，同时建立激励机制，用户可以对社区中其他用户的不良行为通过

举报机制进行举报，协同维护平台的健康风气。

② 提高平台方的自律意识。对于不同种类的 UGC，平台方要把握不同的运作规律，比如对于社交类的 UGC，用户多看重数据的真实性，平台应运用合理的技术形式呈现其他用户对于内容的价值判断；对于涉及产品具体信息的商业型 UGC，平台应保证内容的客观中立性，通过对内容质量的把控提高信息来源的权威性和可靠性，协调好各方的利益，做好把关者；而至于兴趣型的 UGC 建设，要侧重于平衡话题的轰动性和商业性，鼓励健康原生内容的产生，培养良好的社区氛围。在把握不同 UGC 类型的运营侧重点的同时，平台更要加强自律意识，遵循"义利统一"的商业伦理原则。对于自身平台的推广，要充分挖掘社交互动和优质内容的吸引力，运用好 UGC 的激励策略，以贴近消费者心理为出发点构建更加人性化的内容生成机制，创新营销模式，为用户提供更好的服务质量和客户解决方案，此外，不管是在利用用户的生成内容进行打包沉淀推广，还是通过大数据分析目标客群与外部广告平台进行数据交换，平台方在保持开放分享的互联网精神的同时，更要注重用户知识产权的保护，合理合法地运用海量的用户数据，切实保护消费者的隐私。

（2）对用户的策略建议

① 用户应提高媒介素养。社会化电子商务平台具有开放性，会被别有用心的人伪装利用，用户要提高自身的媒介素养，以免受到进一步的利益侵害，干扰自身生活。媒介素养主要体现在媒介使用素养、信息消费素养、信息生产素养、社会交往素养、社会协作和参与素养等。媒介使用和信息消费素养即是用户对于外界信息的筛选、分析和批判能力。结合到社会化电子商务平台的 UGC 领域，用户要自觉对平台上的信息进行评估和质疑，对于标题党和为了争夺注意力的内容，保持审慎的态度，甄别出背后的逻辑漏洞，明辨信息传播背后的动机。

理性关注平台上的热门事件，不能因为害怕落伍而盲目跟风。避免成为某些品牌为了造势炒作、恶意营销的工具，最终导致个人生活遭到侵扰，增加不必要的麻烦。比如说有的品牌在社会化电子商务平台以用户的口吻开展看似自发式的话题营销活动，在平台上发布相关软文利用人性测试、植入产品、秀恩爱、晒红包等手段制造热点话题，设置庸俗"议程"。基于部分消费者的虚荣心理，营造出攀比的现象，使得"不买就是不爱我"的庸俗感情观点侵蚀用户心智，通过营造人际关系中的矛盾以此来拉动产品的销量。同时用户要多方面地获取需要的讯息，发现失真或不客观信息要及时举报。信息生产素养包括负责发布信息，负责进行信息再传播的素养。用户对于社区内的意见领袖保持冷静，不能盲目跟从，人云亦云，谨慎对待转发的传播行为，要根据自己的真实体验对商品和服务做出公平、公正的评价，如果意见领袖因为个人情绪发表偏激错误非理性的见解和观点，用户很容易被意见领袖所引导，由于平台用户的同质性，其意见趋向统一，容易会造成群体意见的极化现象，对某些品牌或产品造成中伤。社会交往和协作素养要求用户在社会化电子商务平台进行内容产出注意客观公正的同时，也要自觉维护他人的隐私和合法权益，避免因为不满等情绪进行网络暴力等，要提倡"我为人人，人人为我"，也要注重保护他人的智力成果。

② 用户要树立正确的价值观念。对于商家或平台的利益刺激要保持理性，不能单纯因为利益的诱惑就做出有违客观公正的评价，沦为商家的水军。同时提高思想道德意识，保持良好的价值导向、审美导向、政策导向，以确保自己生成的内容合理合法。根据自身的使用体验实事求是地做出评价；端正分享的动机，对于自身网络行为可能产生的结果进行充分的预判，在进行转发或者分享时充分考量是否危及他人利益，是否有违法现象；对于不良现象

要有正义感。在享受到社会化电子商务平台提供的各种便利时，也应维护网络生态的和谐发展，提高自律意识，遵守平台规则，遵守网络交往的平等无伤、知情同意等原则，参与网络生态的建设中。

（3）对商家、品牌的策略建议

① 利用社会化电子商务平台做好口碑营销。品牌商可以借助平台，关注时下的热点事件及流行趋势，主动设置议题，引爆消费者的兴趣焦点，通过专业生成内容（Professionally Generated Content，PGC）引导用户进行内容产出，通过互动增加品牌的趣味和黏性，引导消费者为自身产品传播品牌价值，积累口碑；邀请顾客参与产品讨论，讲述他们真实的想法，提供有价值的信息。对于话题的设置，不仅可以围绕自家的产品，也可以针对某个与产品密切相关的需求设置议程。

营造讨论的氛围，巧妙渗透产品信息，提升品牌在平台的热度。邀请用户为品牌和产品的发展提供参考建议并参与产品的规划，实现创意的众包。除利用用户的生成内容进行品牌的维护和升级外，用户心得对于产品的提升也十分重要，社会化电子商务平台的用户生成内容对于用户决策的参考意义较大，品牌或商家可以基于这些口碑内容进行全面精准的大数据分析，针对消费者的需求变动和使用心得不断调整产品，实现产品的迭代。

面对消费者对品牌或产品的不满，要主动应对、积极引导，快速解决消费者在体验过程中的缺失感。

② 及时监测舆情，消除不良影响。商家或平台可以把社会化电子商务平台当作舆情监测的基地，对于负面口碑进行必要的整理和分析，监测用户的态度倾向和议题，降低陷入危机的风险，要尊重受众在人际传播中的主动性，把握消费者和网民的心理和需求。如果发现消费者对其产品或服务存在误解，可以通过事实的陈述消除消费者的困惑，及时与消费者进行平等沟通。人际传播的有效对话不仅能消除用户困惑，也能避免对其他消费者因信息不对称引发的决策误导。除此之外，当发现竞争对手利用社会化电子商务平台的用户生成内容进行诋毁的行为，可以借助平台用户的力量，发挥广大忠实客户的口碑影响力，及时向平台或相关媒体进行申诉，必要时要诉诸法律，坚决抵制恶意的诋毁和水军造谣，维护自身口碑。也可以参照用户对竞争对手的口碑评价，以及相关意见领袖如行业专家等对企业或行业的看法，改善产品和服务，充分发挥社会化电子商务平台对于商家或品牌的价值。

（4）对政府相关部门的策略建议

① 加强对社会化电子商务的监管。网络空间是虚拟的，但运用网络空间的主体是现实的，大家都应该遵守法律，明确各方权利义务。要加强网络伦理、网络文明建设，发挥道德教化引导作用，用人类文明优秀成果滋养网络空间、修复网络生态。社会化电子商务和网络营销的健康发展离不开配套的法律法规的支持，需要建立健全的电子商务法律法规体系，构建公正透明的电子商务法治环境。除专门的电子商务法规外，也应对相关联的产生伦理失范现象的不良营销工具进行管制，比如网络水军的管理规范、网络实名制、减少虚假口碑的可操作空间、维护消费者的知情权。

② 政府主导构建网络生态原则，加强网络道德教育。社会化电子商务平台依托着网络社会的发展，网络社会与道德主体的和谐共生的前提就是确定网络生态原则。政府是制度建设的主体，政府不仅应该作为正式制度（法律法规及相关政策）安排的提供者，也应成为非正式制度（网络生态原则）安排形成的影响者。"网络社会"应该做到有章可循，有法可依。要强调主体传播的信息对于他人没有伤害性，强调公平正义，强调主体的相互尊重；要

允许网络开放性、允许网络主体行为的多样化,要坚持平等原则、透明原则、生态原则、伦理原则等。政府应主导行业成立相关领域的伦理委员会,提高他们的道德自律,建立平等的对话模式,要采用网民喜闻乐见的形式进行阐述,把网络风气的建设纳入社会道德要求中,让积极的道德风尚主动占领互联网道德的空间,让网络用户感染并接受这些观念,形成网络共同体意识,推进网络平台共享开放、交互协作的氛围建设,构建具备公共理性的网络公共领域。政府和媒体在培育网民道德责任意识上有着不可推卸的责任,要塑造风清气正的网络风气。通过披露相关事实,综合运用新型媒体,采用专题形式引导大众了解和警惕在新型数字营销手段背后可能隐藏的风险与骗局,教育消费者行使和维护自身的合法权利,调节各个参与主体的网络行为规范。同时要遏制有关内容生成的灰色市场,比如水军炒作、机器化地伪装原创内容编造等不良现象,从产业链源头整治内容生成的乱象,配合网络伦理道德的建设。

8.3 社会化电子商务的健康发展

8.3.1 社会化电子商务平台健康发展中存在的问题

社会化电子商务的商业模式的更新和涌现活跃了网络交易市场的同时也带来了诸多问题。

(1) 市场准入门槛低

相较于传统的网络交易平台如阿里巴巴、淘宝、京东等,社会化电子商务的发展使得网络销售变得更加简单、方便。社会化网络销售因其极低的经营成本,降低了网络交易市场的准入门槛,也降低了网络交易的违法成本,同时使得网络经营主体的构成更加复杂,为网络经济监管带来了难题。

(2) 商品来源无保障

社会化电子商务中不乏物美价廉的精品,但也确实存在着很多品质、来源没有保障的商品。商品展示形式主要还是图片和文字,图片是否是真实商品拍摄、有没有过分美化处理,文字描述是否真实可信,消费者很难进行判断,最终收到的商品很可能是假冒伪劣品。还有很多个人商家在微店和微博上销售一些没有经过检验检疫的自制食品,这种"三无"食品可能会对消费者带来非常严重的伤害。

(3) 支付过程无保护

在各大 B2C 和 C2C 模式的电子商务平台上,支付模式和支付工具已经较为完善,同时平台还承担了很多交易争议调解的责任。但社会化电子商务主要以社会化媒体为平台基础,这些平台的主要功能是信息传播,作为销售渠道的功能还没能有效建立,大部分社交媒体平台都缺少配套的支付工具。在当前社会化电子商务交易中存在着各种付款方式,有的是先付款后发货;有的是先付定金,交易后再付余额;还有通过点击支付链接用网银转账或支付宝付款的方式。以上各种支付方式都有可能使消费者面临支付骗局,如点击链接进入钓鱼网站或卖家收款却不发货等。

(4) 交易纠纷难维权

尽管网络消费是有法可依的,但在社会化电子商务交易中,纠纷维权却面临很多现实困难,比如卖方提供的电话可能是未经登记的,地址也可能是虚假的,这就给网络消费受害者权益保护带来了举证难题。另外，当前以媒体功能为主的社会化电子商务平台，有些平台建立的交易争议调解机制和消费者权益保护措施不完善，当消费者因自主相信微信或微博信息内容，并通过平台外渠道进行支付而造成经济损失，有些社会化网络平台均难以进行干预。

（5）监管制度不完善

一些社会化电子商务平台中所进行的商务活动，尚处于发展的起步阶段，让各平台承担起和做好"网络交易平台管理者"的责任，还需要一定时间和实践摸索。

8.3.2　社会化电子商务平台健康发展问题的成因

（1）行业发展过快和竞争激烈

社会化电子商务的快速发展让产业链上下游各方都看到了社交流量的巨大价值，品牌方、商家、电商平台都开始尝试通过多样化的社交化营销方式来降低获客成本、提升用户黏性。拼团、分销和内容分享都逐渐成了电商营销的一种常规手段。越来越多的参与者将迅速耗尽社交平台的流量红利，社交流量的投入带来的用户增长边际效应将逐步降低。对于消费者来说，无论采用什么营销方式，商品的物美价廉和配送服务的快速高效是对平台产生忠诚度、愿意持续复购的关键。以流量起步的社会化电子商务平台最终将演化成两种不同的路径：一种将仍以流量运营为核心关注点，与电子商务巨头进行合作，成为电子商务企业的导流入口，这种发展路径下企业对商品没有把控力，盈利空间相对受限；另一种将不断深化供应链的建设和投入，增强自身的商品履约能力，这种发展路径下需要企业进行较大的投入且发展到一定规模后将不得不直面来自巨头的竞争压力。

（2）社会化电子商务行业标准不完善

当一个行业没有统一的标准时就会出现很多问题，社会化电子商务行业尚处于发展阶段，缺乏一套属于自己的行业标准，很大程度会限制社会化电子商务平台的健康发展，不管是从消费者角度还是企业角度，一个好的环境总会推动事物向着好的方向发展，行业标准是社会化电子商务良性发展的催化剂。而就目前而言，在社会化电子商务行业标准中还存在着很大的争议，缺乏一个统一的标准来规范社会化电子商务的发展。

8.3.3　社会化电子商务平台健康发展构建

（1）政府引导帮助推进行业自律

首先是社会化电子商务平台的自我完善。根据传统成熟的电子商务平台经验，电子商务平台建立的消费者权益保障措施，其保护效果往往比法律法规的保护作用更为直接有效。其次是基于协会的行业自律。在政府相关部门的指导和帮助下，一方面引导社会化电子商务商家建立起具有行业指导和自律精神的商家协会，从而实现社会化电子商务商家的自我管理、健康发展；另一方面，建立和发展消费者协会，延伸其在维护网购消费者权益方面的责任，使之成为网络消费者权益保护的重要组织，在消费者权益受到侵害时，提供维权指导和法律帮助，在必要的时候可以代消费者向社会化电子商务的商家或平台进行追偿。

（2）线上监管与线下监管相结合

社会化电子商务作为一种新型电子商务形式，其交易过程与传统电子商务一样，仍然包括线上商务活动和线下商务活动两部分。线上主要是借助社会化网络开展商家营销、买家寻找交易对象、商品所有权转移、交易双方权利与义务的确认等活动，线下则是进行商品实物的递送与交割。所以，在社会化电子商务的监管上也应该坚持线上监管与线下监管相结合的方式，创新监管模式，一是利用信息技术开展线上的巡查、监管、取证等；二是加强工商、邮政管理、税务等部门的协作配合，以工商、税务登记和快递实名化为基础，以线下查处为突破口，依法严惩各类违法网络交易。

(3) 宣传安全知识，披露违法现象

首先要加大宣传力度，普及安全知识，提高安全意识。工商等监管机构在进行社会化电子商务活动监管的同时，应积极调动和发挥消费者协会、行业协会、网络平台等组织的主体作用，开展以普及安全知识、提高网民安全意识为目的，线上、线下相结合的宣传普及活动，让消费者了解社会化网络交易中权益保障的相关法律法规、案例资料和防范技巧，提高消费者和商家的网络安全知识，提升人民群众的网络道德意识。其次是全民参与监督，积极披露违法现象。形成交易主体间的双向监督机制，提高社会化电子商务参与主体的维权意识，鼓励各监督主体积极报案，让广泛分布的监督主体对违法现象进行积极、快速、准确的披露。一旦出现违法案件，相关监管部门应坚持透明化原则，对违法案件进行快速响应、查处，防止违法主体在案发后掩盖事实、转移证据、逃脱匿藏。形成全民参与的监督监管，一方面有利于及时获取违法证据、查处违法现象，另一方面，广泛的案件披露，也会对违法者起到威慑效果，从而极大降低违法案件发生率。

(4) 创新信息监控技术，完善法律法规

依据传统电子商务的监管经验，监管部门应积极与各高校院所、科研机构、社会团体等合作开展信息监控技术的研发，以领先的技术压制违法现象的出现。一方面利用信息监控技术手段增加违法主体的违法难度，防范其利用网络技术进行的各种违法活动；另一方面，信息监控技术的发展也为监管部门的工作带来了便利，减少监管工作难度，提高案件查处效率。另外，在社会化电子商务相关的法律法规方面，应尽快完善理清有关管辖范围、违法认定、用户隐私、消费者保障、电子证据效力认定等方面的事项，同时，针对社会化电子商务技术要求高的特点，努力提升执法人员素质，以满足行业发展对监管与执法方面的人员需求。

(5) 加大网络交易违法行为处罚力度

目前我国有关网络交易违法行为的法律处罚力度还比较弱，特别是针对取证难度较大的社会化电子商务交易违法现象，可用的惩治手段还不够强硬，难以形成威慑效果。社会化电子商务的违法主体钻了违法成本低、风险低的空子，其社会危害性却越来越严重。所以，未来应在不断创新监控技术、完善相关法律法规的基础上，加大对网络交易违法主体的处罚力度，提高社会化网络销售主体的违法经济成本，这样才能有效威慑减少违法行为，才能对违法现象起到有效抑制作用。

本章小结

本章介绍了社会化电子商务安全的概念及类型，探讨了社会化电子商务安全问题并分析了安全问题产生的原因，讨论了社会化电子商务安全原则以及对策；介绍了社会化电子商务伦理的概念及特征，探讨了社会化电子商务伦理问题，讨论了社会化电子商务伦理建构原则以及对策。介绍了社会化电子商务健康发展的概念，健康发展过程中存在的问题及成因，最后给出了促进社会化电子商务健康发展的对策。

思考练习题

1. 社会化电子商务平台中有哪些安全问题，其产生的原因有哪些？
2. 简述社会化电子商务平台安全建构的原则。
3. 结合案例分析社会化电子商务平台安全建构对策。
4. 什么是社会化电子商务伦理？
5. 简述社会化电子商务平台伦理建构的原则。
6. 结合案例分析社会化电子商务平台伦理建构的对策。
7. 简述社会化电子商务平台健康发展存在的问题及成因。
8. 讨论促进社会化电子商务平台健康发展的对策。

第9章 社会化电子商务典型案例

学习目标
- 了解拼多多基本情况和商业运作模式。
- 了解京东拼购基本情况和商业运作模式。
- 了解抖音电商基本情况和商业运作模式。
- 了解小红书基本情况和商业运作模式。
- 了解云集基本情况和商业运作模式。
- 了解爱库存基本情况和商业运作模式。
- 了解美团买菜基本情况和商业运作模式。
- 了解十荟团基本情况和商业运作模式。

9.1 拼购类社会化电子商务

9.1.1 拼多多

9.1.1.1 拼多多社会化电子商务基本情况与发展现状

拼多多平台联合农业从业者整合农产品区包括物流、封装在内的资源，建立规模化农产品集散中心，并推动开发农产品附加价值，实现产业下沉及货源提供。与厂商直接合作，实现厂家直供。2015年4月，拼多多正式上线，主要经历了以下重要节点。

① 2016年7月，平台用户量突破1亿，获得B轮1.1亿美元融资，IDG资本、腾讯、高榕资本领投。同年9月与拼好货宣布合并。

② 2018年7月，正式登陆美国资本市场，发行价19美元，市值240亿美元。同年10月与国美电器开展合作，后者为其提供电器类商品经营业务。

③ 2018年12月，根据央视经济网的数据显示年度活跃用户达3.855亿人，超过京东的3.052亿人，成为中国第二大电子商务平台。

④ 2019年2月，拼多多纳入MSCI指数。

⑤ 2022年1月，拼多多在上海成立新公司，扩展供应链管理服务。

拼多多的业务模式也是B2C的拼购类社会化电子商务模式，通过低价匹配的方式，利用中低端商品源匹配下沉用户的手段和熟人社交的优势，打造基于移动互联网端口的拼团社交模式作为综合社会化电子商务平台，覆盖全品类商品。在全国多地设立分拣仓，满足货品临时存储的需要。与此同时，与仓储公司合作租借其仓库，不注重投资建设大型仓储建筑。与物流公司合作进行商品运输，开发"新物流"平台采用轻资产、开放的模式链接商家和用户，提高供应链和物流效率。利用移动互联网端的巨大流量优势，通过社交平台分享拼团链接、红包链接等简洁高效的拉新手段形成病毒式营销，获取用户。主要目标为下沉市场用户群体和价格敏感型消费者，平台运营团队与商家直接合作，通过降低平台抽成等方式获取商家的商品低价入驻，利用拼单、红包、砍价等活动与社交玩法的结合吸引客群。拼多多平台官方客服保障消费者购物售后。着眼生鲜电子商务领域，开拓"多多买菜"业务线，产地发货包邮到家。在拼多多平台中完成拼购需要遵循以下规则：

① 拼多多商城拼单拼团。拼多多团购中影响力最大的就是商城中的拼单拼团服务了，用户选择需要的商品，直接发起拼单或参与他人的开团，参团人数在 2~5 人，参团时间限制在 24 小时，满足这两个条件就可以形成订单发货。

② 微信社群工具。拼多多微信社群小程序叫作快团团，在小程序中，消费者可以自行选择加入社群，商家收集社区居民的需求后，发起普通团购、已有团购或直播团购，实现在线下单收款等服务。

③ 社区团购平台。多多买菜是拼多多正式入局社区团购打造的平台，在社区设立团长自提点，用户在小程序商城中选择符合需求的产品，平台通过布局实现高效率配送至用户手中，团长则利用门店端小程序管理店铺和社群。

在发展与扩张初期，拼多多利用独特高效的拉新手段与价格优势吸引大批用户，实现飞速增长，甚至超越传统主流综合类电子商务平台。其独特的获客方式与核心业务为产品发展与形成行业领先优势奠定了坚实的基础。拼多多具有以下优势。

① 消费群体的精准定位。拼多多对我国的电子商务市场进行较准确分析，找到了最佳市场切入点。最早将目标客户定位在"五环外"或者三、四线城市的中低端消费人群。拼团购物，只要低价就可以吸引大批用户成为平台使用者。如果是团购加上低价的话，消费者购买商品是以分享链接为切入点，通过"拼团"的形式在社交平台上迅速扩散，即使商家单个商品价格低了，利润率降低，但是销售量大幅度增加依然会给商家带来丰厚利润。这样不仅增加了平台入驻商户数，而且提高了品牌的知名度，这比任何广告都有吸引力。拼多多依靠自身的社交属性和低价商品成功激发用户的即时消费，通过商品分享推荐，以"货找人"的思维在当前激烈的市场中夺得一席之位。

② 良好的获客途径。拼多多提倡自主分享、拼团价低，拼多多是中国电子商务领域通过买家自发推广从而产生新用户模式的开拓者和领导者。利用微信生态工具，将整个交易体验做到最大的极致，使得使用门槛降到最低。用户点击购物链接，拼多多默认用户使用微信账号，不用重新注册，不用添加手机号，体验流畅。用户发起的商品链接，一方面来源于其主动在拼多多中发现的商品，另一方面平台会通过公众号向用户推送商品的链接。通过社交分享降低了新客的不信任性。

③ 产品不断扩大。在最初始阶段，拼多多的核心业务是进行水果生鲜拼单。水果生鲜是人们生活必需品，拼多多大幅度低于市场价格的拼单价格很快吸引了第一批用户的加入，实现了基础用户的积累，从而使拼多多的业务由最开始的水果生鲜逐渐扩大到几乎覆盖全品类的产品。同时可以看出的是，拼多多的产品还是主要体现在生活与服务类产品，生产类产品很少，减轻了运输成本。

9.1.1.2 拼多多社会化电子商务运作模式

拼多多作为拼购类社会化电子商务的典型代表，运用"社交+电子商务"的模式开展销售活动。具体来讲其运营模式可以归纳为以下内容。

① 产品定位方面，拼多多是一家专注于 C2B 拼团的第三方社交电子商务购物平台。用

户通过发起和朋友、家人、邻居等的拼单,以更低的价格购买优质的商品。它的购物模式为"社交+电子商务",旨在让更多的用户分享实惠,从其名称可以看出拼多多重在"拼"团以及实惠"多多"。

② 经营模式方面,拼多多是通过商户交纳保证金入驻,提报活动商品,并尽可能压低价格,把后端的仓配能力及售后都开放给第三方卖家,仅为其提供平台和技术支持的经营模式。它的盈利模式主要靠入驻平台资费+佣金+增值服务+广告,当然目前还处于扩展阶段,很多暂时不考虑盈利。

③ 用户画像方面,拼多多用户以30~50岁女性用户为主,用户群体年龄较大,对低价商品敏感,有足够时间和精力换取低价产品。拼多多的主要3类客户群体为家庭主妇、学生群体和退休老人。

④ 用户体验方面,拼多多用户的使用流程包括简单的登录、购买、搜索、分享等,还有激励用户邀请其他人购买,以达到增量的拼单操作。在用户的功能体验上,主要是采用多种多样的优惠活动吸引客户,如直接打折优惠型购买、助力打折型购买、现金领取型购买、抽奖型购买、拼单式购买、无处不在的精选推荐、独特的分享区域、砍价免费拿等。

拼多多采用"团购+社交"的模式,主要通过以下方式获得盈利:

① 产品佣金,拼多多的主要收入是通过销售产品获得的佣金。平台上的卖家发起商品拼团,消费者通过单独购买、发起拼团和参与拼团等方式购买商品,当买卖双方交易成功时平台将收取一定的佣金,佣金率根据商品行业不同有所不同。

② 流量变现,拼多多通过管理和优化流量,将未被使用的广告位出售给广告主,以实现流量变现平台的大量用户活跃度并实现持续增加,这也为广告变现提供了足够多的机会。

③ 物流服务,拼多多通过提供物流服务获得收益。该服务分为两种:拼多多自营、与其他物流服务提供商合作。在自营物流中,拼多多提供了自己的配送服务,而第二种情况,其他物流服务商为拼多多提供物流服务的可扩展解决方案,在其中代表拼多多完成配送。

④ 精准营销,拼多多还通过对用户的数据收集和分析来实现精准营销,并提供给卖家使用。这意味着卖家可以通过平台访问用户数据并优化其宣传广告。

⑤ 增值服务,除去商品销售和物流服务,拼多多还提供了一系列增值服务,例如仓储、包装和售后服务。这些服务提供商为卖家和买家提供一些增加购物乐趣和便利性的附加价值,同时也提高了平台的盈利率。此外,这些增值服务可以吸引新的卖家加入平台,从而增加平台的可持续增长性。

⑥ 金融服务,拼多多还在2018年开始了金融服务的业务,平台将人行央行合规强制源泉扣税支付系统接入技术模式,有望全面实现京东模式的全线金融服务,包括应收账款融资、库存融资、供应链融资、订单融资、保理融资、批发融资、资本运作等。

总的来说,拼多多主要是通过佣金获得盈利,但同时采用了其他不同的方式来改进和完善盈利模式。

9.1.2 京东拼购

9.1.2.1 京东拼购社会化电子商务基本情况和发展现状

京东拼购是基于京东商家,利用拼购营销工具,通过拼购价及社交玩法,刺激用户多级分享裂变,实现商家低成本引流及用户转化的一个工具,主打"低价不低质"概念。京东拼购上线以来，有了京东的品质做背书，以及在商品和商家准入方面的严苛门槛，很快就在拼购电子商务"纯低价"的红海中杀出了一条血路。主要经历了以下重要节点。

① 2014 年京东启动社交电子商务布局，与腾讯达成战略合作，入驻微信及手机 QQ 购物一级入口。

② 2016 年上线拼购业务，并上线内容导购生态——"购物圈"。

③ 2018 年 6 月，京东上线拼购小程序，并将"拼购"固定为京东 App、京东购物小程序首页的常设模块。2018 年"618"期间，京东拼购下单量同比增长近 24 倍，下单用户数同比增长超过 17 倍。

④ 2019 年 4 月，京东拼购 App 上线，与腾讯达成新一轮战略合作，推动产品在下沉市场的布局增长。同年 9 月京东拼购全面升级为以微信一级入口为主要载体的社交电子商务平台"京喜"。由前身"京东拼购"调整升级的以微信一级入口为主要载体的京喜 App 正式上线，宣告京东在下沉电子商务市场及移动端渠道完成战略布局。

⑤ 2021 年 3 月，京喜平台升级为"京东旗下特价购物平台"。

⑥ 2022 年 1 月，京喜 App 接入数字人民币受理功能。

京东拼购的入口有很多，很多都是上亿量级的大入口。在京东拼购的几大流量场景分别是：微信、手机 QQ、京东 App、小程序。别的且不论，单微信一个入口，2018 的月活跃用户人数就超过了 10 亿，此外，微信和手机 QQ 的日导流都是千万量级。独乐乐不如众乐乐，京东拼购的高明之处，在于把海量流量通过"社交魔方"分发给平台上品牌商。"社交魔方"是京东、微信、手机 QQ 购物于 2017 年推出的一站式社会化营销平台，这个平台 C 端是"全民答题""人人砍价"等 20 个 SNS 玩法工具，给消费者酣畅淋漓的消费体验；B 端，为商家提供了多个配即用的模板，快速生成创意裂变玩法，实现精准引流、品牌曝光、用户拉新等目标，解决了很多品牌商家和采销的痛点。从腾讯系获得重磅的入口，再把流量精准分发出去，自己变成入口，这就是京东模式和入口思维。与此同时，京东拼购与社交游戏联合推出破界融合，将实现大社交流量的强聚合，持续不断注入客源活力，在行业中开启了社会化电子商务+游戏 IP 的前沿场景化模式。2018 年 7 月，京东拼购与腾讯手游欢乐斗地主深度合作，打造 IP 主题卖场。同年 7 月 16—20 日，新用户在拼购节 1 元福利商品区拼团成功，即可获得欢乐斗地主游戏大礼包。

京东拼购推出的主要活动有：

①"1 元拼购"活动，新用户参与拼团即可以 1 元超低价获得商品。

②"1 元砍价"活动，用户只需转发邀请好友帮忙砍价，达到数量要求后即可 1 元领取该商品。

③"1 元众筹"活动，发起者只需支付 1 元并邀请 4 位好友支付 1 元助力成功，发起用户即可直接获得包邮好货，而助力好友均可获得奖品。

在社交电子商务全产业链运营过程中，京东拼购从前端品控、仓储等环节，到中端服务、全面覆盖的社交分享场景，再到末端高效物流配送和高标准的最后一公里服务，都把握着绝对的市场优势。京东拼购以 1% 超低折扣点面向全零售行业的商家进行招商。为了确保京东拼购的商品质量，低价不低质的口碑，京东拼购对商家运营资质有严格的考核，在前端就严把产品质量及严控入驻门槛。京东拼购为入驻商家制订优惠政策，如在 2018 年 8 月 31 日前成功入驻的服饰箱包/鞋靴运动/珠宝、家居家纺/家居建材/日用厨具/车品鲜花礼品类商家还可减免本合同周期内平台使用费（合同周期截至 2019 年 3 月 31 日）。除超值优惠政策外，京东拼购还有拼购新商家孵化计划，给每一个拼购新商家全面化、专业化的扶持培训政策，帮助商家快速、精准地上手拼购业务。在熟悉拼购业务后，还会给到新商家平台中心化流量扶持和激励晋升机制。

9.1.2.2 京东拼购社会化电子商务运作模式

京东拼购主打"低价不低质"概念，并非一味对标价格，而是主打性价比高、价差大的货品，同时由京东固有的仓储物流、售后服务等保障货品品质及用户体验。渠道内比其他业务而言，京东拼购转化更高，并且自带流量，对于卖家来说，可以作为促销工具来使用，同时频道赋予拼购商品更多曝光，商家只要设置了拼购就能拉取到中心化流量展示。京东拼购在运营方面有以下几方面的特征：

① 与腾讯达成战略合作，对接微信一级入口、手机 QQ 两大社交流量平台，拥有较大的流量基数，为平台发展提供良好先决条件。

② 属于京东旗下的平台，不仅有着京东成熟的电子商务经验作为参考，而且在物流方面能够借鉴京东成熟的物流保障体系，为平台快速发展奠定坚实基础。其母公司京东作为福布斯全球数字经济 100 强企业，拥有坚实的经济和财力支持，这让平台前期能够实现飞速发展并获得大量宣传推广机会。

③ 作为互联网大厂有一个优秀的产品团队，产品发展的节奏感把握特别好，运营方面也进行积极尝试，与政府、厂商、品牌都有密切合作。

④ 拥有严格的商品检验标准，建立了成熟的检验体系，品控严格，商家入场门槛较高，且售后保障体系完善，让消费者可以安心购物。

⑤ 拼购类的电子商务玩法形成独特的价格吸引和传播优势，积极的拉新激励措施让消费者在享受购物的同时潜移默化达到宣传推广的效果，在社交圈中形成良好口碑，能够以较低成本高效率获客。

⑥ App 整体用户体验做得比较好，可以很好地满足消费者在不同情况、不同场景下的相应需求，深受消费者青睐，好的用户体验才是一个产品的生命力。

⑦ 积极挖掘传统文化、乡村特色内涵，能够与平台品牌结合推出很多独特 IP 产品，在吸引消费者的同时也能够助力传统文化自回血，达到健康发展传承的效果。

京东拼购利用拼购营销工具，通过拼购价及社交玩法，刺激用户多级分享裂变，实现商家低成本引流及用户转化的赋能神器。主要通过以下两种方式获得盈利。

① 产品佣金，京东拼购利用互联网技术突破物理界限，实现所谓的"渠道下沉"。通过"宝妈团"和"粉丝团"等依靠群组的力量实现产品的销售，平台对不同的产品类型收取佣金。

② 广告费，互联网广告逐渐被人们接受，商家会买商品展示广告、品牌展示广告等方式进行产品推广，京东拼购的购买方式也吸引了大批的用户，由于网络外部性的作用也会吸引商家在平台投入广告，平台可以通过收取广告费获得盈利。

9.2 内容分享类社会化电子商务平台

9.2.1 抖音电商

9.2.1.1 抖音电商社会化电子商务基本情况和发展现状

抖音电商致力于成为用户发现并获得优价好物的首选平台。众多抖音创作者通过短视频/

直播等丰富的内容形式，给用户提供更个性化、更生动、更高效的消费体验。同时，抖音电商积极引入优质合作伙伴，为商家变现提供多元的选择。越来越多的短视频普通用户、网红大咖、直播达人、专业团队已经开始短视频广告带货之路。通过短视频推销产品，实现流量变现，已成为当前及今后相当长时间内电子商务企业重要的营销方式。

抖音电商发展历程如下。

① 平台启动与用户基础（2016—2017年）。抖音是由字节跳动于2016年9月推出的短视频平台。最初的抖音主要面向年轻用户，通过短视频分享和创作音乐等内容赢得了用户的关注和喜爱。在此期间，抖音积累了大量的用户基础。

② 直播功能引入（2017—2018年）。2017年，抖音引入了直播功能，允许用户通过短视频直播的方式展示产品和进行销售。这为用户提供了一种新的电子商务形式，使他们能够直接与观众互动并促成购买行为。直播功能的引入使得抖音成为一个新兴的电子商务平台。

③ 抖音电商试水（2018—2019年）。2018年，抖音开始探索电子商务模式，推出了一系列与电子商务相关的功能和合作项目。平台上的内容创作者开始通过短视频介绍和推荐产品，并提供购买链接。此举为用户提供了购物的便利，并为品牌和商家提供了一个新的推广渠道。

④ 春节红包与电子商务活动（2019年）。2019年春节期间，抖音推出了大规模的春节红包活动，用户可以通过观看和分享视频获取红包奖励。此次活动引起了广泛的关注和参与，进一步提升了抖音的用户活跃度。同时，抖音也加大了电子商务活动的力度，推出了多个电子商务促销活动，吸引了更多品牌和商家入驻抖音平台。

⑤ 市场竞争与发展壮大（2020—2021年）。随着抖音电商的发展，其他社交平台和电子商务平台纷纷加入竞争。抖音电商通过举办一系列大型促销活动，与品牌和商家建立合作关系，并通过数据分析和个性化推荐等手段提升用户购物体验。2020年6月，字节跳动成立电子商务一级部门，该部门将作为一级业务部门，电子商务业务作为战略方向起航。抖音电商在这一时期取得了显著的增长，并成为中国电子商务市场的重要一环。

⑥ 社交电子商务的兴起（2022年至今）。社交电子商务概念的兴起为抖音电商带来了新的机遇。抖音电商通过社交化的方式，将用户的社交关系、兴趣爱好和购物行为相结合，推动了更多的社交互动和用户分享。此外，抖音电商还引入了更多的社交化功能，如社群、私信、互动挑战等，以增强用户黏性和促进销售。

2023年抖音电商提出了"FACT+S"全域经营方法论，将传统的电子商务模式与社交媒体相结合，通过社交化的营销手段来提高销售效率和用户黏性，为商家在抖音电商的长效增长提供了完整的经营体系和实践指引，帮助商家找到清晰的增长路径。其中，FACT经营矩阵即商家自播、达人矩阵、营销活动和头部大V，S则是指搜索（Search）、抖音商城（Shopping Center）、商家店铺（Shop）。抖音电商"FACT+S"全域经营方法论提供了四种典型的生意增长模式，商家可以根据自身情况选择适合自己的模式，实现更高效、更精准、更可持续的经营和发展。

这四种模式如下。

① 通过货架直接冷启爆发：商家可以直接在抖音商城发挥货架场景优势，通过积极参加商城活动，完成冷启动。

② 通过内容测款，以内容场带动全域增长：商家可以把优价好物大量上架，并自发内容测款，找到潜爆款，在直播间和商城重点推荐，在内容场和货架场获得快速增长。

③ 通过联盟达人合作带动货架增长：商家可以海量合作抖音电商达人，全网打造爆款内容，内容造势带来商品热度，在搜索、商城猜你喜欢、商家店铺等地方完成转化。

④ 品牌通过营销事件全域加速：商家可以通过营销加速做到内容场和货架场全面开花，实现全域加速增长。

抖音电商主要的商业变现模式为导购模式，在收益分成方面，电子商务直播以 CPS（按成交额收费）模式为主，MCN 与主播、流量平台、电子商务平台共同分成，长期来看平台方具备最强的收割能力。主播主页面开设个人橱窗功能，可以贩卖主播的商品，甚至与淘宝相连接。一般来说，网络直播的盈利模式主要来源为用户打赏，而橱窗功能则增加了植入广告的效益。不同于淘宝主播直截了当地展示产品进行销售，抖音主播通过拍摄与橱窗商品内容有关的短视频进行趣味吸粉，增加直播间的人气，同时在直播间以销售为辅进行视频直播，通过与受众的双向互动产生最大的经济价值。越来越多的商家发现高人气主播的广告效应与日俱增且性价比高，为实现商家、平台、主播三方利益互赢，"短视频+直播+橱窗"成为主流，形成日益完善的商品内容多次传播，并且带来产品的多次曝光，为商家和平台带来更多效益。

9.2.1.2 抖音电商社会化电子商务运作模式

抖音电商的运营模式注重内容创作和社交互动，通过直播、精准营销等手段提供个性化的购物体验，吸引用户参与和购买。同时，与品牌和商家的合作为平台带来更多的商品资源和营销活动，促进平台的增长和用户忠诚度。具体来讲，抖音电商的运营模式可以归纳为以下内容。

① 内容创作和推广。抖音电商平台鼓励用户成为内容创作者，通过短视频等形式展示和推广产品。用户可以制作有趣、吸引人的内容，展示产品的特点和使用方法，吸引潜在消费者的关注和购买意愿。

② 购物功能和流量导流。抖音电商平台为卖家提供购物功能，用户可以直接在平台上完成购买行为。抖音还通过流量导流的方式，将用户从短视频内容导向到电子商务平台，促使购买转化。与传统电子商务相比，抖音电商的经营模式有着不同的"用户—内容—商品—服务"链路，要充分挖掘抖音平台的价值，就需要匹配抖音电商业务逻辑的经营模式。这种新经营模式的核心基础是：好内容+好商品+好服务。所谓"好内容"即经营好抖音号，通过短视频+直播，积累粉丝、建立粉丝认知、沉淀粉丝价值；"好商品"即经营好抖店，让品质、价格俱优的商品，通过好内容和目标用户进行连接、购买；"好服务"即做好履约和售后服务，用户下单远远不是结束，平台和商家一起为消费者提供良好的整体购物体验，并持续沉淀用户对商家的认知积累和复购。

③ 社交互动和用户评论。抖音平台的用户黏度高，可以让粉丝与抖音号形成更紧密的联系。抖音平台的所有内容都来自用户，也就是所谓的 UGC。这种内容模式会让用户获得更多的主动权。无论是出于好奇还是其他心理，用户都会愿意在平台上发布更多的视频内容，这样的循环会让用户黏度更大。此外，粉丝可以与抖音主播交流，可以在相应的视频上发表自己的想法，与抖音主播形成互动，加深感情，为接下来的抖音电商打下良好的感情基础。

抖音通过整合社交媒体、电子商务和广告等元素，为用户和商家提供了多样化的交流和销售机会，打造了一个独特的电子商务盈利生态系统。抖音的盈利模式主要有以下三方面：

① 直播销售。直播是抖音电商的核心变现方式之一。抖音用户可以通过直播形式展示和销售产品，吸引观众参与互动并进行购买。直播销售通过商品展示、产品介绍、即时互动等方式刺激购买欲望，并通过直播间内的购物链接或二维码引导用户完成购买。

② 品牌合作推广。抖音用户可以通过短视频分享和推广产品，通过创意内容吸引其他用户的注意并激发购买兴趣。抖音与众多品牌和商家建立合作关系，通过品牌推广活动、合作项目等形式进行变现。品牌可以与抖音合作开展合作活动，如品牌曝光、促销活动、赞助等，以提升品牌知名度和销售额。

③ 与电子商务企业合作。抖音电商与品牌商家合作，通过销售商品获得佣金或手续费。抖音提供了一系列电子商务功能，如购物车、订单管理、支付接口等，使得用户可以在抖音平台上直接购买商品，同时为商家提供了一个在线销售的渠道。

9.2.2 小红书

9.2.2.1 小红书社会化电子商务基本情况和发展现状

小红书致力于打造一个社交分享和购物的综合平台。用户可以在平台上发布自己的生活记录、美妆心得、旅行攻略等内容，也可以互相交流购物心得并进行商品推荐，同时平台还提供购物功能，让用户可以在平台上直接购买心仪的商品。小红书不仅是一个社交平台，更是一个激发灵感、推动购买决策的电子商务平台，它与众多知名品牌和商家合作，为用户提供了丰富多样的购物选择。用户可以轻松浏览和购买自己钟爱的时尚单品、美妆产品、生活用品等，满足他们对于品质生活的追求。截至2021年底，小红书拥有超过3.2亿注册用户、超过15000个品牌合作、超过2.5亿条用户生成的内容，包括图片、视频和文字等。小红书还致力于进军海外市场，已经在全球多个国家和地区开展了业务。用户可以通过小红书平台，了解海外时尚潮流、旅行体验和购物机会，打破国界限制，感受全球化的消费文化。

小红书发展历程如下。

① 创立和初期发展（2013—2015年）。小红书于2013年创立。起初，小红书是作为一个UGC购物笔记分享社区进入用户视野的。用户可以在平台上分享旅行经验、美食推荐和购物心得。通过用户的口碑传播和内容共享，小红书逐渐积累了一定的用户基础。

② 社交和电子商务融合（2016—2018年）。随着平台用户规模的扩大，小红书逐渐将社交和电子商务融合在一起。2016年，小红书开始引入品牌和商家入驻，用户可以通过平台购买他们在内容中推荐的产品。这一举措加强了用户的购物决策能力和购买行为，为小红书进入电子商务领域奠定了基础。

③ 品牌合作和内容创作升级（2019—2020年）。小红书在这一阶段加大了与品牌的合作力度，与更多知名品牌建立合作关系，共同打造品牌推广和营销活动。同时，小红书开始着重培养和支持用户生成内容的能力，通过内容创作工具和激励机制，鼓励用户创作更具质量和影响力的内容。

④ 国际扩张和海外市场（2020年至今）。小红书将目光投向了海外市场，从2020年开

始进军国际市场，先后进入美国、日本、澳大利亚、新加坡等地。通过针对不同国家和地区的用户需求进行定制化运营，小红书在海外市场取得了一定的成绩，吸引了大量海外用户的关注和参与。

小红书的核心功能有上传、社区、电子商务三大模块。上传功能为产品提供可消费的笔记内容，是内容生产的源头，该功能包含上传照片/视频、编辑照片/视频、编辑正文等部分；社区功能包括笔记内容呈现与消费，以及围绕内容产生的关注、点赞、评论等互动行为；电子商务功能是产品的盈利功能，实现了产品功能的闭环，包含商品呈现、商品购买等功能。小红书致力于为用户提供更好的购物体验，成为一款以内容驱动和社交电子商务为特色的全球购物平台。它以独特的模式吸引了广大的年轻用户，实现了自身品牌的价值，而未来的趋势也将更加美好。

9.2.2.2 小红书社会化电子商务运作模式

小红书以社交内容创作为核心，结合社区互动和电子商务功能，构建了一个独特的社会化电子商务平台。具体的运营模式如下。

① 社交内容创作。小红书是一个基于社交媒体的平台，用户可以在平台上创建和分享与时尚、美妆、生活等相关的内容。他们可以发布购物心得、产品评价、旅行经历、美妆教程等，吸引其他用户的关注和互动。

② 社区互动和用户评论。小红书注重用户之间的社区互动，用户可以关注其他用户、点赞、评论和私信。这种互动促进了用户之间的交流、分享和购物经验的共享。

③ 品牌合作和推广。小红书与各大品牌和商家进行合作，推广他们的产品和服务。品牌可以在小红书平台上开设官方账号，发布商品信息、营销活动和品牌故事，吸引用户的关注和购买。

④ 电子商务功能和导购推荐。小红书在平台上提供了电子商务功能，用户可以直接在平台上购买他们感兴趣的商品。同时，小红书利用算法技术，根据用户的兴趣和行为，进行个性化的商品推荐和导购，提高用户的购买转化率。

通过与品牌和商家的合作推广，以及从用户购买行为中获取佣金，小红书实现了盈利，并不断探索更多创新的盈利途径。小红书的社会化电子商务盈利模式有三大板块：内容营销、社区电子商务和直播电子商务。

① 内容营销。小红书凭借其独特的内容推荐算法和良好的用户体验，成为一个非常受欢迎的内容社区。平台上有大量的用户分享生活方式、美妆、穿搭、旅行等各个领域的经验和心得。在这些用户生成的内容中，不乏品牌的产品或服务的推荐。这种通过内容推荐引导用户的购买行为，被称为内容营销。品牌可以与小红书上的内容创作者或者社区达人合作，让其创作内容或推荐品牌产品，从而获得更多曝光和销售量。

② 社区电子商务。小红书是一个社区电子商务平台，在用户和品牌之间建立了一个互相信任和共赢的关系。小红书负责筛选、验货和发货，品牌则提供优质的产品和服务。在这个模式下，品牌能够借助小红书庞大的用户群体，快速增加曝光和销售，而用户也能够从小红书上获得优质的产品和服务。

③ 直播电子商务。小红书将直播的形式和社区的优势相结合，推出了直播带货功能。小红书可以通过直播的形式，为品牌和用户之间创造更多的交流机会，让消费者更加直观地了解产品和服务。

9.3 会员制类社会化电子商务平台

9.3.1 云集

9.3.1.1 云集社会化电子商务基本情况和发展现状

云集是云集共享科技有限公司旗下于2015年成立的电子商务平台品牌，品牌旗下产品主打社交驱动的会员电子商务平台，旨在为电子商务平台会员提供美妆个护、手机数码、母婴玩具、水果生鲜等品类的商品选择。通过独特的"S2b2c"商业模式，云集希望连接价值链的两端，激发个体的商业潜力，同时为制造商、品牌商的渠道下沉注入活力，让云集的合作伙伴实现快速增长，它以"让天下没有难做的生意"为使命，致力于为消费者和个人创业者提供创新的商业机会。云集发展历程如下。

① 2015—2016年是云集初创阶段。2015年云集成立并开始运营，以社交电子商务模式为核心。平台通过微信等社交媒体进行推广，吸引用户和合作品牌加入。2016年，云集开始快速发展，并吸引了更多的用户和合作品牌。通过不断优化用户体验和推广策略，云集的用户数量迅速增长。

② 2017—2018年是云集发展高速增长阶段。2017年，云集在市场上的影响力继续扩大，成功吸引了大量的个人代理商加入。同时，云集开始在供应链和物流方面进行优化，提高了产品的质量和配送的效率。2018年，云集持续发展，成为中国社交电子商务行业的领军企业之一。在这一年，云集继续扩大合作品牌的数量，并通过增加商品种类和优化平台功能，满足消费者的多样化需求。

③ 2019—2020年是云集品牌巩固阶段。在这一阶段，云集致力于巩固自身品牌地位和提升服务质量，拓展线下门店，加强线上线下结合，提供更全面的购物体验。同时，云集继续加强技术能力，提升数据分析和个性化推荐等方面的能力。

④ 2021年至今是云集的拓展和国际化阶段。云集在这一阶段持续稳定发展，并开始拓展国际市场。平台积极探索海外业务，寻求更多的合作机会和市场份额。

云集在短短几年内取得了显著的成绩。它建立了庞大的用户群体，拥有数百万的注册用户和上千个合作品牌。云集提供了丰富的商品种类，涵盖了日用品、家居用品、服装、美妆等多个领域。平台注重用户体验和客户服务，提供优质的产品、便捷的购物体验和快速的物流配送。此外，云集还为个人代理商提供培训和支持，帮助他们更好地开展业务。

9.3.1.2 云集社会化电子商务运作模式

作为一家精品会员电子商务平台，云集致力于通过"精选"策略，为会员提供超高性价比的全品类精选商品。通过帮助亿万消费者以"批发价"买到品质可靠的商品，云集推动发展零售电子商务消费的新业态新模式，真正意义实现助力行业消费升级。具体来讲，云集的运营模式有以下几点。

① 用户招募与激励。通过社交电子商务模式，云集依托微信、微博等社交平台，通过用户的口碑传播和分享，吸引更多消费者加入，并激励用户成为个人代理商。同时，云集与个人代理商合作，个人代理商通过推广和销售云集平台上的商品，获得佣金和奖励，从而提高其积极性和参与度。这种模式既为消费者提供了方便快捷的购物体验，又为个人创业者提

供了一个低门槛、低风险的创业平台。

② 众包物流配送。云集采用众包物流配送模式，通过与第三方物流公司合作，将一部分的物流配送任务交给个人代理商承担。个人代理商在完成销售后，负责将商品发货给消费者。这种模式降低了物流成本，并且由于个人代理商通常离消费者更近，能够提供更快速的配送服务。

③ 数据分析与运营支持。云集注重数据分析和运营支持，通过大数据技术和算法分析用户行为、销售数据等，了解用户喜好、购买习惯，优化运营策略和推广活动。云集还提供培训和支持，帮助个人代理商提高销售能力和服务水平。

云集作为会员制类社交电子商务平台，通过社交力量和众包物流配送模式，构建了一个独特的运营模式。其核心在于吸引个人代理商加入并通过社交推广和销售云集平台上的商品。云集通过供应链管理、商品运营与推广以及数据分析与运营支持等手段，提供多样化的商品选择、优质的购物体验和便捷的物流配送。这一运营模式不仅激发用户参与和忠诚度，也为个人代理商创造了创业机会和收入来源。云集在中国社交电子商务市场中扮演着重要的角色，致力于为消费者和代理商创造更好的购物和创业体验。

9.3.2 爱库存

9.3.2.1 爱库存社会化电子商务基本情况和发展现状

爱库存是一家专注于为商家提供库存清仓和批发采购的服务电子商务平台。爱库存的核心业务模式是通过与品牌商和供应商合作，以极低的价格向商家提供清仓商品和批发产品，帮助商家快速销售库存、解决堆积的商品问题，同时为用户提供高性价比的购物选择。爱库存的平台上涵盖了多个行业和品类的商品，包括服装、鞋帽、家居、数码电子等。该平台通过线上交易和物流配送，为商家提供便捷的采购和销售渠道，助力商家降低成本、提高销售效率。爱库存发展历程如下。

① 2017年，爱库存成立，致力于为职业代购提供正品低价库存商品，帮助品牌处理不良资产。同年9月22日，平台正式上线，第一个月销量就突破千万元。

② 2018年，爱库存迅速吸引了众多国内外知名品牌和分销商加入，实现了快速增长。7月，完成了5.8亿元的B轮融资。同年10月，又完成了1.1亿美元的B+轮融资，投资方包括创新工场、GGV、众源、黑蚁等知名投资机构。全年销售额达到30亿元。

③ 2019年，爱库存继续发展并获得多个荣誉和奖项。联合创始人出席博鳌亚洲论坛，公司荣获"2019联合国CSR年度全球企业社会责任奖"和中国财经峰会的"2019商业模式引领奖"。

④ 2020年，作为一家新的电子商务基础设施提供商，经过三年多的快速发展，爱库存拥有2000多名员工，共售出近4亿件商品，带动了1万多家企业清理库存，创造了数百万个就业岗位。爱库存的发展符合市场和消费者的需求，可谓是优势颇多，未来可期。

⑤ 2021年，爱库存从开始创新到发展了"鱼群模式"。通过有效组织平台上所拥有的几百万店主，就如同一条条小鱼，以鱼群直播为指挥棒，形成一个思想和行动高度统一的鱼群。以他们的超百万社群的力量，集合成快速引爆销售的能力，在同一时间卖同一盘货，在极短时间内就可以触达亿万消费者，最终形成了强大的"鱼群爆发力"。

爱库存采用的模式为品牌方提供库存及样本即可进行高效众包分销。爱库存平台以品牌清仓特卖为核心，商品定价较低，优惠券力度不大，但也设置有四种优惠券，分别为平台优惠券、品牌优惠券、店长优惠券和买家购物分享优惠券。其中，平台优惠券在节日促销或平台开展大型活动时发放，每月发放天数很少；品牌优惠券只有较少品牌视自身清仓需求而开设，购买时几乎不能使用；店铺优惠券当日及次日有效，数量有限，面值较小，使用价值较小，因此这三种优惠券分享意义不大。而买家购物分享优惠券是买家下单付款后系统自动生成的优惠券，该优惠券不限制领取人数，使用时限更长，面值更大，当他人领取时，分享人可获得等额优惠券，这更受社群成员欢迎。

9.3.2.2　爱库存社会化电子商务运作模式

尾货的处理一直是品牌商的痛点，库存处理不好将对品牌原有销售渠道正常的销售秩序以及定价体系造成巨大冲击，甚至伤害到品牌价值。爱库存利用社交网络，下游对接众多分销商，借助社交分享的方式触达海量用户，帮助品牌方优化其库存管理。对于品牌方而言，基于社交网络下的分销模式让渠道成为一个封闭的私密渠道，并不会像在公开市场上销售尾货一样影响品牌原有的销售渠道和定价体系。且相对传统中心化的电子商务平台，社交裂变式的销售方式，也更适合处理尾货这种 SKU 数量众多、单库存深度特别浅的商品。对于分销商而言，爱库存提供高性价比尾货商品，这种高性价比能帮助分销商提高客户忠诚度和黏性。此外爱库存也为分销商群体提供了一键选品、一键分享、一键代发货等功能或服务，大幅降低了分销商的工作量和准入门槛。对于消费者则可以真正享受到实惠，以更低的价格获得更好的产品。

对品牌方而言，爱库存是一条绝佳的库存销售渠道。主要体现在以下几个方面。

① 私密。社交网络下的分销模式形成封闭的私密渠道，保护品牌价格体系，不损害品牌形象。

② 快速。庞大的分销网络，商品分发效率高，售卖周期短，可快速回款。

③ 可控。设定严格购买规则，防止恶意囤货，把控商品流向，防止窜货，全流程数字化实时监测，销售流程可控。

对分销商而言，爱库存是快速便捷的优质货源。具体表现在以下几个方面。

① 安全低价。与众多国内外品牌方直接合作，保证货品品牌、品质、性价比，为分销商提供优质品牌库存货源。

② 方便快捷。为分销商提供一键选品、一键分享、一键代发货等全方位功能或服务，分销商可零成本进行商品销售。

③ 培训成长。严格制定代购评估机制，体系化代购成长计划，让代购更专业。

9.4　社区团购类社会化电子商务

9.4.1　美团买菜

9.4.1.1　美团买菜社会化电子商务基本情况和发展现状

美团买菜是由美团小象事业部推出的一项生鲜零售业务。美团买菜为"App 端+便民服务站"模式。服务范围内的社区居民可以通过手机 App 下单选购食材，美团买菜将通过在社区设立的集仓储、分拣、配送于一体的便民服务站，为社区居民送菜到家。美团买菜是以生鲜电子商务和社区化服务为切入口，其经营品类较为聚焦，主要为新鲜蔬菜、水果、肉禽蛋、米面粮油、水产海鲜等一日三餐所需食材。美团买菜的 App 上显示，其将主打"层层严选的品质商品、高竞争力的价格、准时快捷的配送体验"。测试期间，可实现最快 30min 送上门。美团买菜推出了"今天吃什么"栏目，用户可以在 App 端查询菜单菜谱，点击进入菜谱的做法步骤详情后，可以直接选购，一次配齐相关食材原料。美团买菜整个战略部署过程如下。

① 探索期。2017 年 7 月，美团首次进入"餐饮+新零售"，开了一家 $2000m^2$ 的类似盒马鲜生的店铺——掌鱼生鲜。掌鱼生鲜的整体运营模式几乎效仿盒马鲜生，并想效仿盒马鲜生一样实现店仓一体化，发行了属于自己的 App，承诺"一小时送达"。2018 年美团对掌鱼生鲜全面升级，改名为小象生鲜，弥补了之前没有鲜活水产的短板。

② 发展期。2019 年 1 月小象生鲜更名为美团买菜，同名 App 上线，整体战略进行转变，美团买菜以社区化服务为切口，社区居民可通过手机 App 下单选购食材，美团买菜将通过社区设立的集仓储、分拣、配送于一体的服务将客户所需要的一日三餐食材送货到家。

③ 快速扩张期。2019 年 4 月开始在北京、上海、武汉开设站点，并扩展到全国范围内的多个省市地区。

美团买菜的核心竞争力在于以大数据为核心的精细化运营能力和互联网技术驱动的即时配送网络。一方面，美团进入社区生鲜零售行业有着明显的数据优势，即通过以"吃"为核心的丰富数据，能为顾客提供差异化和精准化的服务。此外，大数据还能够驱动优化中心仓储、供应链、前置仓运营、骑手配送等各环节的运营效率，降低成本和损耗。另一方面，美团自主研发的全球规模最大、复杂度最高的多人多点实时智能配送调度系统，能做到行业最优的配送服务水平，平均配送时长 28min。美团买菜提供的自营前置仓到家线上模式，能很好地解决消费者、供应商的需求，这是此产品长久发展的根本动力。美团拥有一个比较优秀的产品团队，产品发展的节奏感把握得比较好，稳扎稳打。App 整体用户体验做得比较好，可以很好地满足消费者下单前、下单时、下单后不同场景下的需求，深受消费者喜爱，好的用户体验是一个产品的生命力。在这个行业中，美团买菜隶属于美团，在美团生态体系下，品牌影响力、供应链规模、资金实力、配送实力上优势明显，本体公司的行业影响力大。

9.4.1.2 美团买菜社会化电子商务运作模式

美团通过社区选址采购蔬菜，建立了集储存、分拣和配送于一体的"便利服务站"。该站辐射范围在周边社区居民 2km 以内。这种区域划分正好符合美团外卖顾客的配送区域，通过合理调整配送能力可以达到最佳配送效率。具体而言，美团买菜的运营模式可以归纳为以下两种模式。

① 自营模式，美团买菜主要的商业运作模式为"App+前置仓"模式。首先，美团买菜主打自营模式，它的运作模式不同于京东家园等公司与超市合作采用的平台模式，它侧重于自我管理模式。基于丰富的送货经验和离线乘客的完整性，提出了"零元送货、免费送货、最早 30min 送货"等极具吸引力的口号。美团买菜主要是"三餐"，为用户提供日常采购服务，如新鲜水果、肉类和家禽等产品。目前，该平台有 1500 个 SKU 在线，并与"今天吃什么"栏目合作，使用户能够立即找到食谱。目前，美团买菜的核心客户是高消费水平的白领。这群人追求产品的质量和品牌，对产品分销的及时性有很高的要求。美团网上零售模式

也更符合当代人快节奏的工作和生活,满足了家庭消费和高品质食品消费。

② 前置仓模式,前置仓模式可以说是美团买菜的核心。生鲜食物的配送需要很高的及时性。作为当地消费者最近的场所,前置仓可以确保新鲜产品的及时配送。美团买菜使用的预仓储模式具有较低的投入成本,进一步降低了选址难度,更容易实现更大的面积和覆盖消费者。另外,在前置仓布局形成规模后,平台可以根据商业圈和社区的订单密度使用大数据和算法定位前端仓库,进一步缩短配送路径。

9.4.2 十荟团

9.4.2.1 十荟团社会化电子商务基本情况和发展现状

十荟团,隶属于北京十荟科技有限公司旗下商标品牌。总部位于北京,通过小程序及App,基于城市社区/小区,为社区家庭带来产地食材以及日用品等。十荟团社区团购是线上线下相融合的一种新型社会化电子商务模式,线上借助微信等社交工具,线下依托实体社区,由团长发起拼单活动,用户当日线上预定下单,次日线下自提取货,具有区域化、小众化、本地化的特点。与传统电子商务相比,社区团购基于邻里关系,以人际关系链为基础,能有效运用熟人经济下的信任价值,预售和"集采集配"的销售模式,节约了运营和物流成本,在产品价格和配送时效上更具竞争力。团购行业中,各个平台的运营模式不尽相同,各有特色。主流模式大致为:在采购与物流环节,团购平台寻找优质供应商,保障产品的供给与品质,负责产品的运输和仓储。在销售环节,平台采取拼团预售的方式,以社区为分销节点,招募社区居民或便利店店长为团长,团长在平台的支持下快速建立微信社群,每天在社群内筛选并发布高性价比商品信息,社群成员通过微信小程序或移动端 App 参团预定,次日平台根据订单汇总将货品统一配送至团长处,客户上门自取商品,或者由团长完成"最后 500m"的物流配送,由此完成商品的销售过程,平台根据销售额向团长支付佣金。在售后环节,当用户对产品不满时,团长发挥前后承接的纽带作用,与用户及时沟通,并最终由平台进行赔付和处理。十荟团业务已经覆盖华中、华南、华东、华北、西北、西南、东北 7 大区域。十荟团主要经历了以下重要节点。

① 2018 年 8 月,十荟团获得 1 亿元的投资,资方包括真格基金、启明创投和愉悦资本,以及精品社群电子商务公司"有好东西"。

② 2020 年 5 月 30 日,社区团购平台十荟团宣布完成 C1 轮融资,融资金额为 8140 万美元,本轮融资用于全国仓配建设和供应链能力提升。

③ 2021 年 3 月 31 日,十荟团已完成由阿里巴巴和 DST Global 联合领投的 7.5 亿美元 D 轮融资,昆仑资本、the D. E. Shaw group、晨曦投资、Jeneration Capital 时代资本、Dragoneer、鼎晖投资、GGV 纪源资本、Franchise Capital 和高鹄资本等跟投。

9.4.2.2 十荟团社会化电子商务运作模式

十荟团属于社会化电子商务社群运营转型的社区团购,其优势在于有"好东西"作为其供应商有丰富的社群运营经验。以微信社群为依托,团长多为宝妈、菜鸟驿站或社区商店等,通过构建以线下社区区域内的居民为主的微信社群作为商品推广和团长与社群成员之间的联系的纽带。基于邻里间强关系,商品推广容易得到客户信任。强大的全球供应链资源的独立系统开发和运营;覆盖华北、华东地区的现代化区域中心仓库,十几个城市的冷链城市仓库,以及现代化的冷链运输系统,编织成从产地到餐桌的高效供应链网络,可以带来新鲜水果和以最短的时间将来自世界各地的美食送到每一位社区消费者手中。

由于每个人的喜好不同,十荟团社区团购每天推广的商品也都不一样,这样能提高消费者的兴趣,客户对于十荟团社区团购的关注度自然就会提高。其中销售的大部分都是日常消费品,顾客们的购买频次也都非常高。体验度好的顾客们还会推荐给身边的朋友,大大增加了所售商品的购买率,增加了用户的购物黏性。十荟团主要通过以下几种方式获得盈利。

① 市场销售盈利,当平台现金流做到一定的量以后,现金流的使用价值拓宽等可以为社区团购社会化电子商务平台产生盈利。

② 宣传费和加盟费盈利,社区团购社会化电子商务发展趋势到一定经营规模以后能够授权社区门店宣传费、加盟费用等。

③ 流量变现,社区团购社会化电子商务盈利是双重的,社区团购社会化电子商务平台盈利时,作为线下推广的社区门店除获得提成之外,上门服务自取的住户到店也可以推动社区门店原来产品的市场销售,另外也为门店提升客流量。

本章小结

本章按类型分别介绍社会化电子商务平台的典型案例,具体是,拼购类社会化电子商务平台模式——拼多多、京东拼购;内容分享类社会化电子商务平台模式——抖音电商、小红书;会员制类社会化电子商务平台模式——云集、爱库存;社区团购类社会化电子商务平台模式——美团买菜、十荟团。分别介绍了这些典型案例平台的基本情况和运作模式,分析它们的优势和劣势。

思考练习题

1. 简述拼多多基本情况和商业运作模式。
2. 简述京东拼购基本情况和商业运作模式。
3. 简述抖音电商基本情况和商业运作模式。
4. 简述小红书基本情况和商业运作模式。
5. 简述云集基本情况和商业运作模式。
6. 简述爱库存基本情况和商业运作模式。
7. 简述美团买菜基本情况和商业运作模式。
8. 简述十荟团基本情况和商业运作模式。

参 考 文 献

[1] 张玉林，张小静，薛锦，等.社会化电子商务［M］.北京：化学工业出版社，2019.

[2] 中商产业研究院.2018—2023年中国网商行业市场调研分析与发展趋势研究预测报告［R］.中国产业研究院网.

[3] 中国互联网信息中心.第41次中国互联网络发展状况统计报告［R］.中国互联网信息中心网.

[4] 梦非.社会化商务环境下意见领袖对购买意愿的影响研究［D］.南京：南京大学，2012.

[5] 智研咨询.2017—2023年中国网易电商产业竞争现状及未来发展趋势报告［R］.智研咨询网.

[6] 中国互联网信息中心.2016年中国社交应用用户行为研究报告［R］.中国互联网信息中心网.

[7] Wang C, Zhang P. The Evolution of Social Commerce：The People, Business, Technology and Information Dimensions［J］. Communications of the Association for Information Systems, 2012, 31 (5)：105-127.

[8] Wang C. Linking Shopping and Social Networking：Approaches to Social Shopping［C］//15th Americas Conference on Information Systems (AMCIS), San Diego, CA. 2009.

[9] Stephen A T, Toubia O. Deriving Value from Social Commerce Networks［J］. Journal of Marketing Research, 2010, 47 (2)：215-228.

[10] Shen J, Lauren B. Determining Factors in the Acceptance of Social Shopping Websites［C］// Americas Conference on Information Systems. Amcis 2009. San Francisco. California. Usa, 2009：290.

[11] Liang T, Ho Y, Li Y, et al. What Drives Social Commerce：The Role of Social Support and Relationship Quality［J］. International Journal of Electronic Commerce, 2011, 16 (2)：69-90.

[12] Ganesan K A, Sundaresan N, Deo H. Mining Tag Clouds and Emoticons Behind Community Feedback［C］//International Conference on World Wide Web, 2008：1181-1182.

[13] Zhu L, Benbasat I, Jiang Z. Investigating the Role of Presence in Collaborative Online Shopping［J］. Connecting the Americas. Americas Conference on Information Systems, Amcis 2006, Acapulco, México, 2006, 28 (1)：358.

[14] Cha J. Shopping on Social Networking Web Sites：Attitudes Toward Real Versus Virtual Items ［J］. Journal of Interactive Advertising, 2009, 10 (1)：77-93.

[15] Huang Z, Benyoucef M. From E-commerce to Social Commerce：A Close Look at Design Features［J］. Electronic Commerce Research & Applications, 2013, 12 (4)：246-259.

[16] Nicolae J, Veronica J, Florin N. A new approach to E-commerce multi-agent systems［J］. The Annals of "Dunarea de Jos" University of Galati Fascicle Ⅲ Electrotechnics Electronics Automatic Control and Informatics, 2007 (1)：11.

[17] Kang Y R, Park C. Acceptance Factors of Social Shopping［C］//11th International Conference on Advanced Communication Technology. Phoenix Park. Republic of Korea, 2009：5.

[18] Leitner P, Grechenig T. Community Driven Commerce: Design of an Integrated Framework for Social Shopping [C]//IADIS International Conference E-Commerce. Algarve. Portugal, 2007: 4.

[19] Rad A A. A Model for Understanding Social Commerce [J]. Journal of Information Systems Applied Research, 2011, 4 (2): 6373.

[20] 陈文蓉. 浅析社区化电子商务发展优势 [J]. 合作经济与科技, 2008 (11): 42-43.

[21] 刘柳昕. 基于SNS的中国社会化电子商务研究 [D]. 武汉: 华中科技大学, 2012.

[22] 马凌, 邢芸, 陈昊天. 我国社会化电子商务发展现状与趋势分析 [J]. 现代商贸工业, 2014 (5): 167-168.

[23] 鲁文, 于兆吉. 社会化电子商务研究综述 [J]. 中国商贸, 2015 (1): 70-71.

[24] 朱小栋, 陈洁. 我国社会化电子商务研究综述 [J]. 现代情报, 2016, 36 (1): 172-177.

[25] 周兴龙. 基于SNS的B2C电子商务模式研究 [D]. 大连: 东北财经大学, 2012.

[26] 田雨晴. 社会化电子商务研究综述 [J]. 北京邮电大学学报（社会科学版）, 2013, 15 (4): 32-39.

[27] 吴菊华, 高穗, 莫赞, 等. 社会化电子商务模式创新研究 [J]. 情报科学, 2014, 32 (12): 48-52, 66.

[28] 付华. 第三方社会化电子商务平台互动机制分析 [J]. 电子商务, 2013, 31 (8): 7-8.

[29] 左文明, 王旭, 樊偿. 社会化电子商务环境下基于社会资本的网络口碑与购买意愿关系 [J]. 南开管理评论, 2014, 17 (4): 140-150, 160.

[30] 徐国虎, 韩雪. 社会化电子商务产业价值链分析 [J]. 武汉理工大学学报（社会科学版）, 2014, 27 (1): 59-65.

[31] 秦涤. C2C新方向: 社区化电子商务 [J]. 电子商务, 2007 (12): 8-10.

[32] 梁冬卉. 社区化电子商务在校园应用的问题及对策 [J]. 中小企业管理与科技（上旬刊）, 2009 (8): 180-181.

[33] 琚潇. 社会化电子商务的用户使用意向研究 [D]. 北京: 北京邮电大学, 2012.

[34] 宗乾进. 国外社会化电子商务研究综述 [J]. 情报杂志, 2013, 32 (10): 117-121.

[35] 刘宏, 张小静. 我国社会化电子商务研究现状分析——基于CNKI的文献研究 [J]. 现代情报, 2017, 37 (2): 171-177.

[36] 黄玮, 吴俊. 从电子商务到社会化商务 [J]. 电子商务, 2012 (6): 11-12.

[37] 史楠, 王刊良. 在线推介激励机制中的性别差异——推介双方的视角 [J]. 系统管理学报, 2015, 24 (2): 164-172.

[38] 聂磊, 傅翠晓, 程丹. 微信朋友圈: 社会网络视角下的虚拟社区 [J]. 新闻记者, 2013 (5): 71-75.

[39] Blau P M. Exchange and power in social life [M]. New York: John Wiley and Sons, 1964.

[40] Moral toranzo f, Canto Ortiz J, Gmez Jacinto L. Anonymity Effects in Computer-mediated Communication in the Case of Minority Influence [J]. Computers in Human Behavior, 2007, 23 (3): 1660-1674.

[41] 吴满意. 论网络人际互动结构的基本构成 [J]. 理论与改革, 2012 (3): 22-25.

[42] 肖芃, 姚琛. 论社会化网络的发展 [J]. 湖南社会科学, 2014 (5): 256-258.

[43] Liang T P, Turban E. Introduction to the Special Issue Social Commerce: a Research Framework for Social Commerce [J]. International Journal of Electronic Commerce, 2011, 16 (2): 5-14.

[44] 李卓然. 基于用户体验的社会化电子商务设计 [D]. 上海: 华东理工大学, 2014.

[45] 杨北京, 陶晓波. 社会化电子商务的驱动机制研究 [J]. 现代管理科学, 2015 (9): 67-69.

[46] 赵丹. 社会化商务手段的影响差异与协同——一个模型框架 [J]. 企业经济, 2016 (6): 69-73.

[47] 孙怡, 鲁耀斌, 魏国基. 社交氛围对朋友群组成员的购买意愿和行为的影响 [J]. 管理学报, 2016, 13 (9): 1392-1399.

[48] 张冕, 鲁耀斌. 文化认同对社会化商务用户行为的影响研究 [J]. 华东经济管理, 2014, 28 (5): 105-108, 148.

[49] 张洪. 社会化商务环境下顾客交互行为研究 [D]. 湖北: 华中科技大学, 2014.

[50] 周军杰. 社会化商务背景下的用户黏性: 用户互动的间接影响及调节作用 [J]. 管理评论, 2015, 27 (7): 127-136.

[51] 李国鑫, 李一军, 尼菲. 基于用户在线交易意愿的虚拟社区电子商务实证研究 [J]. 管理评论, 2011, 23 (8): 80-88.

[52] 万彩云. 社会化商务消费者信任对忠诚的影响实证研究 [D]. 北京: 北京邮电大学, 2014.

[53] 陈洋. 社会化电子商务用户推荐对消费者购买意愿的影响研究 [D]. 北京: 北京邮电大学, 2013.

[54] 袁莉, 李梦琪, 赵英, 等. 社会化电子商务的消费者行为研究——以"美丽说"网站为例 [C] // 2012 中国信息经济学年会会议论文集. 2012.

[55] 卢云帆, 鲁耀斌, 林家宝, 等. 社会化商务中顾客在线沟通研究: 影响因素和作用规律 [J]. 管理评论, 2014, 26 (4): 111-121.

[56] 刘莉琼. 社会化电子商务中消费者主动与被动好评的影响 [J]. 武汉商学院学报, 2015, 29 (6): 56-59.

[57] 曾贵川, 宋光兴. 社会化电子商务背景下团购网在线信用评价模型研究 [J]. 商业文化, 2015 (9): 177-179.

[58] 贾丽飞. 社会化电子商务产业价值链的相关分析 [J]. 商场现代化, 2014 (32): 42.

[59] 鲁文. 社会化电子商务在线信誉的模型构建及实证研究 [D]. 沈阳: 沈阳工业大学, 2015.

[60] 鞠彦辉, 何毅. 社会化商务模式研究 [J]. 现代情报, 2012, 32 (11): 6-9.

[61] 李洁娜. 社会化电子商务模式探析——基于用户信息行为理论 [J]. 中山大学研究生学刊 (社会科学版), 2014, 35 (1): 63-72.

[62] 殷实, 徐迪. 基于社会化商务的商务模式创新策略 [J]. 科学学研究, 2015, 33 (8): 1271-1280.

[63] 郭好. 浅析我国社会化电子商务赢利模式 [J]. 中外企业家, 2012 (7): 72-73.

[64] 杜露, 钟厦. 基于用户体验的社会化电子商务网站的 Ugc 类型模型研究 [J]. 设计, 2014 (4): 82-84.

[65] 李茉梓. 社会化电子商务网站的营销策略研究 [D]. 辽宁：辽宁大学，2015.

[66] 许慧珍. 社会化商务下的营销创新研究 [J]. 商业时代，2014（11）：56-57.

[67] 黄鼎. 社会化电子商务平台的定价策略研究 [J]. 西南民族大学学报（自然科学版），2013，39（5）：800-805.

[68] 张乐. 基于位置的社会化移动电子商务客户端的设计与实现 [D]. 湖北：华中科技大学，2011.

[69] 朱晶. 城乡社会化电子商务 [D]. 辽宁：大连海事大学，2012.

[70] 丁绪武. 基于兴趣图谱的社会化电子商务社区发现研究 [D]. 上海：上海工程技术大学，2015.

[71] 杨秋，蒋晓. O2M 社会化电子商务平台服务设计探讨 [J]. 设计，2016（4）：138-139.

[72] 蔡志文，林建宗. 面向社会化电子商务的信任感知协同过滤推荐方法 [J]. 计算机应用，2015，35（1）：167-171.

[73] 王高山. 社会化商务电子服务质量对顾客契合的影响机理研究 [D]. 山东：山东师范大学，2014.

[74] 吴菊华，徐梦，莫赞，等. 社会化电子商务平台的设计研究 [J]. 现代情报，2016，36（5）：117-122.

[75] 陶晓波，杨学成，许研. 社会化商务研究述评与展望 [J]. 管理评论，2015，27（11）：75-85.

[76] 杨学成，陶晓波. 从实体价值链、价值矩阵到柔性价值网——以小米公司的社会化价值创造为例 [J]. 管理评论，2015，27（7）：232-240.

[77] 杨学成，陶晓波. 社会化商务背景下的价值创造研究——柔性价值网的视角 [J]. 管理世界，2015（8）：170-171.

[78] 孟健，姜燕. 社会化商务环境下用户生成内容的动机研究——以"大众点评网"为例 [J]. 现代情报，2015，35（11）：31-37.

[79] 高穗. 社会化电子商务情境下新产品扩散中的顾客价值量化研究 [D]. 广东：广东工业大学，2015.

[80] 李燕. 社会化电子商务环境下在线口碑扩散机理研究 [D]. 山东：山东财经大学，2015.

[81] 陈远，王菲菲. 社会化网络环境下的商务信息服务模式探析 [J]. 情报资料工作，2012，33（2）：73-77.

[82] 靳亚男. 社会网络服务使用对个人社会资本影响机制研究 [D]. 北京：清华大学，2009.

[83] Bourdieu P. Forms of Capital [M]. [S. l.]: Blackwell Publishers Ltd, 1986: 280-291.

[84] Burt R S. The Social Structure of Competition [J]. Economic Journal, 1992, 42 (22): 6-7, 60.

[85] Lin N. A Network Theory of Social Capital [J]. Nan Lin Ronald S Burt & Karen Cook Social Capital Theory & Research, 2001, 34 (5): 1003-1019.

[86] 边燕杰. 城市居民社会资本的来源及作用：网络观点与调查发现 [J]. 中国社会科学，2004（3）：136-146, 208.

[87] 华超，杨金凤. 基于个性消费的海尔定制营销策略研究 [J]. 经营管理者，2016

(30): 309.

[88] 万晴晴. 企业虚拟品牌社区中顾客自发参与价值创造活动的机理研究 [D]. 北京: 北京邮电大学, 2015.

[89] 刘伟. 浅析老子"道"与中国特色社会主义建设 [J]. 法制博览, 2017 (4): 109-111.

[90] 庄楠. 定制衣柜家具齐套分析研究 [J]. 家具, 2016 (2): 85-90.

[91] 陈向明. 对教师实践性知识构成要素的探讨 [J]. 教育研究, 2009 (10): 66-73.

[92] 王倩. 听红领讲大规模定制——百万款式都可归结为1和0组合 [J]. 商学院, 2016 (Z1): 29-31.

[93] 多多. 个性化定制—多UU电动车发布 [J]. 电动自行车, 2016 (3): 48-50.

[94] 李朝辉, 金永生. 价值创造研究综述与展望 [J]. 北京邮电大学学报 (社会科学版), 2013, 15 (1): 91-96.

[95] 赵保国, 王思瑶. 基于文献计量的价值创造研究现状分析 [J]. 北京邮电大学学报 (社会科学版), 2015, 17 (3): 42-49.

[96] 钟振东, 唐守廉, Vialle Pierre. 基于服务主导逻辑的价值创造研究 [J]. 软科学, 2014, 28 (1): 31-35.

[97] 张婧, 邓卉. 品牌价值创造的关键维度及其对顾客认知与品牌绩效的影响: 产业服务情境的实证研究 [J]. 南开管理评论, 2013, 16 (2): 104-115, 160.

[98] 周文辉. 知识服务、价值创造与创新绩效——基于扎根理论的多案例研究 [J]. 科学学研究, 2015, 33 (4): 567-573, 626.

[99] 万文海, 王新新. 创造价值的两种范式及消费领域创造价值研究前沿述评 [J]. 经济管理, 2013 (1): 186-199.

[100] 韩丹. 社会化商务体验价值创造及影响因素分析 [D]. 山东: 山东财经大学, 2015.

[101] 邹适融. 新产品开发模式研究 [J]. 管理学报, 2010, 7 (12): 1811-1818.

[102] 葛丽丽. 顾客参与创造价值的形成机理研究 [D]. 辽宁: 辽宁工业大学, 2016.

[103] 卜庆娟, 金永生, 李朝辉. 互动一定创造价值吗? ——顾客价值创造互动行为对顾客价值的影响 [J]. 外国经济与管理, 2016, 38 (9): 21-37, 50.

[104] 张晓慧, 仲小瑾. 消费者参与虚拟品牌社区价值创造的动机分析 [J]. 科技广场, 2014 (10): 170-172.

[105] 李佳, 吴海燕. 个性化定制的服装网络零售模式探析 [J]. 商, 2016 (5): 265-266.

[106] 罗岚. 价值创造视角下企业网络社区营销研究 [D]. 厦门: 厦门大学, 2014.

[107] 杜兰英, 钱玲. 基于价值创造的商业模式创新研究 [J]. 科技进步与对策, 2014 (23): 14-16.

[108] 武文珍, 陈启杰. 价值创造理论形成路径探析与未来研究展望 [J]. 外国经济与管理, 2012, 34 (6): 66-73, 81.

[109] 李曾婷. 京东马桶盖节启动, 海尔卫玺打造国货精品 [J]. 电器, 2017 (2): 67.

[110] 亚当·斯密, 郭大力, 王亚南. 国民财富的性质和原因的研究 (下卷) [M]. 北京: 商务印书馆, 1974: 383.

[111] 沈漪文, 卢智健. 公司价值创造驱动因素的理论综述 [J]. 工业技术经济, 2008, 27 (12): 110-113.

[112] 迈克尔·波特. 竞争优势 [M]. 陈小悦, 译. 北京: 华夏出版社, 1997.

[113] 张平淡, 韩伯棠. 公司价值的创造 [J]. 北京理工大学学报（社会科学版）, 2003, 5 (3): 59-61.

[114] Kim W C, Mauborgne R. Value Innovation: The Strategic Logic of High Growth [J]. Harvard Business Review, 1998, 75 (1): 102-112.

[115] 隋敏, 王竹泉. 社会资本对企业价值创造影响研究: 理论、机理与应用 [J]. 当代财经, 2013 (7): 111-121.

[116] Maurer I, Bartsch V, Ebers M. The Value of Intra-organizational Social Capital: How It Fosters Knowledge Transfer, Innovation Performance, and Growth [J]. Organization Studies, 2011, 32 (2): 157-185.

[117] 李嘉玲. 社会资本、关系风险对担保能力影响研究——以天津市为例 [J]. 江西财经大学学报, 2011 (6): 11-17.

[118] Johnson S, Schnatterly K, Hill A D. Board Composition Beyond Independence: Social Capital, Human Capital, and Demographics [J]. Journal of Management Official Journal of the Southern Management Association, 2013, 39 (1): 232-262.

[119] 刘凤委, 薛云奎. 信任、交易成本与商业信用模式 [J]. 经济研究, 2009, 44 (8): 60-72.

[120] Amit R, Zott C. Value Creation in E-business [J]. Strategic Management Journal, 2001, 22 (6): 493-520.

[121] Williamson O E. Transaction-cost Economics: The Governance of Contractual Relations [C]// Journal of Law & Economics, [S. l.]: [S. N.], 1979: 61-233.

[122] 韩松, 蔡剑. 基于社交网站商业模式服务集成的价值创造研究 [J]. 管理评论, 2013, 25 (7): 20-27.

[123] Mcallister D J. Affect and Cognition-based Trust as Foundations for Interpersonal Cooperation in Organizations [J]. Academy of Management Journal, 1995, 38 (1): 24-59.

[124] Mcknight D H, Choudhury V, Kacmar C. The Impact of Initial Consumer Trust on Intentions to Transact with a Web Site: a Trust Building Model [J]. Journal of Strategic Information Systems, 2002, 11 (3): 297-323.

[125] Watts D J, Strogatz S H. Collective dynamics of 'small-world' networks [J]. nature, 1998, 393 (6684): 440-442.

[126] Henderson J C. Venkatraman. Strategic Alignment: Leveraging Information Technology for Transforming Organizations [J]. Ibm Systems Journal, 2010, 32 (1): 472-484.

[127] Zhou L, Zhang P, Zimmermann H D. Social Commerce Research: An Integrated View [J]. Electronic Commerce Research & Applications, 2013, 12 (2): 61-68.

[128] 黄鼎. 我国社会化电子商务生态圈的竞争策略研究 [D]. 上海: 上海交通大学, 2013.

[129] Chaudhury A, Kuilboer JP. E-business and E-commerce Infrastructure: Technologies Supporting the E-business Initiative [M]. [S. l.]: Mcgraw-hill, 2002.

[130] Leitner P, Grechenig T. Next Generation Shopping: Case Study Research on Future E-commerce Models [J]. Academic Psychiatry, 2007, 37 (2): 108.

[131] Leitner P, Grechenig T. Collaborative Shopping Networks: Sharing the Wisdom of Crowds in E-Commerce Environments [C]// 2008: 321-335.

[132] 王馨.浅析社会化电子商务的消费者驱动因素[J].中国商贸,2013,11(15):77-78.

[133] 梁循,朱浩然,林航,等.基于社会计算的社会化商务模式创新[J].电子商务,2013,1(6):20-23.

[134] 陈斓.从人际关系模型看SNS社区未来出路[J].信息网络,2010(z1):22-25.

[135] 唐亦之.跨界联姻:社会化网络与电子商务的共赢之道[J].传媒,2011(6):57-58.

[136] 廖贤敏.基于兴趣图谱的电子商务社交化方法研究[D].武汉:中南民族大学,2012.

[137] 黄建远.SNS社交网站电子商务经营研究[J].现代传播(中国传媒大学学报),2012,34(3):161-162.

[138] 陈永东.国内社会化商务的四大流派[J].广告大观(综合版),2013(10):71-72.

[139] 蒋隽怡.社交电子商务商业模式研究[D].上海:上海交通大学,2013.

[140] 马润年.图论与神经网络的若干问题研究[D].西安:西安电子科技大学,2002.

[141] 王丽丽.图论的历史发展研究[D].山东:山东大学,2012.

[142] 刘艳霞.基于代数图论的复杂网络的拓扑性质和构造方法研究[D].广州:华南理工大学,2013.

[143] 谢继勇.基于社会资本的公共项目管理绩效改善研究[D].天津:天津大学,2010.

[144] 张树霞.基于社会计量法的大学生网络交往模型构建[D].上海:华东师范大学,2009.

[145] 曹旭斌.P2P在线借贷平台社会资本测量及作用问题研究[D].成都:西南财经大学,2013.

[146] 刘翔.面向移动计算的WEB中间件关键技术研究[D].成都:电子科技大学,2013.

[147] 李智超.移动计算关键技术研究[D].天津:天津大学,2006.

[148] 章小初.移动商务客户价值创造机制研究[D].杭州:浙江大学,2012.

[149] 常丹.基于网格化管理的移动商务流程优化研究[D].北京:北京交通大学,2013.

[150] 范伟.移动商务安全性研究[D].北京:北京邮电大学,2010.

[151] 刘丽艳.基于数据网格的海量数据管理若干关键技术研究[D].北京:中国科学院研究生院(计算技术研究所),2005.

[152] 郭明.海量精细空间数据管理技术研究[D].武汉:武汉大学,2011.

[153] 赵计刚.基于数据仓库的制药企业商务智能系统的设计与实现[D].上海:复旦大学,2011.

[154] 张红,陈飞.商务智能研究综述[J].中国卫生信息管理杂志,2012,9(3):52-56.

[155] 刘克强.电子商务平台建设[M].北京:人民邮电出版社,2007:171.

[156] 王红红.基于NET2.0的网上书店电子商务平台的设计与实现[D].成都:电子科技大学,2012.

[157] 管怡舒.论述社会化电子商务平台的关系搭建[J].管理观察,2015(7):45-46.

[158] 陈鸿.高职院校与产业园互动合作激励机制的内容框架与实施原则[J].重庆电力高等专科学校学报,2016,21(4):36-38.

[159] 贺雪峰.论熟人社会的人情[J].南京师大学报(社会科学版),2011(4):20-27.

[160] 孟伟.电子商务平台建设与管理实验教程[M].重庆:重庆大学出版社,2009:0-1.

[161] 杨学俊.云计算——计算机技术发展的新方向［J］.科技资讯，2011（25）.

[162] 刘彦尊.信息社会视阈中的学校信息伦理教育研究［D］.辽宁：东北师范大学，2009.

[163] 廖年冬.信息安全动态风险评估模型的研究［D］.北京：北京交通大学，2010.

[164] 任莉莉.网络社会的伦理问题及其对策研究［D］.成都：西南财经大学，2006.

[165] 臧笑冬.我国电子商务中的伦理问题探究［D］.山东：曲阜师范大学，2013.

[166] 苟明霞.网络社会（虚拟空间）伦理问题研究［D］.兰州：西北师范大学，2013.

[167] 关铁军.电子商务安全策略研究［D］.北京：北京邮电大学，2008.

[168] 汪秀.云计算环境下电子商务安全风险评估模型研究［D］.合肥：安徽财经大学，2015.

[169] 谭前进，聂鸿鹏.电子商务中的信息安全研究［J］.网络安全技术与应用，2015（3）：104-105.

[170] 汤发俊.电子商务的信息安全技术研究［D］.南京：南京理工大学，2006.

[171] 金永琦.互联网电子商务系统及其信息安全［D］.北京：北京邮电大学，2010.

[172] 刘伟.虚拟社区伦理道德问题研究［D］.成都：成都理工大学，2007.

[173] 郑乐晓.电子商务动作中的网络伦理构建研究［D］.杭州：浙江师范大学，2011.

[174] 李梦琳.中国B2C电子商务伦理问题及对策研究［D］.成都：西南财经大学，2014.

[175] 尚殿广.电子商务企业商业伦理构建［D］.山东：山东大学，2012.

[176] 刘殷才.中国电子商务运作中的伦理问题［J］.现代营销（学苑版），2011（7）：116.

[177] 胡珏.我国电子商务与消费者的伦理问题研究［J］.商场现代化，2014（13）：76-77.

[178] 刘莉琼.社会化电子商务中消费者主动与被动好评的影响［J］.武汉商学院学报，2015，29（6）：56-59.

[179] 杜露，钟厦.基于用户体验的社会化电子商务网站的Ugc类型模型研究［J］.设计，2014（4）：82-84.

[180] Arndt J. Role of Product-related Conversations in the Diffusion of a New Product［J］. Journal of Marketing Research, 1967, 4（3）：291-295.

[181] 陈文倩.社会化电子商务中的口碑传播——以蘑菇街、美丽说为例［J］.新闻世界，2013（5）：167-169.

[182] 皮特里.动机心理学 = Motivation：Theory, Research and Applications［M］.西安：陕西师范大学出版社，2005.

[183] 范晓屏，马庆国.基于虚拟社区的网络互动对网络购买意向的影响研究［J］.浙江大学学报（人文社会科学版），2009，39（5）：149-157.

[184] 卿硕，乌东峰.线上线下营销主体耦合、互动、营销创新与营销绩效的关系实证研究［J］.企业经济，2015（8）：95-100.

[185] 潘冰雁.论社交网站互动中的冲突——以"校内网"为例［J］.知识经济，2010（10）：118-119.

[186] Massey Brian L, Levy Mark R. Interactivity, Online Journalism and English-Language Web Newspapers in Asia［J］. Journalism & Mass Communication Quarterly, 1999, 76（1）：138-151.

[187] Wang Y C, Yu Q, Fesenmaier D R. Defining the Virtual Tourist Community：Implications for Tourism Marketing［J］. Tourism Management, 2002, 23（4）：407-417.

[188] 刘春,伍亚丽.虚拟品牌社群互动的涵义、维度及影响因素研究[J].商,2015 (25):114-115.

[189] 傅亚平,赵晓飞.基于网络效应的SNS网站用户参与动机和参与强度研究[J].财贸研究,2011,22(6):107-116.

[190] 吴俊升.虚拟社群成员满意度与消费行为相关之研究[D].台湾:台湾成功大学,2002.

[191] Chang Y P, Zhu D. Understanding Social Networking Sites Adoption in China: Acomparion of Pre-Adoption and Post-Adoption [J]. Computers in Human Behavior, 2011, 27 (5): 1840-1848.

[192] Foster M K, Anthony F, West B C. Why Users Participate in Online Social Network [J]. International Journal of e-Business Management, 2010, 4 (1): 42-51.

[193] Lee C S, Ma L. News Sharing in Social Media: The Effect of Gratifications and Prior Experience [J]. Computers in Human Behavior, 2011, 28 (2): 331-339.

[194] 王慧贤.社交网络媒体平台用户参与激励机制研究[D].北京:北京邮电大学,2013.

[195] Jeon S, Kim Y, Koh J. An integrative model for knowledge sharing in communities-of-practice [J]. Journal of Knowledge Management, 2011, 15 (2): 251-269.

[196] Chang H H, Chuang S S. Social Capital and Individual Motivations on Knowledge Shangring: Participant Involvement as A Moderator [J]. Information & Management, 2011, 48 (1): 9-18.

[197] Bock G W, Zmud R W, Kim Y G, et al. Behavioral Intention Formation in Knowledge Sharing: Examining the Roles of Extrinsic Motivators, Social-Psychological Factors and Organizational Climate [J]. Mis Quarterly, 2005, 29 (1): 87-111.

[198] 阎俊,蒋音波,常亚平.网络口碑动机与口碑行为的关系研究[J].管理评论,2011, 23 (12):84-91.

[199] Shu W, Chang Y H. Why People Share Knowledge in Virtual Communities [J]. Social Behavior and Personality, 2015, 39 (5): 671-690.

[200] Shin D H. The Effects of Trust, Security and Privacy in Social Networking: A Security-based Approach to Understand the Pattern of Adoption [M]. Amsterdam: Elsevier Science Inc. 2010.

[201] Chai S, Das S, Rao R H. Factors Affecting Bloggers Knowledge Sharing: An Investigation across Gender [J]. Management Information Systems, 2012, 28 (3): 309-342.

[202] Chen C J, Hung S W. To Give or to Receive? Factors Influencing Members Knowledge Sharing and Community Promotion in Professional Virtual Communities [J]. Information & management, 2010, 47 (4): 226-236.

[203] Lee D, Park J Y, Kim J, et al. Understanding Music Sharing Behaviour on Social Network Service [J]. Online Information Review, 2011, 35 (5): 716-733.

[204] Granovetter M S. The Strength of Weak Ties [J]. American Journal of Sociology, 1973, 78 (6): 1360-1380.

[205] 邓辉,刘晓菲.基于强弱关系理论的档案传播中档案信息传播分析[J].兰台世界, 2014,(29):1,4.

[206] Kwon O, Wen Y X. An Empirical Study of Factors Affecting Social Network Service Use [J]. Computers in Human Behavior, 2010, 26: 254-263.

[207] Fang Y H, Chiu C M. In Justice We Trust: Exploring Knowledge-sharing Continuance Intentions in Virtual Communities of Practice [J]. 上海交通大学学报, 2010, 26: 235-246.

[208] Sue Y S, Sanghee O. Why Do Social Network Site Users Share Information on Facebook and Twitter? [J]. Journal of Information Science, 2015, 41 (5): 553-569.

[209] 廉捷, 周欣, 曹伟, 等. 新浪微博数据挖掘方案 [J]. 清华大学学报（自然科学版）, 2011, 51 (10): 1300-1305.

[210] Sang H L, Kim P J, Jeong H. Statistical Properties of Sample Networks [J]. Physical Review E, 2006, 73 (1): 16102.

[211] 马汀, 奇达夫, 蔡文彬. 社会网络与组织 [M]. 北京: 中国人民大学出版社, 2007: 172-177.

[212] 平亮, 宗利永. 基于社会网络中心性分析的微博信息传播研究——以 Sina 微博为例 [J]. 图书情报知识, 2010 (6): 92-97.

[213] Wolfe A W. Social Network Analysis: Methods and Applications [J]. American Ethnologist, 1997, 24 (1): 136-137.

[214] 杨长春, 俞克非, 叶施仁, 等. 一种新的中文微博社区博主影响力的评估方法 [J]. 计算机工程与应用, 2012, 48 (25): 229-233.

[215] 吴菊华, 李太儒. 社会化电子商务情境下的价值创造研究 [J]. 商业经济研究, 2017 (22): 71-74.

[216] 黎万强. 参与感: 小米口碑营销内部手册 [M]. 北京: 中信出版社, 2014: 23-30.

[217] 康远志. 观众登场: 互联网环境下的消费价值创造与消费权力觉醒 [J]. 重庆工商大学学报（社会科学版）, 2016, 33 (5): 37-42.

[218] Schau H J, Jr A M M. Brand Communities and Personal Identities: Negotiations in Cyberspace [J]. Advances in Consumer Research, 2002 (29): 300-349.

[219] 林若惜. Facebook 怎么赚钱 [J]. 互联网周刊, 2012 (10): 32-35.

[220] 石刚, 吴昊. 社交类电子商务企业的发展趋势与发展对策 [C] // 中国电子商务企业发展报告, 2013.

[221] 邓洁霖. 社交型内容交易引领数字营销新趋势 [N]. 中国图书商报, 2012-01-10009.

[222] 刘秀娟. 新华瑞德移动互联网业务发展战略研究 [D]. 北京: 北京邮电大学, 2014.

[223] 钟小青. 传统出版企业数字内容服务研究 [D]. 湘潭: 湘潭大学, 2013.

[224] 冯敏敏. 基于 SNS 模式的电子商务营销方式研究 [D]. 上海: 上海师范大学, 2012.

[225] 杨晨. 浅析基于微信的新型营销模式 [J]. 现代工业经济和信息化, 2014 (2): 76-78.

[226] 李惠. 腾讯社会化电子商务营销研究 [D]. 开封: 河南大学, 2014.

[227] 朱庆华, 李亮. 社会网络分析法及其在情报学中的应用 [J]. 情报理论与实践, 2008 (2): 174, 179-183.

[228] 费钟琳, 王京安. 社会网络分析: 一种管理研究方法和视角 [J]. 科技管理研究, 2010, 30 (24): 216-219.

[229] 邵云飞，欧阳青燕，孙雷.社会网络分析方法及其在创新研究中的运用［J］.管理学报，2009，6（9）：1188-1193，1203.

[230] 黎耀奇，谢礼珊.社会网络分析在组织管理研究中的应用与展望［J］.管理学报，2013，10（1）：146-154.

[231] 王陆.典型的社会网络分析软件工具及分析方法［J］.中国电化教育，2009（4）：95-100.

[232] Dong X, Wang T. Social Tie Formation in Chinese Online Social Commerce：The Role of IT Affordances［J］. International Journal of Information Management，2018，42（OCT）：49-64.

[233] Tajvidi M, Richard M O, Wang Y C, et al. Brand Co-Creation Through Social Commerce Information Sharing：The Role of Social Media［J］. Journal of Business Research，2020（121）：476-486.

[234] Bharti K. Value Co-Creation：Literature Review and Proposed Conceptual Framework［J］. International Journal of Market Research，2015，57（4）：571-603.

[235] 张广利.社会资本理论发展的瓶颈：定义及测量问题探讨［J］.社会科学研究，2006（2）：102-106.

[236] Dong X, Wang T. Social Tie Formation in Chinese Online Social Commerce：The Role of IT Affordances［J］. International Journal of Information Management，2018，42（OCT）：49-64.

[237] Bharti K. Value Co-Creation：Literature Review and Proposed Conceptual Framework［J］. International Journal of Market Research，2015，57（4）：571-603.

[238] 汪新波.Facebook是如何垄断社交网络的［J］.中国新时代，2012（5）：3.

[239] 张莉，鲁小艳.Facebook社交网络"神话"的传播学解读［J］.传媒，2016（13）：3.

[240] 郑惠雯.价值创造视角下社交电商的商业模式研究——以拼多多为例［J］.现代商贸工业，2021，42（33）：3.

[241] 丛凤英，肖嘉.电子商务案例分析［M］.北京：科学出版社，2011.

[242] 王琳.以小红书为例对社交与电商平台用户行为分析及对策［J］.现代营销：学苑版，2021，80-83.

[243] 邓爱林.电子商务推荐系统关键技术研究［D］.上海：复旦大学，2003.

[244] 刘小洋.社交网络分析［M］.北京：电子工业出版社，2021.

[245] Freeman L C. Centrality in social networks conceptual clarification［J］. Social networks，1978，1（3）：215-239.

[246] Zheng J K. A Social Network Analysis of Corporate Venture Capital Syndication［D］. Waterloo：Faculty of Science, The University of Waterloo，2004，68-75.

[247] Murphy G. Who Shall Survive? A New Approach to the Problem of Human Interrelations［J］. Journal of Social Psychology，1935，6（3）：388-393.

[248] Wang C. Social Shopping Development and Perspectives［J］. International Journal of Virtual Communities & Social Networking，2011，3（2）：51-59.

[249] 郑惠雯.价值创造视角下社交电商的商业模式研究——以拼多多为例［J］.现代商贸工业，2021，42（33）：3-5.

[250] 朱兴荣.社交电商购物平台运营模式比较分析及展望——以拼多多、贝店、TST平台为例[J].办公自动化,2018(20):38-40.

[251] 刘军.整体网络分析:UCINET软件实用指南[M].2版.上海:上海人民出版社,2014.

[252] 刘小洋.社交网络分析[M].北京:电子工业出版社,2021.

[253] Ebersole G L. Structural Analysis in the Social Sciences[M]. Cambridge:Cambridge University Press,2006.

[254] Lusher D,Koskinen J,Robins G. Exploratory Social Network Analysis with Pajek[M]. Cambridge:Cambridge University Press,2011.